기획부터 출판까지 5일 완성

AI로 만드는 나만의 그림책

민진홍, 국난아 지음

BM (주)도서출판 성안당

프롤로그

현대 사회는 인공지능 기술의 급속한 발전으로 창작 환경에 혁명적 변화를 맞고 있습니다. 특히 그림책 제작 분야에서 AI 도구들의 등장은 창작의 패러다임을 완전히 바꾸어 놓았습니다. 챗GPT(ChatGPT), 미드저니(Midjourney), 달리 3(DALL·E 3), 캔바(Canva) 등의 강력한 AI 도구들이 누구나 쉽게 접근할 수 있게 되면서 전문적인 그림 실력이나 막대한 제작 비용 없이도 고품질의 그림책을 만들 수 있는 시대가 열렸습니다.

이러한 기술적 혁신은 단순히 도구의 변화를 넘어 창작 과정 자체를 근본적으로 재구성하고 있습니다. 과거 몇 달에서 몇 년이 걸리던 그림책 제작 과정이 이제는 며칠 만에 완성될 수 있으며 개인 창작자도 출판사 수준의 완성도 높은 작품을 만들어 낼 수 있게 되었습니다. 전통적인 창작 방식의 제약에서 벗어나 누구든 자신만의 독창적인 그림책을 만들 수 있는 창작 환경이 조성된 것입니다.

AI 그림책은 인공지능 기술을 활용하여 스토리 구성, 일러스트레이션 또는 두 영역 모두에서 창작되는 그림책입니다. 이는 기존의 전통적인 제작 방식과는 완전히 다른 접근법을 제시합니다. 창작자는 자신의 역량과 선호도에 따라 AI 활용 범위를 자유롭게 조절할 수 있으며, 인간의 창의성과 AI의 기술적 능력이 조화롭게 결합된 새로운 형태의 창작물을 만들어 낼 수 있습니다.

특히 주목할 점은 더 이상 그림 실력의 부족이 창작의 장벽이 되지 않는다는 것입니다. 미드저니, 달리 3와 같은 AI 도구들은 텍스트 지시 사항만으로도 전문가 수준의 일러스트레이션을 생성할 수 있는 능력을 가지고 있습니다. 이는 시각적 표현력, 창의력, 스토리텔링에 집중하고자 하는 모든 창작자에게 기회를 제공합니다.

이 책의 구성은 다음과 같습니다. 첫 번째는 1시간 만에 만드는 실전 프로젝트로, 3~5세 아동용 알파벳 학습 그림책 제작 과정입니다. 두 번째는 체계적인 5일 완성 워크플로로, 보다 심화된 그림책 제작 전 과정을 단계별로 학습합니다.

1시간 만에 만드는 실전 프로젝트는 실제 사례를 통한 체험 학습입니다. 3~5세 아동을 대상으로 한 영어 알파벳 학습 그림책을 제작하는 구체적인 프로젝트를 통해 AI 도구 활용의 실제적 예시를 제공합니다. 이 그림책은 흥미로운 캐릭터들과 함께 ABC를 자연스럽게 익힐 수 있도록 설계되어 있으며 교육적 가치와 재미를 동시에 추구하는 현대적 그림책의 전형을 보여 줍니다. 놀랍게도 이 전체 과정은 단 1시간 내에 완성될 수 있도록 최적화되어 있습니다. 이는 AI 도구들의 효율성을 보여 주는 동시에, 창작자가 아이디어 구상과 창의적 결정에 더 많은 시간과 에너지를 투자할 수 있게 해 줍니다.

체계적인 5일 완성 워크플로는 보다 심화된 학습 과정으로 구성됩니다.

1일 차는 챗GPT 활용 콘텐츠 개발로, 그림책의 핵심 콘셉트 구체화와 스토리라인 설계에 집중합니다. 타깃 독자층 분석부터 페이지별 텍스트 콘텐츠 작성, 전체 구성 및 흐름 최적화, 일러스트레이션 계획 수립에 이르기까지 체계적으로 진행됩니다.

2일 차는 미드저니와 달리 3를 활용한 시각화 작업입니다. 효과적인 프롬프트 엔지니어링을 통한 일러스트레이션 제작에 전념합니다. 미드저니의 예술적 창의성과 달리 3의 정확한 텍스트 이해 능력을 상호 보완적으로 활용하여 다양한 스타일의 일러스트레이션을 생성합니다. 각 도구의 특성을 이해하고 적절히 활용하는 방법을 실습을 통해 익히게 됩니다.

3일 차는 캔바를 활용한 디자인 및 레이아웃 작업입니다. 페이지별 레이아웃 설계, 텍스트와 이미지의 효과적 배치, 타이포그래피 및 색상 체계 최적화를 통해 시각적으로 완성도 높은 그림책을 구성합니다. 전문적인 디자인 소프트웨어 없이도 출판 품질의 결과물을 만들어 내는 노하우를 습득하게 됩니다.

4일 차는 킨들 다이렉트 퍼블리싱 준비 과정입니다. 킨들 다이렉트 퍼블리싱(KDP) 플랫폼에 대한 이해와 출판 준비 과정을 학습합니다. 아마존 POD 시스템의 이해와 페이퍼백 출판의 기술적 기초를 습득하며, 실제 출판을 위한 사전 준비 작업을 완료합니다.

5일 차는 최종 출판 완료 단계입니다. KDP 페이퍼백 프로젝트 설정부터 최종 출간까지 전체 과정을 실습을 통해 완성합니다. 이로써 아이디어 구상부터 실제 출판에 이르기까지 전체 프로세스를 완전히 마스터하게 됩니다.

AI 시대의 새로운 창작 패러다임을 경험하고, 기술과 인간의 창의성이 조화롭게 결합된 미래의 창작 방식을 먼저 체험해 보는 소중한 기회가 될 것입니다.

저자 소개

민진홍
미라클마케팅 연구소장
stepmailkr@gmail.com

마케팅 컨설팅 업무, 웹 기획, 인터넷을 플랫폼으로 한 각종 광고 마케팅 전략, 브랜딩 프로모션 기획과 운영, 웹 인터페이스 디자인 개발 등과 같은 일을 하고 있다.

✦ 경력
- 현 미라클마케팅 연구소
- 현 민에이아이아트 컴퍼니
- 전 일본 (주)ELCOMPASS(광고 회사)
- 일본 프롬프트 엔지니어 1급, 2급, 3급 취득
- 일본 클라이언트: NTT · NTT 도코모(DoCoMo) · 중부 전력 · 호시자키 전기 · JR 도카이 · 나고야항 관리 조합 · 스타정기(STAR精機) · 나고야 예술 대학 · 후지타 보건 위생 대학

✦ 학력
- 일본 아이치현립예술대학원 디자인 석사

✦ AI 특강 및 기업 코칭
- 대학 강의
  - 중부 교육청 강사 위촉 · 서울대학교 AMP · 고려대학교 MOT · 성균관대학교 글로벌 창업 대학원 · 숙명여자대학교 미래 교육원 · 충남대학교 · 중부 교육청 교원 직무 연수
- 협회 강의
  - 잡지협회 · 한국전자출판협회 · 한국AI교육협회 · 관악구청 S밸리
- 기업체 강의
  - 문피아 · AMPM 광고 대행사 · (주)세성 · 무궁화 신탁 · 현대 자산 운용 · 벤타 코리아 · (주)첨단
- 경제 단체 강의
  - 서울상공회의소 성동구상공회

✦ 저서
- 『5차원 AI』(공저, 성안당, 2025)
- 『1400만 직장인을 위한 챗GPT 비즈니스 프롬프트』(공저, 성안당, 2025)
- 『세상에서 제일 쉬운 챗GPT 프롬프트 엔지니어링 - 비즈니스 마케팅 편』(성안당, 2024)
- 『일주일이면 나도 생성 AI 전문가』(매일경제출판, 2024)
- 『나의 직원은 유튜브』(매일경제출판, 2021)
- 『ZOOM 온라인 혁명』(매일경제출판, 2020)
- 『카카오 메시지 마케팅』(이코노믹북스, 2020)
- 『유튜브 마케팅 혁명』(매일경제출판, 2019)
- 『유튜브 상위 노출의 모든 것』(한빛미디어, 2019)
- 『유튜브로 알리고 ZOOM으로 소통하라』(매일경제신문사, 2019)
- 『마케팅 진짜가 나타났다』(매일경제출판, 2017)

국난아

순천향대학교 부천병원 수간호사 민에이아이아트 수석강사
Kooknana@schmc.ac.kr

순천향대학교 부천병원 수간호사로, 33년간 임상 경험을 쌓았습니다. 2022년 인공지능이 등장하면서 동화 작가, 시화 작가로 활동 영역을 넓혔으며, 인공지능 활용 방안에 대한 강의도 진행하고 있습니다.

✦ 경력
- 소화기 내시경 간호학회 임원 역임
- 부천시 간호사회 총무 이사 역임
- 현) 경기도 간호사회 선거 관리 위원 역임

✦ 저서
전자책
- 『인공지능이 요리한 비디오스튜 완죤뽀개기』(크몽, 2023)

동화
- 『"쉿!" 엄마 뱃속엔 누가 있을까?』(민에이아이아트, 2025)
- 『왜?라고 질문하는 아이』(민에이아이아트, 2025)
- 『밀러의 경제모험』(부크크, 2025)
- 『꾸물아, 잘 가! 우리가 다시 만날 날까지』(부크크, 2025)
- 『감정 요리사의 비밀 레시피』(부크크, 2025)
- 『아기 수달의 반짝이는 물방울』(작가와, 2025)
- 『빨간 풍선과 파란 풍선』(작가와, 2025)
- 『7가지 빛깔 감성동화』(작가와, 2024)
- 『Twinkle, Twinkle Everywhere: Being Me Is Just Enough – Dinosaur's Journey of Self–Worth and Discovery』(아마존, 2025)

시화집
- 『비워 두는 이유, 채워지는 마음』(부크크, 2025)
- 『선택처럼, 나의계절은』(부크크, 2025)
- 『사랑색, 봄이 말을 걸다』(부크크, 2025)
- 『감정 세탁소』(부크크, 2025)
- 『손금처럼 새겨진 시간』(부크크, 2025)

✦ 자격
- 비다오스튜 공인 에듀케이터
- 틱톡 이펙트하우스 크리에이터 2급, 1급 자격증

차 례

- 프롤로그　2
- 저자 소개　6

Part 1
1시간 내에 만드는 'ABC 학습 그림책'

Chapter 1 챗GPT를 활용하여 체계적인 시나리오 구성하기　18
1. 기본 콘셉트 설정　19
2. 상세 스토리 구조 개발　20
3. 페이지별 세부 구성　23
4. 일러스트레이션 프롬프트 최적화　26

Part 2 Day 1
챗GPT로 그림책의 콘셉트, 개요, 본문 작성하기

Chapter 1 챗GPT – 텍스트 콘텐츠 생성 도구　38
1. 챗GPT 소개 및 활용 분야　39
2. 계정 생성 및 접속 방법　40
3. 비용 구조 및 플랜 선택　42

Chapter 2 챗GPT 프롬프트의 기본 개념　44
1. 명확하게 쓴다　45
2. 역할을 부여한다　45
3. 마크다운 형식으로 기재한다　46

4. 출력 형식을 제시하기	47
5. 출력 예시를 제시하기	47

Chapter 3 그림책의 콘셉트 구상하기   49

1. 콘셉트 개발의 전략적 접근	50
2. 챗GPT 활용을 위한 실용적 접근	50
3. 콘셉트 개발 실전 사례	51
4. AI가 제안하는 인기 그림책 콘셉트 유형	52
5. 콘셉트 개발의 실용적 접근	53

Chapter 4 캐릭터, 이야기의 배경, 개요 생각하기   55

1. 그림책의 핵심 요소 정하기	56
2. 독자층 명확히 하기	58
3. 챗GPT와 함께 스토리 만들기	58
4. 실제 스토리 작성 예시: 루엘이의 꿈 이야기	59

Chapter 5 그림책의 제목 정하기   62

1. 좋은 그림책 제목의 조건	63
2. 챗GPT를 활용한 제목 생성 전략	64
3. 제목 평가 및 선택 기준	65

Chapter 6 본문 작성 완성하기   67

1. 페이지별 구성 계획	68
2. 텍스트와 이미지의 균형	69

3. 연령대별 언어 조정　　　　　　　　　　　　　　　69
4. 완성된 본문 검토 및 수정　　　　　　　　　　　　70

Part 3　Day 2
미드저니, 달리 3로 그림책 일러스트 생성하기

Chapter 1　미드저니 – 일러스트레이션 생성 도구　　76
1. 미드저니 소개 및 활용 분야　　　　　　　　　　　77
2. 접속 방법 및 플랫폼 선택　　　　　　　　　　　　77
3. 비용 구조 및 투자 가치　　　　　　　　　　　　　80

Chapter 2　미드저니 요금제 완전 분석　　　　　81
1. 요금제별 상세 비교　　　　　　　　　　　　　　　82
2. 그림책 작가별 맞춤 선택 가이드　　　　　　　　　84
3. 비용 최적화 전략　　　　　　　　　　　　　　　　85

Chapter 3　계정 생성 및 관리 시스템　　　　　87
1. 웹 버전 계정 생성 가이드　　　　　　　　　　　　88
2. 구독 설정 및 결제 프로세스　　　　　　　　　　　90
3. 계정 해지 및 환불 정책　　　　　　　　　　　　　92
4. 계정 관리 고급 기능　　　　　　　　　　　　　　　96

Chapter 4　프롬프트 500개 활용:
　　　　　　　　AI 그림책 일러스트레이션 완벽 가이드　　99
1. AI 일러스트 생성 프롬프트 기본 원리　　　　　　100
2. 프롬프트 구성의 10가지 핵심 요소　　　　　　　101
3. AI 일러스트레이션 프롬프트 작성 요령　　　　　151
4. 장르별 프롬프트 컬렉션　　　　　　　　　　　　153

5. 실전 프롬프트 활용법 … 155

Chapter 5 미드저니 파라미터 활용 및 고급 설정 … 159

1. 필수 파라미터 완전 정복 … 160
2. 고급 파라미터 마스터하기 … 168
3. 스타일 참조 시스템 … 171

Chapter 6 유사한 이미지, 동일 캐릭터 생성 방법 … 179

1. 이미지 링크 활용법 … 180
2. Describe 기능 활용 … 186
3. 스타일 참조 고급 활용 … 192
4. 옴니 참조 시스템 … 196

Chapter 7 달리 3로 완성하는 그림책 … 202

1. 달리 3 이해와 기초 활용 … 203
2. 달리 3 프롬프트 작성 마스터하기 … 204
3. 그림책 소재 선택과 기획 … 209
4. 실전 그림책 제작 워크플로 … 211
5. 고급 기법과 트러블슈팅 … 220

Part 4 Day 3
캔바로 그림책의 본문 및 레이아웃 구성하기

Chapter 1 캔바 계정 설정 및 작업 환경 구축하기 … 228

1. 그림책 제작을 위한 캔바 선택 이유 … 229
2. 계정 생성 및 플랜 선택 가이드 … 229
3. 작업 환경 최적화 설정 … 232

Chapter 2 전자책, 종이책 출판 시 주의할 점 — 233

1. 권장 크기 설정(200×200mm 정사각형) — 234
2. 최소 페이지 수 요건(전자책 24페이지, 종이책 70페이지) — 235
3. 재단 여백 고려하기(5mm 안전 영역) — 237
4. 책의 구조적 특성 이해하기 — 239
5. 종이책과 전자책 병행 출판 체크리스트 — 240

Chapter 3 맞춤 크기로 디자인 제작하기 — 242

1. 캔바에서 맞춤 크기 디자인 시작하기 — 243
2. 측정 단위 변경의 중요성 — 245
3. 그림책 크기 입력 — 246
4. 단위 설정의 중요성과 실무 팁 — 247

Chapter 4 미드저니로 만든 이미지 업로드하기 — 249

1. 이미지 업로드 기본 프로세스 — 250
2. 업로드 메뉴 접근 및 파일 선택 — 251
3. 드래그 앤 드롭 및 복사 – 붙여넣기 방법 — 252
4. 업로드된 이미지 사용하기 — 254

Chapter 5 디자인 및 레이아웃 구성하기 — 256

1. 텍스트 추가 및 스타일링 — 257
2. 텍스트 배치 원칙 — 259
3. 재단 여백 적용 방법 — 262
4. 캔바에서의 안전 영역 설정 — 264

Chapter 6 폰트 선택 및 활용법 — 265

1. 어린이 그림책을 위한 폰트 선택 원칙 — 266
2. 가독성 우선 및 UD 글꼴 활용 — 267
3. 캔바에서 폰트 업로드 및 활용법 — 269

4. 권장 포인트 사이즈　　　　　　　　　　　　　　　　　　272

Chapter 7　표지 및 뒤표지 만들기　　　　　　　　　　　274
1. 전자책과 종이책 표지 제작 차이점　　　　　　　　　　275
2. 표지 크기 및 바코드 영역 고려 사항　　　　　　　　　　276
3. 표지 디자인 배치 방법　　　　　　　　　　　　　　　　279

Chapter 8　그림책의 본문만 다운로드하기　　　　　　　282
1. 공유 메뉴 접근 및 다운로드 옵션　　　　　　　　　　　283
2. PDF 인쇄 형식 선택　　　　　　　　　　　　　　　　　284
3. 컬러 모드 설정　　　　　　　　　　　　　　　　　　　285
4. 페이지 범위 지정 및 본문 추출　　　　　　　　　　　　287

Chapter 9　표지 및 뒤표지 데이터 다운로드하기　　　　289
1. JPEG 형식으로 표지 이미지 추출　　　　　　　　　　　290
2. 개별 페이지 선택 및 다운로드　　　　　　　　　　　　290

Chapter 10　텍스트 및 이미지 편집에 유용한 팁　　　　293
1. 눈금자를 사용하여 위치 정렬하기　　　　　　　　　　294

Part 5　Day 4
킨들 다이렉트 퍼블리싱(KDP) 마스터하기

Chapter 1　킨들 다이렉트 퍼블리싱 계정 생성 가이드　　300
1. 전 세계 작가들의 플랫폼, KDP　　　　　　　　　　　301

Chapter 2　한국 작가를 위한 금융 정보 설정하기　　　　305
1. 국제 은행 거래의 은행 식별 코드, BIC　　　　　　　　306

Chapter 3 KDP에서 그림책 출판 과정 최적화하기 — 310

1. 전자책 출판 메뉴 접근 방법 — 311
2. 도서 정보 입력 3단계 프로세스 — 312
3. 효과적인 도서 제목과 부제목 설정 기법 — 313
4. 시리즈와 판 정보 관리 전략 — 314
5. 챗GPT 활용 내용 소개 작성법 — 315

Chapter 4 카테고리 및 키워드 최적화 전략 — 317

1. 최적의 카테고리 선택 방법론 — 318
2. 추가 카테고리 설정 기법 — 318
3. 카테고리 조합 전략 — 319
4. 검색 키워드 연구 및 최적화 — 320
5. 효과적인 키워드 입력 형식 — 322

Chapter 5 페이퍼백 개념과 아마존 POD 시스템 이해 — 324

1. 페이퍼백의 전문적 정의와 특성 — 325
2. 하드커버와의 구조적 차이점 분석 — 326
3. 아마존 POD 시스템 작동 원리 — 327
4. POD 시스템의 경제적 구조 — 329
5. 출판 품질 옵션과 전략적 선택 가이드 — 330

Chapter 6 페이퍼백 출판의 기술적 기초 — 333

1. 페이퍼백 표지의 구조적 특성 이해 — 334
2. KDP 표지 템플릿 시스템 분석 — 335
3. 표지 템플릿 획득 프로세스 단계별 가이드 — 337
4. 템플릿의 기술적 구조 분석 — 339
5. 재단 여백 및 핵심 콘텐츠 보호 구역 설정 방법 — 340

Part 6 Day 5
KDP 페이퍼백 출판 실습 및 최적화하기

Chapter 1 KDP 페이퍼백 프로젝트 생성 실습 — 346
1. 종이책 페이퍼백 제작 시 카테고리 설정이 중요 — 347

Chapter 2 페이퍼백 콘텐츠 등록 실습 — 356
1. 파일 규격과 인쇄 옵션 일치하도록 설정 — 357

Chapter 3 품질 검사 및 Book Preview 실습 — 368
1. KDP 자동 품질 검사 진행 — 369
2. Book Preview 미리 보기 검토 — 370
3. 오류 수정 및 재업로드 — 372
4. 최종 품질 확인 — 373
5. [Approve] 버튼 클릭 — 374

Chapter 4 페이퍼백 권리 및 가격 설정 실습 — 378
1. 판매 권역 선택 — 379
2. 주요 마켓플레이스 설정 — 380
3. 판매 가격 입력 및 인세 확인 — 382
4. KDP 이용 약관 동의 — 384
5. 출간 준비 완료 — 386

- 에필로그 — 388
- 민에이아이아트 출판사 동화책출판지도사 자격증반 소개 — 391

Part **1**

1시간 내에 만드는 'ABC 학습 그림책'

Part 1에서는 챗GPT를 활용한 그림책 시나리오 구성 과정을 통해 3세 아동용 알파벳 학습 그림책 『쿵쿵! 공룡 발자국으로 배우는 ABC』를 완성합니다. AI와의 체계적인 협업을 통해 10개의 제목 아이디어 도출, 핵심 콘셉트 구체화, 등장인물 설정, 페이지별 상세 구성까지 전체 시나리오를 개발합니다. 특히 3세 아동의 언어 발달 단계를 고려한 짧고 반복적인 문장 구조와 풍부한 의성어 활용, 한글-영어 이중 언어 구성을 통해 교육적 가치를 극대화합니다. 또한 각 페이지의 일러스트레이션 요소를 구체적으로 기술하고 AI 이미지 생성 도구용 프롬프트로 변환하는 과정까지 포함하여 1시간 내에 완성할 수 있는한 효율적인 제작 워크플로를 제시합니다.

Anime style, brown short hair, black eyes, white skin, female in her 20s, white shirt and black pants, black stickers, full body shot, oblique angle from the side --ar 3:4

Chapter 1
챗GPT를 활용하여 체계적인 시나리오 구성하기

　AI 그림책 제작의 성공은 명확한 콘셉트와 체계적인 시나리오에서 시작됩니다. 과거에는 작가가 홀로 모든 아이디어를 구상해야 했지만, 챗GPT는 창작자의 상상력을 확장시키고 다양한 가능성을 탐색하도록 돕는 전문적인 파트너가 되어줍니다. 이러한 협업은 아이디어를 독창적인 이야기로 발전시키는 가장 확실하고 효율적인 방법입니다.

　이 과정의 핵심은 단순한 텍스트 생성을 넘어 교육적 가치와 재미를 동시에 추구하는 체계적인 콘텐츠 개발 전략을 수립하는 데 있습니다. 챗GPT와 함께 아이디어를 구체화하고 생동감 있는 캐릭터와 탄탄한 이야기 구조를 완성해 보세요. 이것이 바로 독자의 마음에 오래도록 남는 그림책을 만드는 전문가의 첫걸음입니다.

1. 기본 콘셉트 설정

먼저 챗GPT에게 그림책 작가의 역할을 부여하고 체계적인 시나리오 구성 프롬프트를 작성합니다.

> 당신은 그림책 작가입니다.
> 아이들이 ABC를 배울 수 있는 그림책을 만들고 싶습니다.
> 3세 어린이를 대상으로.
> 공룡과 함께 ABC의 세계를 여행하는 이야기로 만들고 싶습니다.
> 10개의 제목을 제시해 주세요.

1 3세 어린이를 위한 공룡과 ABC 그림책 10개 제목 아이디어

1. **"공룡 디노와 함께하는 ABC 모험"**
   디노라는 귀여운 공룡이 아이들과 함께 알파벳의 세계를 탐험하는 이야기

2. **"티라노의 알파벳 정글 여행"**
   티라노사우르스가 알파벳 모양의 나무와 식물이 있는 정글을 탐험하며 ABC를 배우는 이야기

3. **"ABC 공룡섬의 비밀"**
   알파벳 모양으로 이루어진 신비한 섬을 공룡들이 탐험하는 모험 이야기

4. **"쿵쿵! 공룡 발자국으로 배우는 ABC"**
   공룡들이 알파벳 모양의 발자국을 따라가며 새로운 친구들을 만나는 이야기

5. **"작은 공룡 렉스의 ABC 학교 첫날"**
   아기 티라노사우르스 렉스가 ABC 학교에 처음 등교하는 날의 이야기

6. **"공룡 알에서 태어난 ABC 친구들"**
   알파벳 모양의 공룡 알에서 태어나는 귀여운 공룡 친구들의 이야기

7. **"꼬마 트리케라톱스의 ABC 상자"**
   호기심 많은 트리케라톱스가 알파벳이 담긴 마법 상자를 발견하는 이야기

8. **"하늘을 나는 테라노돈과 ABC 구름"**
   테라노돈이 하늘을 날며 알파벳 모양의 구름들을 만나는 환상적인 모험

9. **"잠자는 공룡을 깨우는 ABC 노래"**
   오랫동안 잠자던 공룡들이 아이들의 ABC 노래 소리에 하나씩 깨어나는 이야기

10. "브라키오의 긴 목으로 찾는 ABC 보물"
    목이 긴 브라키오사우루스가 높은 나무와 산에 숨겨진 알파벳 보물을 찾아가는 이야기

위와 같이 10개의 다양한 제목 아이디어를 도출하고, 그중에서 가장 적합한 "쿵쿵! 공룡 발자국으로 배우는 ABC"를 선택했습니다. 이 제목은 의성어 사용으로 3세 아동의 흥미를 유발하고, 발자국이라는 구체적인 시각적 요소를 통해 알파벳 학습과 자연스럽게 연결되는 장점을 가지고 있습니다.

2 상세 스토리 구조 개발

선택된 제목을 바탕으로 그림책의 핵심 콘셉트와 등장인물, 이야기 흐름을 구체화하는 상세 스토리 구조를 만드는 프롬프트를 작성합니다.

"쿵쿵! **공룡 발자국**으로 배우는 ABC"
공룡들이 알파벳 모양의 발자국을 따라가며 새로운 친구들을 만나는 이야기의 **세부 사항**을 기재해 주세요.

1 책 제목과 핵심 콘셉트

선택된 제목 "쿵쿵! 공룡 발자국으로 배우는 ABC"는 3세 유아들의 흥미를 즉시 유발하는 의성어 "쿵쿵!"으로 시작하여 학습에 대한 호기심을 자극합니다. 이 그림책의 핵심 콘셉트는 공룡 친구들이 알파벳 모양의 발자국을 하나씩 따라가며 각 글자에 해당하는 새로운 친구(동물, 사물 등)를 만나고 함께 모험을 떠나는 이야기입니다. 이러한 구성을 통해 단순한 알파벳 학습을 넘어 사회성 발달의 핵심 요소인 인사와 친구 만들기를 동시에 유도할 수 있도록 설계되었습니다.

2 대상 연령과 학습 특성

3세 유아는 집중 시간이 짧고 이미지 중심의 학습이 효과적인 시기로, 이러한 발달 특성을 충분히 고려하여 콘텐츠를 구성했습니다. 이 연령대의 아이들은 복잡한 서술보다는 직관적이고 시각적인 자료를 통해 학습하는 것이 가장 효과적이므로 알파벳 모양의 발자국이라는 구체적이고 시각적인 장치를 활용하여 아이들의 학습 동기를 지속적으로 유지할 수 있도록 했습니다.

3 기본 구성과 페이지 구조

전체 그림책은 A부터 Z까지 총 26장면으로 구성되어 있으며, 각 알파벳마다 일관된 패턴을 유지하면서도 새로운 발견의 재미를 제공합니다. 페이지 구조는 왼쪽 페이지와 오른쪽 페이지로 나누어 단계적 학습이 가능하도록 설계되었습니다. 왼쪽 페이지에서는 공룡 친구가 알파벳 A 모양의 발자국을 발견하며 "쿵쿵! 이건 A처럼 생겼어!"라고 외치며 발자국을 따라가는 호기심 표현 장면이 펼쳐집니다. 오른쪽 페이지에서는 A로 시작하는 동물이나 친구가 등장하여 "안녕! 나는 Alligator(악어)야!"라고 인사하며, 공룡과 새로운 친구가 함께 춤, 노래, 게임 등의 활동을 하는 모습을 보여 줍니다.

❶ 구성

- **기본 포맷**(A~Z까지 총 26장면)
- **페이지 구조 예시**(A부터)
- **왼쪽 페이지**

  공룡 친구가 알파벳 A 모양의 발자국을 발견, "쿵쿵! 이건 A처럼 생겼어!", 발자국을 따라가며 호기심을 표현

- **오른쪽 페이지**

  A로 시작하는 동물/친구 등장: "안녕! 나는 Alligator(악어)야!", 공룡과 친구가 인사를 나누고 함께 한 가지 활동을 함(춤, 노래, 게임 등).

❸ 주요 등장 캐릭터
- **티노**(Tino): 호기심 많은 아기 티라노사우루스, 주인공
- **트리나**(Trina): 조심성 많은 트리케라톱스 친구
- **알파벳 발자국 요정**(ABC Fairy): 가끔 등장하여 힌트를 주거나 발자국을 빛나게 해 줌.

4️⃣ 이야기 흐름 요약

전체 이야기는 도입 – 전개 – 마무리의 명확한 3단계 구조로 구성되어 있습니다. 도입 부분에서는 공룡들이 숲속에서 놀다가 'A' 모양의 발자국을 발견하며 "이게 뭐지? 다른 발자국도 찾아보자!"라고 말하며 모험의 시작을 알립니다. 전개 부분에서는 A부터 Z까지 각 알파벳 모양의 발자국을 따라 새로운 친구를 만나며 모험을 계속해 나가는데, 각 친구는 해당 글자로 시작하는 동물이나 사물, 이름으로 구성됩니다(B는 Bear, C는 Cat 등). 마무리 부분에서는 모든 친구가 모여 ABC 노래를 부르며 파티를 열고, "발자국을 따라가니 친구가 생겼어요! 알파벳도 똑똑히 기억해요!"라는 메시지로 정리합니다.

❶ 도입(Intro)
- 공룡들이 숲속에서 놀다가 'A' 모양의 발자국을 발견
- "이게 뭐지? 다른 발자국도 찾아보자!"

❷ 전개(Body)
- A부터 Z까지, 각 알파벳 모양의 발자국을 따라 새로운 친구를 만나며 모험
- 각 친구는 그 글자로 시작하는 동물/사물/이름(B는 Bear, C는 Cat 등)

❸ 마무리(Ending)
- 모든 친구가 모여 ABC 노래를 부르며 파티
- "발자국을 따라가니 친구가 생겼어요! 알파벳도 똑똑히 기억해요!"

5️⃣ 시각적 요소와 디자인 제안

알파벳 발자국은 실제 알파벳 모양이지만 공룡 발자국의 느낌을 살려 디자인함으로써 아이들이 알파벳 형태를 시각적으로 인식하면서도 이야기의 맥락을 잃지 않도록 했습니다. 색감

은 따뜻하고 밝은 톤의 파스텔과 원색을 조합하였으며 각 알파벳마다 고유한 컬러를 지정하여 색채를 통한 학습 효과를 높였습니다. 글자 크기는 큰 알파벳 글자를 반복적으로 강조하여 시각적 인식을 도왔고, "쿵쿵!", "반짝반짝", "슈웅~", "히히히!" 등의 의성어와 의태어를 풍부하게 사용하여 아이들의 언어 발달을 촉진하였습니다.

- **알파벳 발자국**: 실제 알파벳 모양이지만 공룡 발자국 느낌으로 디자인
- **색감**: 따뜻하고 밝은 톤(파스텔+원색), 각 알파벳마다 고유 컬러
- **글자 크기**: 큰 알파벳 글자 반복 강조
- **의성어/의태어**: "쿵쿵!", "반짝반짝", "슈웅~", "히히히!" 등을 풍부하게 사용
- **부가 요소**(부록 또는 활용 자료)
- ABC 따라 그리기 페이지(마지막에 첨부)
- 공룡 이름 카드+알파벳 카드(활용 가능한 출력물 제공)
- '나만의 발자국 만들기' 활동 안내

주인공 티노는 호기심 많은 아기 티라노사우르스로, 3세 아동들이 쉽게 감정이입할 수 있는 캐릭터로 설정했습니다. 조력자 역할의 트리나(Trina)와 알파벳 발자국 요정도 함께 등장하여 스토리에 깊이를 더했습니다. 전체적인 구성은 도입 – 전개 – 마무리의 3단계 구조로, 각 알파벳마다 일정한 패턴을 유지하면서도 새로운 발견의 재미를 제공합니다.

3 페이지별 세부 구성

각 알파벳 페이지는 왼쪽 페이지에 한글과 영어 텍스트, 오른쪽 페이지에 일러스트레이션 설명으로 구성됩니다. 3세 아동의 언어 발달 단계를 고려하여 짧고 반복적인 문장 구조를 사용하고, "쿵쿵", "야옹", "멍멍" 등의 의성어와 의태어를 풍부하게 활용했습니다. 특히 한글과 영어를 동시에 제시하여 이중 언어 학습의 기회를 제공하면서도 3세 아동이 이해할 수 있는 수준으로 단순화했습니다.

각 페이지마다 알파벳을 하나씩 배울 수 있도록 해 주세요.
그림책 형식으로 해 주세요.
출력:
- **텍스트**
- **일러스트**

다음은 그림책 《쿵쿵! 공룡 발자국으로 배우는 ABC》의 A~D까지 4페이지 분량을 실제 그림책 형식에 맞춰 구성한 예시입니다. 형식은 각 페이지당 2면(좌우 펼침 기준)으로, 왼쪽은 이야기 중심 텍스트, 오른쪽은 알파벳+일러스트 설명입니다.

1 A 페이지

❶ 텍스트(왼쪽 페이지)

- "쿵쿵!"
- 티노는 땅에 찍힌 이상한 모양의 발자국을 발견했어요.
- "어? 이건 A처럼 생겼어!"
- 발자국을 따라가자 커다란 입을 가진 친구가 나타났어요.
- "안녕! 나는 Alligator(악어)야. A는 Alligator의 A지!"

❷ 일러스트(오른쪽 페이지)

- 알파벳 A 모양 발자국이 선명하게 남겨진 진흙 길
- 티노가 고개를 갸웃하며 발자국을 살펴보는 모습
- 활짝 웃는 초록색 악어(Alligator)가 등장
- 큼직한 A 글자 옆에 "A is for Alligator!"라는 문구 삽입

2 B 페이지

❶ 텍스트(왼쪽 페이지)

- "쿵쿵쿵!"
- 이번엔 B처럼 둥글게 생긴 발자국이에요!

- 발자국 끝에 털복숭이 친구가 기다리고 있었어요.
- "안녕! 나는 Bear(곰)이야. B는 Bear의 B지!"

② 일러스트(오른쪽 페이지)
- 알파벳 B 모양 발자국이 꼬불꼬불 나무길 위에 이어짐.
- 귀여운 갈색 곰(Bear)이 벌꿀을 들고 인사
- 티노가 꿀을 쳐다보며 신기해하는 표정
- 큼직한 B 글자와 "B is for Bear!"

3 C 페이지

① 텍스트(왼쪽 페이지)
- "스윽스윽!"
- 이번엔 곡선 모양의 C 발자국이에요.
- 조용히 다가가 보니 야옹~ 소리가 들려요.
- "안녕! 나는 Cat(고양이)이야."
- "C는 Cat의 C지!"

② 일러스트(오른쪽 페이지)
- C 모양의 발자국이 모래밭에 찍혀 있음.
- 작은 고양이(Cat)가 발자국 옆에 앉아 있음.
- 티노가 살금살금 고양이에게 다가감.
- 하트 모양 눈을 한 C 글자와 "C is for Cat!"

4 D 페이지

① 텍스트(왼쪽 페이지)
- "쿵~ 쿵~"
- 이건 꼭 큰 북처럼 생긴 발자국이에요.
- 티노가 조심스럽게 걸어가자 커다란 덩치의 친구가 나타났어요.
- "안녕! 나는 Dog(개)이야. D는 Dog의 D지!"

❷ 일러스트(오른쪽 페이지)
- D 모양 발자국이 잔디 위에 연달아 나 있음.
- 점박이 큰 강아지(Dog)가 꼬리를 흔들며 반김.
- 티노가 "멍멍!" 흉내를 내며 웃는 장면
- 귀여운 뼈다귀 그림과 함께한 D 글자, "D is for Dog!"

(이하 생략)

위에 제시 된 각 페이지는 "쿵쿵! 발자국이 있어요."와 같은 일정한 패턴을 유지하면서도 각 동물의 특성에 맞는 다양한 표현을 사용하여 단조로움을 피하고 학습 효과를 높였습니다. 이러한 일관된 구조는 3세 아동들에게 예측 가능한 안정감을 제공하면서도 변화하는 요소들을 통해 지속적인 흥미를 유발합니다.

특히 고양이 장면에서는 "조용히~"라는 표현을 사용하여 고양이의 조용하고 신중한 특성을 자연스럽게 표현했습니다. 이는 아이들이 동물의 행동 특성을 이해하고 상황에 맞는 적절한 행동을 학습할 수 있도록 도와줍니다.

곰 장면에서는 "쿵~ 쿵~ 큰 발자국이에요!"라는 표현을 사용하여 곰의 활발하고 에너지 넘치는 특성을 부각시켰습니다. 이러한 대조적인 표현을 통해 아이들은 각 동물의 고유한 특성을 자연스럽게 학습할 수 있으며, 다양성에 대한 이해를 기를 수 있습니다.

4 일러스트레이션 프롬프트 최적화

챗GPT는 텍스트 생성뿐만 아니라 일러스트레이션을 위한 프롬프트 제작에도 큰 도움을 줍니다. 각 페이지의 시각적 요소를 구체적으로 기술하고, 이를 미드저니 달리 3에서 사용할 수 있는 영문 프롬프트로 변환해 줍니다. 예를 들어, "초록색 악어가 웃고 있음."이라는 한글 설명을 "Smiling green crocodile with kind eyes, bold, bright colors, cartoon style, children's book illustration, clean white background, educational poster design"와 같은 구체적인 영문 프롬프트로 변환해 줍니다.

3세 아동을 위해 좀 더 쉬운 문장으로, 텍스트는 한글과 영어를 모두 기재해 주세요.

3세 유아를 위한 쉬운 문장, 간단한 구조, 반복 요소를 포함한 한글+영어 이중 언어 그림책 구성으로 다시 구성해 드릴게요.

1 일러스트레이션 프롬프트 예시

텍스트(왼쪽 페이지)	영어 텍스트(왼쪽 페이지)	일러스트(오른쪽 페이지)
쿵쿵! 발자국이다! "이건 A 모양이야!" 티노가 말했어요. 초록 친구가 나타났어요. "안녕! 나는 악어야!" "A는 Alligator!"	Boom boom! A footprint! "This looks like the letter A!" said Tino. A green friend appeared. "Hi! I'm an alligator!" "A is for Alligator!"	A 모양 발자국 티노가 발자국을 가리킴. 초록색 Alligator가 웃으며 등장 크고 선명한 A a 하단에 텍스트 A a – Alligator(악어)
쿵쿵! 또 발자국이야! "이번엔 B 모양이야!" 털복숭이 친구가 왔어요. "안녕! 나는 곰이야!" "B는 Bear!"	Boom boom! Another footprint! "This one is shaped like B!" A furry friend came. "Hi! I'm a bear!" "B is for Bear!"	B 모양 발자국 갈색 곰(Bear)이 손을 흔듦. 티노가 놀라며 인사 B b 큼직하게 강조 하단 텍스트 B b – Bear(곰)
살금살금~ 조용해요. "C처럼 생긴 발자국이 보여요!" 야옹~ 소리가 나요. "안녕! 나는 고양이야!" "C는 Cat!"	Tiptoe~ So quiet. "I see a footprint like C!" Meow~ A sound comes. "Hi! I'm a cat!" "C is for Cat!"	C 모양 발자국 고양이(Cat)가 앉아 있음. 티노가 조심조심 다가감. C c 크게 보이도록 하단 텍스트 C c – Cat (고양이)
쿵~ 쿵~ 무거운 발자국! "이번엔 D야!" 꼬리 흔드는 강아지가 있어요. "안녕! 나는 강아지야!" "D는 Dog!"	Thump~ Thump~ Heavy footprints! "This time, it's D!" A dog is wagging its tail. "Hi! I'm a dog!" "D is for Dog!"	D 모양 발자국 점박이 강아지(Dog)가 웃으며 달려옴. 티노가 강아지를 반겨요. D d 크게 강조 하단 텍스트 D d – Dog(강아지)

(이하 생략)

2 형식 조건을 넣은 일러스트레이션 프롬프트 예시

3세 아동을 위해 좀 더 쉬운 문장으로, 텍스트는 한글과 영어를 모두 기재해 주세요.
출력:
– 텍스트
한글:
영어:
– 일러스트
한글:
영어:

❶ A 페이지

	텍스트(왼쪽 페이지)	일러스트(오른쪽 페이지)
한글	• 쿵쿵! 발자국이 있어요. • "이거 A처럼 생겼어!" • 티노가 말했어요. • 초록 동물이 왔어요. • "안녕! 나는 악어야!" • "A는 Alligator!"	• A 모양 발자국 • 티노가 발자국을 가리킴. • 초록색 악어가 웃고 있음. • 큼직한 A a • 하단에: A a – Alligator(악어)
영어	• Boom boom! There's a footprint. • "This looks like an A!" • said Tino. • A green animal came. • "Hi! I'm an alligator!" • "A is for Alligator!"	• A – shaped footprint • Tino pointing at the footprint • Green alligator smiling • Large A a • Bottom text: A a – Alligator

Baby dinosaur points to footprints – –ar 16:9 – –oref http://s.mj.run/fBQkNnA0zCl

미드저니 공룡 캐릭터 기본 이미지

캔바에서 공룡 캐릭터 기본 이미지에 대사와 이미지를 삽입한 이미지

동화 시나리오, 초록색 악어가 웃고 있음에 맞춰 프롬프트를 제시해 줘.

 Smiling green crocodile with kind eyes, bold, bright colors, cartoon style, children's book illustration, clean white background, educational poster design

캔바에서 알파벳 A를 표현하는 악어 이미지와 텍스트를 삽입한 이미지

❷ B 페이지

	텍스트(왼쪽 페이지)	일러스트(오른쪽 페이지)
한글	• 쿵쿵! 또 발자국이 있어요. • "이번엔 B야!" • 갈색 동물이 왔어요. • "안녕! 나는 곰이야!" • "B는 Bear!"	• B 모양 발자국 • 티노가 손을 들고 놀람. • 갈색 곰이 손을 흔듦. • 큼직한 B b • 하단에: B b - Bear(곰)
영어	• Boom boom! Another footprint! • "This one is B!" • A brown animal came. • "Hi! I'm a bear!" • "B is for Bear!"	• B-shaped footprint • Tino raising hand in surprise • Brown bear waving • Large B b • Bottom text: B b - Bear

미드저니에서 공룡 캐릭터 기본 이미지, 스타일 변경 후 캔바로 대사와 이미지를 삽입한 이미지

 A friendly educational illustration of a cute brown bear character waving his hand and saying hello, a warm brown bear with a gentle smile and kind eyes, children's book illustration style, bright and cheerful colors, clean white background, educational poster design, cartoon style

캔바에서 알파벳 B를 표현하는 곰 이미지와 텍스트를 삽입한 이미지

❸ C 페이지

	텍스트(왼쪽 페이지)	일러스트(오른쪽 페이지)
한글	• 조용히~ 발자국이 보여요. • "C처럼 생겼어!" • 야옹~ 고양이가 와요. • "안녕! 나는 고양이야!" • "C는 Cat!"	• C 모양 발자국 • 티노가 조심조심 다가감. • 고양이가 앉아 있음. • 큼직한 C c • 하단에: C c – Cat(고양이)
영어	• Shh~ I see a footprint. • "It looks like a C!" • Meow~ A cat comes. • "Hi! I'm a cat!" • "C is for Cat!"	• C-shaped footprint • Tino tiptoeing • Cat sitting • Large C c • Bottom text: C c – Cat

미드저니에서 동일 공룡 캐릭터와 변화된 스타일을 적용한 후 캔바에서 대사와 이미지를 삽입한 이미지

 A lovely educational illustration of a cute fluffy cat character raising his paw and saying "Meow~", a children's book style illustration featuring an orange tabby cat with bright green eyes and a sweet smile, warm pastel colors, clean white background, educational poster design, cartoon style

캔바에서 알파벳 C를 표현하는 고양이이미지와 텍스트를 삽입한 이미지

❹ D 페이지

	텍스트(왼쪽 페이지)	일러스트(오른쪽 페이지)
한글	• 쿵~ 쿵~ 큰 발자국이에요! • "이건 D 모양이야!" • 강아지가 달려와요. • "안녕! 나는 강아지야!" • "D는 Dog!"	• D 모양 발자국 • 점박이 강아지가 달려옴. • 티노가 반가워함. • 큼직한 D d • 하단에: D d – Dog(강아지)
영어	• Thump~ Thump~ A big footprint! • "This is the letter D!" • A dog runs to us. • "Hi! I'm a dog!" • "D is for Dog!"	• D–shaped footprint • Spotted dog running • Tino looking happy • Large D d • Bottom text: D d – Dog

미드저니로 동일 공룡 캐릭터와 변화된 스타일을 적용한 후 캔바에서 대사와 이미지를 삽입한 이미지

 Adorable educational illustration featuring a spotted dalmatian puppy running happily with tongue out and wagging tail, playful black spots on white fur, friendly expression with bright eyes, large bold letters "D d" prominently displayed above or beside the dog, in clean educational typography, children's book illustration style, bright cheerful colors, clean white background, educational poster design, cartoon style

캔바에 알파벳 D를 표현하는 강아지 이미지와 텍스트를 삽입한 이미지

필요하면 이 형식으로 E~Z 전체도 만들어드릴 수 있어요.
다음 알파벳도 이어서 진행할까요?
(이하 생략)

어떤가요? 이렇게 만든 그림책은 누구나 쉽게 다가 갈 수 있도록 구성할 수 있습니다.

먼저 시도를 해 보면 어떨까요? 부모님과 보호자를 위한 페이지에서는 아이와 함께할 수 있는 추가적인 활동과 질문들을 제안합니다. 이를 통해 아이들이 알파벳에 대한 이해를 더욱 깊게 하고 학습의 즐거움을 발견할 수 있습니다. 아이와 함께 알파벳을 더 즐겁게 탐험해 보세요.

❺ 1시간이면 충분합니다

전문 작가가 아니어도 그림을 못 그려도 괜찮습니다. 챗GPT와 AI 이미지 생성 도구만 있으면 누구나 1시간 내에 완성도 높은 동화책을 만들 수 있습니다. 《쿵쿵! 공룡 발자국으로 배우는 ABC》처럼 아이들이 좋아하는 캐릭터와 흥미로운 스토리를 결합하여 세상에 단 하나뿐인 특별한 책을 탄생시켜 보세요.

시중의 천편일률적인 교육 자료 대신, 우리 아이의 관심사와 발달 단계에 딱 맞는 개인화된 학습 도구를 직접 만들어 보세요. 아이가 공룡을 좋아한다면 공룡 친구들과 함께하는 알파벳 여행을, 동물을 좋아한다면 동물 친구들과의 모험을 창조할 수 있습니다. 이렇게 만든 책은 아이에게 특별한 의미를 가지며, 학습 효과도 훨씬 높아집니다.

하루 1시간씩 5일만 투자하면 그림책 한 권을 완성할 수 있습니다. 첫째 날에는 스토리라인 개발, 아이디어 구상을 캐릭터 설정 둘째 날에는 일러스트레이션 제작을, 셋째 날에는 편집과 완성을, 넷째 날과 다섯째 날에는 최종 검토와 출간을 진행할 수 있습니다.

완벽하지 않아도 됩니다. 첫 번째 작품이 서툴러도 상관없습니다. 중요한 것은 시작하는 것입니다. 당장 컴퓨터 앞에 앉아서 "우리 아이를 위한 특별한 동화책을 만들어 보자."라고 다짐하고 첫 페이지를 구상해 보세요. 여러분의 사랑과 창의력 그리고 AI 기술이 만나는 순간, 마법 같은 일이 일어날 것입니다.

Part **2** Day 1

챗GPT로 그림책의 콘셉트, 개요, 본문 작성하기

그림책 제작의 첫 번째 날은 프로젝트 전체의 방향성을 결정짓는 가장 중요한 단계입니다. 이 단계에서 우리는 챗GPT를 활용하여 그림책의 핵심인 콘셉트 개발에 집중하게 됩니다. 콘셉트란, 단순한 아이디어 수준을 넘어 '누구에게 무엇을 전달할 것인가?'라는 명확한 목적과 메시지를 정의하는 전략적 기반입니다. 이를 위해서는 타깃 독자 설정과 핵심 메시지 정의라는 두 가지 핵심 질문에 답해야 합니다.

챗GPT는 이 과정에서 강력한 조력자 역할을 하지만, 콘셉트의 초기 방향성은 창작자 본인의 가치관과 의도를 반영하는 것이 이상적입니다. 이후 캐릭터 설정, 스토리 구조화, 배경 설정 등의 세부 요소는 AI의 도움을 통해 효율적으로 발전시킬 수 있습니다.

DAY 1

Anime style, brown short hair, black eyes, white skin, female in her 20s, white shirt and black pants, black stickers, full body shot, oblique angle from the side -- ar 3:4

Chapter 1. 챗GPT - 텍스트 콘텐츠 생성 도구

챗GPT는 단순히 글자를 입력하는 도구를 넘어 마치 숙련된 작가와 함께 작업하는 듯한 경험을 제공하는 전문적인 창작 파트너입니다. 이 지능적인 협력자는 그림책 제작의 핵심인 텍스트 작업을 돕도록 설계되었습니다. 이야기의 시작부터 끝까지 일관된 흐름을 갖춘 스토리라인을 설계하고 전체적인 페이지 구성까지 제안하여 독자가 이야기에 완전히 몰입할 수 있는 최적의 구조를 완성해 줍니다.

더 나아가 독자들이 사랑할 수밖에 없는 매력적인 캐릭터를 만들고 각자의 개성이 살아 있는 생생한 대사를 작성하여 이야기에 생명력을 불어넣습니다. 이처럼 챗GPT는 아이디어 구상의 첫 단계부터 전문가 수준의 결과물을 완성하기까지 창작 과정 전반에 든든한 지원군이 되어 줍니다.

1 챗GPT 소개 및 활용 분야

1 OpenAI 개발 고급 언어 모델 개요

챗GPT는 OpenAI에서 개발한 혁신적인 인공지능 언어 모델로, 마치 숙련된 작가가 옆에 앉아 함께 창작하는 것처럼 자연스럽고 창의적인 텍스트 생성이 가능합니다. 이 놀라운 도구는 단순히 글을 써 주는 것을 넘어 인간의 창작 과정을 이해하고 돕는 지능적인 협력자 역할을 합니다.

그림책 제작이라는 특별한 영역에서 챗GPT는 여러분의 상상력을 현실로 만들어 주는 마법사와 같습니다. 복잡해 보이는 창작 과정을 단계별로 나누어 차근차근 안내하며, 전문 작가 수준의 퀄리티를 보장합니다.

2 그림책 제작에서의 텍스트 요소 생성 역할

그림책은 글과 그림이 조화롭게 어우러져 독자에게 감동을 전달하는 예술 작품입니다. 이 중에서도 텍스트는 이야기의 뼈대를 이루는 핵심 요소로, 챗GPT는 다음과 같은 방식으로 여러분의 창작을 지원합니다.

❶ 스토리라인 구성

처음부터 끝까지 일관된 흐름을 가진 이야기 구조를 설계하고, 독자의 연령대와 관심사를 고려한 적절한 기승전결을 제안합니다. 마치 경험 많은 스토리텔러가 여러분과 함께 이야기의 청사진을 그려가는 것처럼 체계적이고 매력적인 플롯을 구성해 줍니다.

❷ 캐릭터 개발 및 이름 설정

독자들이 사랑할 수 있는 매력적인 캐릭터를 만들고, 각 캐릭터의 성격과 특징을 생생하게 살려 줍니다. 캐릭터의 이름 하나도 이야기의 분위기와 어울리면서 기억하기 쉬운 것으로 신중하게 선택해 줍니다.

❸ 제목 및 부제 생성

서점에서 한눈에 들어오는 매력적인 제목과 내용을 압축적으로 표현하는 부제를 만들어 줍니다. 독자의 호기심을 자극하면서도 내용을 정확히 전달하는 완벽한 제목을 찾아드립니다.

❹ 대사 및 내레이션 작성

각 캐릭터의 개성이 드러나는 자연스러운 대사와 이야기를 매끄럽게 연결하는 내레이션을 작성합니다. 읽는 재미와 듣는 재미를 동시에 만족시키는 생동감 넘치는 텍스트를 제공합니다.

❺ 전체 구성 및 페이지 구조 설계

텍스트와 일러스트가 어떻게 배치될지 전체적인 그림을 그려 주고, 각 페이지별로 적절한 분량과 구성을 제안합니다. 독자가 자연스럽게 페이지를 넘기며 몰입할 수 있는 구조를 설계해드립니다.

2 계정 생성 및 접속 방법

1 OpenAI 공식 사이트 접속

챗GPT를 사용하기 위해서는 먼저 OpenAI 공식 웹 사이트에 접속해야 합니다. 인터넷 웹 브라우저의 주소창에 'https://openai.com'을 입력하거나 검색엔진에서 '챗GPT'를 검색하여 공식 사이트로 이동하세요. 가짜 사이트나 유사 사이트에 접속하지 않도록 주의하기 바랍니다.

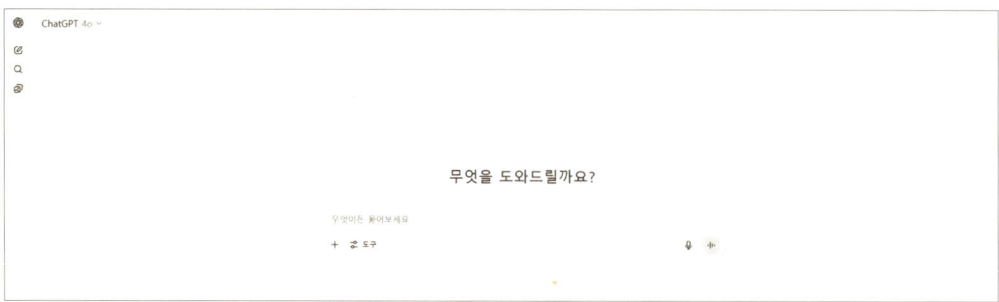

https://openai.com 홈 화면

2 구글 지메일로 로그인하는 방법

챗GPT 계정 생성은 매우 간단합니다. 이미 구글 계정을 가지고 계시다면 별도의 회원 가입 절차 없이 바로 시작할 수 있습니다. 사이트 접속 후 [Sign up] 또는 [가입하기] 버튼을 클릭하고, [Continue with Google] 옵션을 선택하세요. 그러면 평소 사용하는 구글 계정으로 안전하고 편리하게 로그인할 수 있습니다. 구글 계정 외에도 Microsoft 계정이나 Apple 계정으로도 가입이 가능합니다.

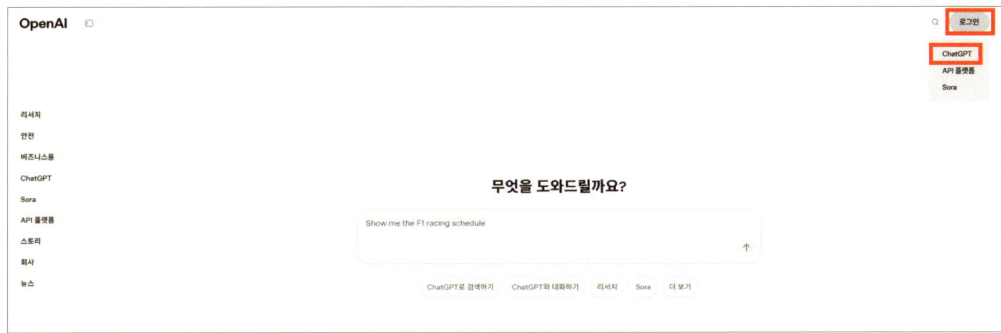

우측 상단 로그인 화면

3 프롬프트(지시문) 입력란 사용법

로그인을 완료하시면 챗GPT와 대화할 수 있는 화면이 나타납니다. 화면 하단에 있는 텍스트 입력창이 바로 '프롬프트 입력란'입니다. 이곳에 여러분의 요청이나 질문을 자연스러운 말로 입력하시면 됩니다. 마치 친구와 대화하는 것처럼 편안하게 "안녕하세요, 저는 어린이를 위한 그림책을 만들고 싶어요."라고 시작하셔도 좋습니다. 입력을 완료한 후 Enter를 누르거나 [전송] 버튼을 클릭하면 챗GPT가 친절하게 답변해드립니다.

프롬프트(지시문) 입력 화면

3 : 비용 구조 및 플랜 선택

1 기본 텍스트 생성 기능 무료 플랜 활용

챗GPT의 가장 큰 장점 중 하나는 기본적인 텍스트 생성 기능을 무료로 사용할 수 있다는 점입니다. 그림책 제작에 필요한 스토리 구성, 캐릭터 개발, 대사 작성 등 핵심적인 창작 활동은 모두 무료 플랜으로도 충분히 가능합니다. 다만 대화 기록을 저장하고 나중에 다시 확인하려면 반드시 계정 등록이 필요하므로 이 점은 꼭 기억해 주세요.

2 유료 플랜의 장점: 빠른 응답 속도, 최신 모델 접근

더욱 전문적이고 효율적인 작업을 원한다면 챗GPT Plus 유료 플랜을 고려해 보세요. 월 20달러의 합리적인 비용으로 다음과 같은 프리미엄 서비스를 이용할 수 있습니다. 훨씬 빠른 응답 속도로 작업 효율성이 크게 향상되고, 최신 버전의 GPT 모델에 우선 접근하여 더욱 정교하고 창의적인 결과물을 얻을 수 있습니다. 또한 트래픽이 많은 시간대에도 안정적으로 서비스를 이용할 수 있어 창작 리듬을 유지할 수 있습니다.

3 그림 생성 기능 포함 및 제한 사항

유료 플랜에는 텍스트 생성뿐만 아니라 AI 이미지 생성 기능도 포함되어 있습니다. 간단한 그림이나 아이디어 스케치를 생성할 수 있어 그림책의 전체적인 비주얼을 미리 확인해 볼 수 있습니다. 다만 그림책에 필요한 일관된 스타일과 캐릭터 유지에는 한계가 있어 최종 일러스트 작업에는 별도의 전문 도구나 일러스트레이터와의 협업이 필요할 수 있습니다.

4 좌측 상단 플랜 선택 방법

플랜 업그레이드는 매우 간단합니다. 챗GPT 화면 우측 상단에 있는 [Upgrade] 버튼이나 프로필 아이콘을 클릭하면 플랜 선택 메뉴가 나타납니다. 여기서 '챗GPT Plus'를 선택하고 결제 정보를 입력하면 즉시 프리미엄 서비스를 이용할 수 있습니다. 언제든지 취소할 수 있으니 부담 없이 시작해 보세요.

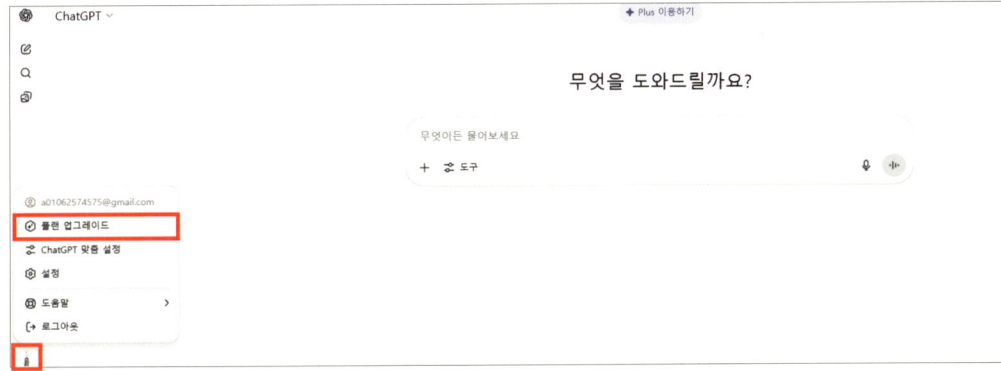

플랜 업그레이드 화면

❶ 비용 구조

- 기본 텍스트 생성 기능은 무료 플랜으로도 충분히 활용 가능
- 유료 플랜(월 20달러)은 더 빠른 응답 속도와 최신 모델 접근성 제공
- 그림 생성 기능도 유료 플랜에 포함되어 있지만 일관된 스타일 유지에 제한이 있음.

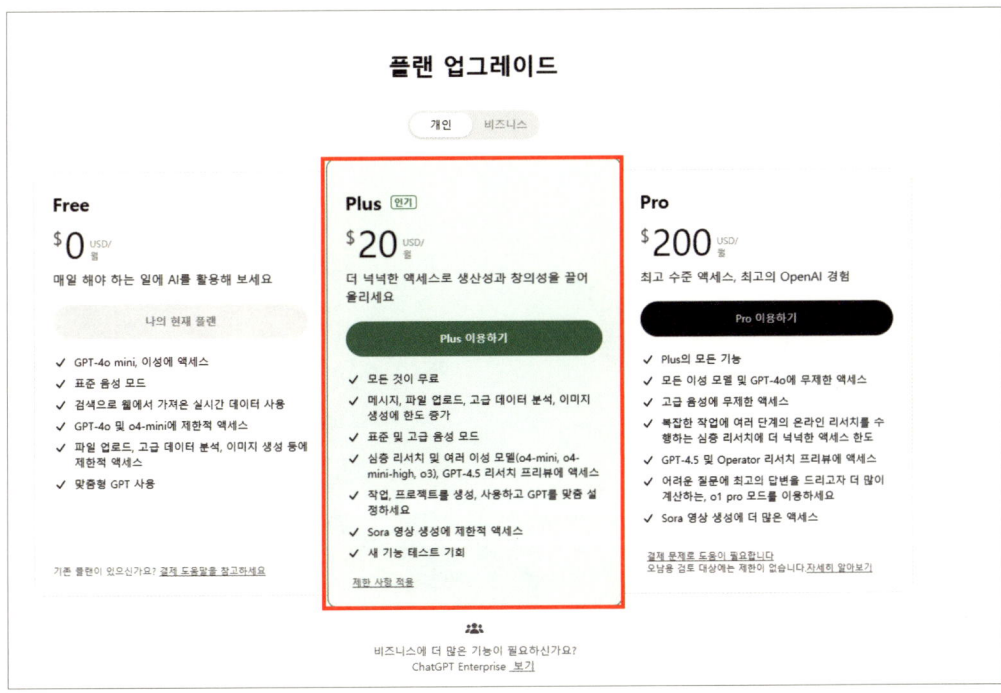

플랜 업그레이드 화면

Chapter 2
챗GPT 프롬프트의 기본 개념

챗GPT와 대화하는 것은 마치 숙련된 전문가와 협업하는 것과 같습니다. 하지만 단순히 "그림책 만들어 줘."라고 말하는 것과 "당신은 20년 경력의 베스트셀러 그림책 작가입니다. 3~5세 아이들을 위한 공룡 학습 그림책의 콘셉트를 마크다운 형식으로 제안해 주세요."라고 요청하는 것 사이에는 엄청난 차이가 있습니다. 바로 여기서 '프롬프트'라는 개념이 중요해집니다.

프롬프트는 챗GPT에게 주는 지시문으로, 이를 얼마나 정확하고 구체적으로 작성하느냐에 따라 결과물의 품질이 완전히 달라집니다. 마치 요리할 때 레시피를 정확히 따르면 맛있는 음식이 나오는 것처럼 좋은 프롬프트를 작성하면 여러분이 원하는 완벽한 그림책 콘텐츠를 얻을 수 있습니다. 이제부터 소개할 다섯 가지 핵심 원칙을 익히시면, 누구나 전문가 수준의 결과물을 만들어 낼 수 있을 것입니다.

1. 명확하게 쓴다

"명확한 프롬프트는 정확한 결과를 이끌어 낸다." 이것이 프롬프트 작성의 첫 번째 황금 법칙입니다. 모호한 표현이나 중의적인 문장은 챗GPT를 혼란스럽게 만들고, 결국 원하지 않는 결과를 가져옵니다.

예를 들어 "재미있는 그림책 아이디어 줘."라고 요청하는 대신, "상어와 공룡에 관심이 많은 3~5세 남자아이를 위한 알파벳 학습 그림책 아이디어를 다섯 가지 제안해 주세요. 각 알파벳마다 관련 상어와 공룡의 이름을 연결하는 방식으로 구성해 주세요."라고 구체적으로 명시하는 것이 좋습니다.

1 실용적인 명확성 확보 방법

① 단순하고 직접적인 문장 구조를 사용하세요.
② 한 번에 하나의 요청에만 집중하세요.
③ 필요한 세부 사항과 제약 조건을 명시적으로 제시하세요.
④ 전문 용어나 특수 개념이 포함된 경우, 간략한 설명을 추가하세요.

2. 역할을 부여한다

챗GPT에게 특정 역할이나 전문성을 부여하면 마법 같은 일이 일어납니다. 단순한 AI가 아닌, 해당 분야의 전문가로서 지식과 커뮤니케이션 스타일을 적용한 고품질 응답을 받을 수 있기 때문입니다.

"당신은 유능한 그림책 작가입니다."라고 시작하는 것만으로도 챗GPT의 답변 스타일과 내용의 깊이가 완전히 달라집니다. 더 나아가 "당신은 20년 경력의 베스트셀러 아동 도서 작가입니다. 수많은 어린이들에게 사랑받는 작품을 만들어 온 경험을 바탕으로 조언해 주세요."라고 구체적인 배경을 제시하면 더욱 전문적인 답변을 얻을 수 있습니다.

1 효과적인 역할 부여 방식

❶ "당신은 [전문가/역할]입니다."로 시작하는 명확한 역할 정의
❷ 역할에 적합한 관점과 전문 지식 수준 명시
❸ 필요시 대상 청중이나 맥락도 함께 설정
❹ 특정 분야의 전문가(그림책 작가, 교육 전문가, 출판 편집자 등) 역할 부여

3 마크다운 형식으로 기재한다

마크다운 형식을 요청하면 구조화된 응답을 받을 수 있어 정보의 가독성과 접근성이 크게 향상됩니다. 마치 잘 정리된 노트를 받는 것처럼 체계적이고 보기 좋은 결과물을 얻을 수 있습니다.

1 마크다운 활용의 장점

❶ 제목(#), 부제목(##), 목록(-) 등으로 계층적 정보 구조 생성
❷ 중요 정보의 강조와 시각적 구분이 용이
❸ 코드 블록, 인용문 등 특수 텍스트 영역 구분 가능
❹ 전체 콘텐츠의 논리적 흐름 파악이 쉬워짐.

2 실제 활용 예시

```
# 그림책 기획안
## 기본 정보
 - 제목: 루엘의 신나는 공룡 탐험대
 - 주인공: 루엘(4살 남자아이)
 - 주제: 상어와 공룡의 이름과 특징 학습
```

4 출력 형식을 제시하기

원하는 응답의 구조와 포맷을 미리 정의하면 필요한 정보를 정확히 얻을 수 있습니다. 마치 주문 제작처럼 여러분이 원하는 형태로 정보를 받아 볼 수 있는 것입니다.

1 출력 형식 지정 방법

① 원하는 섹션과 카테고리를 명시
② 필요한 정보 요소들의 순서와 관계 정의
③ 정보의 상세함 수준 지정(간결한 요약 vs. 상세한 설명)
④ 특정 형식 요구 사항 제시(테이블, 목록, 단락 등)

2 구체적 형식 예시

출력 형식
1. 제목: ○○○
   설명: 간단한 설명 한 줄
2. 제목: ○○○
   설명: 간단한 설명 한 줄

제목	교육적 의도	대상 연령
루엘의 공룡 사전	다양한 공룡의 이름과 특징을 체계적으로 학습	3~5세

5 출력 예시를 제시하기

예시를 통해 기대하는 결과물의 스타일과 품질 수준을 명확히 전달할 수 있습니다. 말로 설명하기 어려운 뉘앙스나 톤까지도 정확히 전달할 수 있는 가장 효과적인 방법입니다.

1 효과적인 예시 제시 방법

① 간결하지만 충분히 설명적인 샘플 제공
② 핵심 요소와 원하는 형식 요소를 포함한 예시
③ 실제 필요한 출력과 유사한 구조의 예시 제시
④ 하나 이상의 다양한 예시를 통한 유연성 제시

2 실제 예시

1. 제목: 루엘과 티라노사우루스의 비밀
   설명: 용감한 루엘이 가장 강력한 육식 공룡의 숨겨진 따뜻한 마음을 발견하는 이야기

2. 제목: 바다 탐험가 루엘과 메갈로돈의 모험
   설명: 고대 바다의 거대 상어와 우정을 나누며 해양 생물의 특징을 배우는 교육적 모험

이 다섯 가지 원칙을 모두 적용하면, 챗GPT로부터 여러분이 상상했던 것보다 훨씬 뛰어난 그림책 콘텐츠를 얻을 수 있을 것입니다.

Chapter 3. 그림책의 콘셉트 구상하기

"그림책을 만들고 싶은데 무엇부터 시작해야 할지 모르겠어요." 많은 분들이 가지는 고민입니다. 하지만 걱정하지 마세요. 챗GPT가 여러분의 든든한 동반자가 되어드립니다. 그림책 콘셉트란 단순히 '재미있는 이야기'를 넘어서는 것입니다. 이는 '누구에게 무엇을 전달할 것인가?'라는 명확한 목적을 가진 전략적 기반이며, 여러분의 그림책이 독자들의 마음에 깊이 남을 수 있게 하는 핵심 요소입니다.

콘셉트 개발의 성공 비결은 두 가지 핵심 질문에서 시작됩니다. 첫째는 타깃 독자 설정으로 "누구를 위한 그림책인가?"를 명확히 하는 것이고, 둘째는 핵심 메시지 정의로 "어떤 가치나 경험을 전달하고자 하는가?"를 정하는 것입니다. 이 과정에서 챗GPT는 마치 경험 많은 편집자처럼 여러분과 대화하며 아이디어를 구체화하고 발전시켜 나갑니다. 혼자서는 막막했던 창작 과정이 챗GPT와 함께하면 체계적이고 즐거운 여정으로 바뀔 것입니다.

1 콘셉트 개발의 전략적 접근

그림책 제작의 첫 번째 날은 프로젝트 전체의 방향성을 결정짓는 가장 중요한 단계입니다. 여기서 말하는 콘셉트는 단순한 아이디어 수준이 아닙니다. 이는 그림책을 통해 '누구에게 무엇을 전달할 것인가?'를 명확히 하는 전략적 기반으로, 여러분의 작품이 독자들에게 깊은 인상을 남기고 오래도록 사랑받을 수 있게 하는 핵심 요소입니다.

1 효과적인 콘셉트 개발의 두 가지 핵심 질문

❶ 타깃 독자 설정: 누구를 위한 그림책인가?

단순히 '어린이'라고 하기보다는 더 구체적으로 접근해야 합니다. 2~3세 남자아이와 4~5세 여자아이는 관심사도 이해 수준도 완전히 다릅니다. 예를 들어 "자동차와 공룡에 관심이 많은 3~4세 남자아이"처럼 구체적으로 설정하면, 그에 맞는 캐릭터와 스토리를 훨씬 정확하게 만들 수 있습니다.

❷ 핵심 메시지 정의: 어떤 가치나 경험을 전달하고자 하는가?

'재미있는 이야기'를 넘어서 독자에게 어떤 감정이나 교훈을 전달하고 싶은지 명확히 해야 합니다. "자신의 가능성은 무한하다.", "다름은 특별함이다.", "용기를 내면 새로운 세상이 열린다." 등 구체적인 메시지를 정하면 스토리의 방향성이 분명해집니다.

2 챗GPT 활용을 위한 실용적 접근

챗GPT와 함께 콘셉트를 개발할 때는 올바른 프롬프트 전략이 필요합니다. 가장 효과적인 시작점은 다음과 같은 개방형 접근입니다.

1 추천 프롬프트

당신은 인기 있는 그림책 작가입니다. 저는 그림책을 만들고 싶습니다. 저에게 질문을 해 주시고,

콘셉트와 스토리를 정하는 데 도움을 주세요.

이러한 개방형 접근은 AI가 다음과 같은 핵심 요소에 대한 구체적인 질문을 생성하도록 유도합니다.

1. 타깃 독자층 특성(연령, 관심사 등)
2. 전달하고자 하는 주제나 메시지
3. 캐릭터 유형 및 특성
4. 이야기의 배경 설정
5. 독자에게 전달하고자 하는 감정적 경험

챗GPT는 마치 숙련된 편집자처럼 여러분에게 적절한 질문을 던지며, 여러분의 답변을 바탕으로 점점 더 구체적이고 매력적인 콘셉트를 함께 만들어갑니다.

3. 콘셉트 개발 실전 사례

실제로 어떻게 챗GPT와 협업하여 콘셉트를 개발하는지 두 가지 사례를 통해 살펴보겠습니다.

1 창작자 주도형 접근

이미 어느 정도 아이디어를 가지고 있는 경우의 접근법입니다.

설정:
- 타깃: 2~3세 남자아이
- 메시지: 자신의 가능성은 무한하다.
- 캐릭터: '루엘'이라는 세 살 남자아이
- 배경: 현대 한국
- 감정: 두근두근하는 설렘

이런 기본 설정을 챗GPT에 제공하면, AI는 다음과 같은 구체적인 콘셉트를 제안할 수 있습니다.

루엘이의 상어와 공룡에 대한 관심을 중심으로 '무한한 가능성'이라는 메시지를 담은 이야기를 구성합니다. 일상 속에서 상상력을 통해 자신이 좋아하는 상어와 공룡의 세계로 모험을 떠나는 루엘이의 이야기로 발전시킬 수 있습니다.

2 AI 주도형 접근

아직 구체적인 아이디어가 없는 경우의 접근법입니다.

> 당신은 천재적이고 유명하고 인기있는 그림책 작가입니다. 저는 유아 대상의 그림책을 만들고 싶다고 생각하고 있습니다만, 콘셉트가 정해지지 않았습니다. 잘 팔리는 그림책의 콘셉트, 누구에게 무엇을 전할지를 제안해 주세요.

이런 개방적인 프롬프트를 사용하면 챗GPT가 시장성 있는 다양한 콘셉트 옵션을 제시하고, 각각의 장단점을 분석해 주어 여러분이 선택할 수 있도록 도와줍니다.

4 AI가 제안하는 인기 그림책 콘셉트 유형

챗GPT가 추천하는 인기 있는 그림책 콘셉트는 크게 다섯 가지 유형으로 나뉩니다.

1 정서 발달 지원 그림책

감정을 인식하고 표현하는 법을 학습하는 콘셉트입니다. 예를 들어 '내 마음의 색깔'(3-5세)은 주인공 아이가 하루 동안 느끼는 다양한 감정을 각각 다른 색깔로 표현하여 감정 인식과 표현을 도와줍니다.

2 일상의 작은 모험

첫 유치원 등원, 동생의 탄생, 이사, 병원 방문 등 일상 경험을 모험으로 재해석하는 콘셉트입니다. '용감한 첫걸음'(2~4세)은 유치원 첫 등원을 다루어 독자들에게 공감과 위로를 제공합니다.

3 자연과 환경에 대한 호기심

환경 의식, 동식물 생태, 계절 변화, 자연 보호를 재미있게 전달하는 콘셉트입니다. '작은 씨앗의 큰 꿈'(2~4세)은 씨앗이 나무가 되는 과정을 통해 성장과 인내의 가치를 전달합니다.

4 다양성과 포용

다양한 문화, 가족 형태, 능력을 가진 캐릭터들을 통해 포용과 존중의 가치를 전달하는 콘셉트입니다. '다른 게 특별해'(3~6세)는 다른 특징을 가진 동물 캐릭터들을 통해 다양성 존중과 자아 존중감을 키워줍니다.

5 상상력과 창의성

판타지 요소, 일상 속 마법, 상상 속 친구와의 모험을 다루는 콘셉트입니다. 예를 들어 '오늘은 내가 도와줄게.'(3~5세)와 같은 이야기에서는 주인공 아이가 상상력을 발휘해 자신을 '꼬마 해결사'로 여기며 가족과 이웃을 돕는 모습을 통해 협력과 나눔의 기쁨을 창의적으로 전달할 수 있습니다.

5 콘셉트 개발의 실용적 접근

효과적인 콘셉트 개발을 위해 다음 네 가지 핵심 사항을 유념해야 합니다.

1 명확한 목표 설정

단순한 이야기 구상이 아닌, 전달하고자 하는 가치와 타깃 독자를 명확히 합니다. "누구에게 무엇을 전달할 것인가?"라는 질문에 구체적으로 답할 수 있어야 합니다.

2 AI와의 반복적 협업

마음에 드는 콘셉트가 나올 때까지 여러 아이디어를 탐색하고 발전시켜 나갑니다. 첫 번째 제안이 완벽하지 않아도 괜찮습니다. 계속해서 대화하며 개선해 나가는 것이 중요합니다.

3 개인적 연결성 확보

순전히 AI에 의존하기보다는 자신의 경험이나 가치관과 연결된 요소를 포함시켜 진정성 있는 콘셉트를 구축합니다. 여러분만의 특별한 이야기가 독자들에게 더 깊은 감동을 줄 수 있습니다.

4 확장 가능성 고려

시리즈로 발전시킬 수 있는 잠재력을 가진 콘셉트를 선호합니다. 성공적인 첫 작품이 나오면 같은 캐릭터나 세계관으로 후속작을 만들 수 있어 더 큰 성공을 거둘 수 있습니다.

첫날의 체계적인 접근은 단순히 아이디어를 정리하는 것을 넘어 그림책 프로젝트의 성공을 좌우할 '콘셉트 기획'을 완성하는 과정입니다. 이렇게 수립된 명확한 콘셉트는 이어지는 일러스트와 디자인 작업의 견고한 토대가 되어 전체 프로젝트를 성공으로 이끄는 핵심 동력이 될 것입니다.

Chapter 4. 캐릭터, 이야기의 배경, 개요 생각하기

콘셉트가 정해졌다면, 이제 이야기의 뼈대를 만들 차례입니다. 캐릭터, 배경, 이야기를 구체적으로 설계하는 이 단계는 작품의 완성도를 결정짓는 기초 공사와 같습니다. 체계적으로 접근하면 여러분만의 이야기가 선명해질 것입니다.

챗GPT는 이 과정에서 유능한 편집자처럼 아이디어를 발전시킵니다. '상어를 좋아하는 아이'라는 설정을 '꿈속 모험으로 가능성을 깨닫는 감동적인 이야기'로 만드는 것이 AI 협업의 힘입니다. 이 파트너와 함께 특별한 이야기를 완성하세요.

1 그림책의 핵심 요소 정하기

그림책을 만들 때는 몇 가지 중요한 요소를 미리 결정해야 합니다. 이것은 마치 집을 지을 때 기초를 튼튼하게 다지는 것과 같습니다. 체계적으로 접근하면 훨씬 완성도 높은 작품을 만들 수 있습니다.

1 전달하고 싶은 메시지나 교훈

모든 좋은 이야기에는 아이들에게 전하고 싶은 마음이 담겨 있습니다. 우정의 소중함, 용기를 내는 법, 다른 사람을 배려하는 마음 등 여러분이 아이들에게 심어 주고 싶은 씨앗은 무엇인가요?

> '자신의 무한한 가능성'이라는 메시지를 아이들에게 전하고 싶습니다. 아이들이 '나는 무엇이든 될 수 있어!'라고 느끼게 해 주고 싶어요.

2 등장인물(주인공과 조연의 성격 및 특징)

독자들이 사랑하고 기억할 캐릭터를 만드는 것이 핵심입니다. 단순히 이름만 정하는 것이 아니라 성격, 관심사, 특별한 특징까지 구체적으로 설정해야 합니다.

> 제 이야기의 주인공은 3살 '루엘이'에요. 상어와 공룡에 푹 빠진 아이죠. 메갈로돈부터 고래상어까지, 티라노사우루스부터 트리케라톱스까지 모든 종류와 특징을 줄줄 외우는 호기심 많은 아이랍니다. 그리고 지혜로운 할머니도 함께 등장해서 루엘이의 꿈을 응원해 줄 거예요.

3 이야기의 배경

이야기가 전개되는 장소나 시대를 정합니다. 현대 한국, 과거, 미래, 판타지 세계 등 어떤 배경이든 가능하지만, 독자들이 쉽게 이해하고 공감할 수 있는 배경을 선택하는 것이 좋습니다.

우리 이야기는 현대 한국의 일상 속에서 펼쳐져요. 할머니 집의 아늑한 방, 책장 가득 꽂힌 공룡과 상어 도감, 벽에 붙은 포스터들…. 그리고 루엘이의 꿈속에서는 드넓은 바다와 쥐라기 시대의 초원으로 배경이 확장될 거예요

4 줄거리(시작 – 중간 – 끝의 흐름)

이야기의 전체적인 흐름을 설계합니다. 어떻게 시작해서 어떤 과정을 거쳐 어떻게 마무리 될지 큰 그림을 그려 보십시오.

우리 이야기는 상어와 공룡 도감을 열심히 보는 루엘이의 일상에서 시작해요. 매일 밤 꿈속에서 상어들과 함께 바다를 헤엄치고, 공룡들과 함께 초원을 달리는 모험을 하죠. 어느 날 할머니에게 이 신나는 꿈 이야기를 들려 주고, 할머니는 '넌 무엇이든 될 수 있어.'라고 지혜롭게 알려 주세요. 마지막에는 자신의 무한한 가능성을 깨닫고 설레는 마음으로 잠드는 루엘이의 모습으로 마무리 돼요.

5 페이지 구성 및 일러스트 배치

그림책의 페이지 수와 각 페이지에 텍스트와 일러스트를 어떻게 배치할지 계획합니다.

우리 그림책은 펼침면으로 구성할 거예요. 왼쪽 페이지에는 이야기 텍스트를, 오른쪽에는 그에 맞는 일러스트를 배치할 계획이에요. 아이들이 글과 그림을 함께 보며 이야기에 더 몰입할 수 있도록요.

6 일러스트 스타일

사진처럼 사실적인 스타일, 귀여운 애니메이션 스타일, 부드러운 수채화 스타일, 환상적인 판타지 스타일 등 중에서 이야기에 가장 어울리는 스타일을 선택합니다.

상어와 공룡을 정확하면서도 아이들이 무서워하지 않을 정도로 친근하게 표현할 수 있는 스타일이 좋을 것 같아요.

2. 독자층 명확히 하기

여러분의 그림책은 어떤 아이들이 읽을까요? 연령대는 어떻게 되나요? 어떤 성격과 관심사를 가진 아이들인가요? 이런 부분을 미리 생각해 두면 이야기와 그림을 더 효과적으로 구성할 수 있습니다.

단순히 '어린이'라고 하기보다는 더 구체적으로 설정하는 것이 중요합니다. 2세 아이와 5세 아이는 언어 이해 수준도, 관심사도, 집중할 수 있는 시간도 완전히 다르거든요.

> 우리 그림책은 말을 배우기 시작한 2~3세 아이들을 위한 거예요. 특히 동물과 공룡에 관심이 많은 아이들이 좋아할 만한 내용으로 구성했죠. 아이들이 루엘이처럼 자신의 관심사를 통해 꿈을 키우고 가능성을 발견할 수 있도록요.

3. 챗GPT와 함께 스토리 만들기

이야기 구상에 도움이 필요하다면, 챗GPT와 같은 AI 도구를 활용해 보는 것도 좋은 방법입니다. 다음과 같은 형식으로 프롬프트를 작성해 보세요.

1 효과적인 프롬프트 구성

> "당신은 인기 있는 그림책 작가입니다. 다음 설정에 따라 그림책의 본문과 시나리오를 만들어 주세요.
>
> - 스토리 테마나 교훈: 어떤 꿈이든 이룰 수 있다는 자신의 가능성의 크기를 전달하고 싶다.
> - 주요 등장인물: 3살 남자아이 루엘과 할머니
> - 이야기 설정: 현대 한국
> - 줄거리:
>   (시작) 상어, 공룡을 아주 좋아하는 루엘의 일상
>   (중간) 루엘은 상어, 공룡을 만나고 그들을 알아가고 재미있게 노는 꿈을 꾼다.
>   (할머니의 개입) 할머니에게 꿈 이야기를 하는 루엘. 할머니는 "너는 되고 싶은 것은 무엇이든 될 수

있단다."라고 일깨워 준다.
- (마무리) 자신이 무엇이든 될 수 있다는 것을 알고, 설레는 마음으로 잠드는 루엘
- 페이지 수와 각 페이지 내용: 펼친 면 왼쪽에는 본문, 오른쪽에는 그림을 배치. 페이지 수는 자유롭게
- 대상 연령: 말을 배운 아이

이렇게 구체적인 설정을 제공하면 챗GPT가 여러분이 원하는 방향으로 이야기를 발전시켜 줄 것입니다.

4 실제 스토리 작성 예시: 루엘이의 꿈 이야기

위의 설정을 바탕으로 실제로 만들어진 스토리의 일부를 살펴보겠습니다.

1 서술형으로 나온 스토리

① 페이지 1~2

"어느 맑은 날, 루엘이는 창가에 앉아 상어 도감을 열심히 보고 있었어요. '이건 메갈로돈, 이건 고래상어, 이건 해머 헤드 상어!' 루엘이의 눈은 반짝반짝, 가슴은 두근두근 설레는 마음으로 가득했어요."

② 페이지 3~4

"루엘이의 방에는 상어 인형과 공룡 피규어가 가득했어요. '티라노사우루스는 육식 공룡이고, 트리케라톱스는 초식 공룡이야!'"

③ 페이지 5~6

"그날 밤, 루엘이는 꿈속에서 넓은 바다로 들어갔어요. 파란 물결 사이로 커다란 상어 친구들이 루엘이에게 다가왔어요. '안녕, 루엘아! 함께 바다를 탐험할래?'"

(중간 생략)

④ 페이지 13~14

"아침이 되자 루엘이는 할머니에게 신나게 꿈 이야기를 들려주었어요. '할머니, 나 상어랑 수영도 했고, 공룡이랑 놀기도 했어요!' 할머니는 루엘이의 머리를 부드럽게 쓰다듬으며 미소 지었어요."

⑤ 페이지 15~16

"'루엘아, 네 꿈은 정말 멋지구나.' 할머니가 말씀하셨어요. '넌 상어처럼 바다를 헤엄칠 수도 있고, 공룡처럼 용감해질 수도 있어. 네가 되고 싶은 건 무엇이든 될 수 있단다."

⑥ 페이지 17~18

"루엘이는 할머니의 말씀을 생각하며 눈을 반짝였어요. '나는 상어 박사가 될 수도 있고, 공룡 탐험가가 될 수도 있어!' 루엘이는 상상하기 시작했어요. 깊은 바다에서 새로운 상어를 발견하는 모습, 커다란 공룡 뼈를 찾아내는 모습 그리고 모든 아이들에게 상어와 공룡에 대해 알려 주는 선생님이 되는 모습까지요. 루엘이의 마음속에는 무수히 많은 꿈들이 반짝반짝 빛나고 있었답니다."

⑦ 페이지 19~20

"잠자리에 들기 전, 루엘이는 창문 너머 별들을 바라보았어요. '나는 무엇이든 될 수 있어.' 루엘이는 작은 목소리로 속삭였어요. 그리고 상어 인형과 공룡 인형을 꼭 안은 채 설레는 마음으로 눈을 감았답니다."

이처럼 체계적으로 캐릭터와 배경, 줄거리를 설정하고 챗GPT와 협업하면, 감동적이고 완성도 높은 그림책 스토리를 만들어 낼 수 있습니다.

2 표 형식으로 나온 스토리

페이지별로 표로 작성해 주세요.

페이지	본문 내용	일러스트 요소	스토리 단계
1~2	"어느 맑은 날, 루엘이는 창가에 앉아 상어 도감을 열심히 보고 있었어요. '이건 메갈로돈, 이건 고래상어, 이건 해머 헤드 상어!' 루엘이의 눈은 반짝반짝, 가슴은 두근두근 설레는 마음으로 가득했어요."	창가에 앉은 루엘이, 펼쳐진 상어 도감, 햇살이 들어오는 방	시작 – 루엘이의 일상과 관심사 소개

페이지	본문 내용	일러스트 요소	스토리 단계
3~4	"루엘이의 방에는 상어 인형과 공룡 피규어가 가득했어요. '티라노사우루스는 육식 공룡이고, 트리케라톱스는 초식 공룡이야!'"	상어 인형들, 다양한 공룡 피규어들, 루엘이의 방 전체 모습	배경 설정 – 루엘이의 취미와 환경
5~6	"그날 밤, 루엘이는 꿈속에서 넓은 바다로 들어갔어요. 파란 물결 사이로 커다란 상어 친구들이 루엘이에게 다가왔어요. '안녕, 루엘아! 함께 바다를 탐험할래?'"	푸른 바다, 다양한 상어들, 물속에서 헤엄치는 루엘이	전개 – 꿈속 모험 시작
중략			
13~14	"아침이 되자 루엘이는 할머니에게 신나게 꿈 이야기를 들려주었어요. '할머니, 나 상어랑 수영도 했고, 공룡이랑 놀기도 했어요!' 할머니는 루엘이의 머리를 부드럽게 쓰다듬으며 미소 지었어요."	이야기를 하며 반짝이는 눈으로 할머니를 올려다보는 루엘이의 얼굴 루엘이를 사랑스럽게 바라보며 머리를 부드럽게 쓰다듬어 주는 할머니의 따뜻한 미소와 손길	전환점 – 현실로 돌아와 꿈 공유
15~16	"루엘아, 네 꿈은 정말 멋지구나." 할머니가 말씀하셨어요. "넌 상어처럼 바다를 헤엄칠 수도 있고, 공룡처럼 용감해질 수도 있어. 네가 되고 싶은 건 무엇이든 될 수 있단다."	할머니의 따뜻한 미소, 루엘이의 반짝이는 눈	클라이맥스 – 핵심 메시지 전달
17~18	"루엘이는 할머니의 말씀을 생각하며 눈을 반짝였어요. '나는 상어 박사가 될 수도 있고, 공룡 탐험가가 될 수도 있어!' 루엘이는 상상하기 시작했어요. 깊은 바다에서 새로운 상어를 발견하는 모습, 커다란 공룡 뼈를 찾아내는 모습 그리고 모든 아이들에게 상어와 공룡에 대해 알려 주는 선생님이 되는 모습까지요. 루엘이의 마음속에는 무수히 많은 꿈들이 반짝반짝 빛나고 있었답니다."	상어 박사가 된 루엘이, 공룡 탐험가 루엘이, 선생님이 된 루엘이 등 다양한 미래 모습들이 구름처럼 떠오르는 상상 장면, 반짝이는 별들과 함께 표현	결말 준비 – 무한한 가능성에 대한 구체적 상상과 깨달음
19~20	"잠자리에 들기 전, 루엘이는 창문 너머 별들을 바라보았어요. '나는 무엇이든 될 수 있어.' 루엘이는 작은 목소리로 속삭였어요. 그리고 상어 인형과 공룡 인형을 꼭 안은 채, 설레는 마음으로 눈을 감았답니다."	별이 빛나는 밤하늘, 침대에 누운 루엘이, 상어와 공룡 인형들	결말 – 희망적 마무리

Chapter 5 그림책의 제목 정하기

멋진 스토리가 완성되었다면, 이제 독자의 마음을 사로잡을 '제목'을 정할 차례입니다. 제목은 책의 얼굴이자 첫인상으로, 수많은 경쟁작 속에서 부모와 아이의 눈길을 끄는 가장 강력한 힘을 발휘합니다.

이 과정이 어렵게 느껴진다면 챗GPT가 든든한 제목 창작 파트너가 되어 줍니다. 작품의 핵심 메시지를 담은 제목부터 아이들의 호기심을 자극하는 제목까지 수십 개의 옵션을 즉시 제안하여 완벽한 제목을 찾는 여정을 함께할 것입니다.

1. 좋은 그림책 제목의 조건

효과적인 그림책 제목이 갖춰야 할 네 가지 핵심 조건을 살펴보겠습니다. 이 조건들을 기준으로 제목을 평가하고 선택하면, 독자들의 마음을 사로잡는 제목을 만들 수 있습니다.

1 내용을 정확하게 표현할 것

제목만 보고도 책의 주요 내용이나 주제를 짐작할 수 있어야 합니다. 상어와 공룡이 등장하는 그림책이라면, 이 두 요소가 제목에 자연스럽게 드러나는 것이 좋겠죠. 독자들이 "아, 이 책은 이런 내용이구나."라고 바로 이해할 수 있어야 합니다.

2 흥미를 끌 것

아이들과 부모님들의 시선을 사로잡는 재미있고 독특한 제목이어야 합니다. 호기심을 자극하거나, 리듬감 있는 단어 선택으로 읽는 재미를 더할 수 있어요. '신비한', '놀라운', '마법의' 같은 매력적인 형용사를 활용하는 것도 좋은 방법입니다.

3 간결할 것

길고 복잡한 제목은 기억하기 어렵고, 아이들이 말하기도 어려워요. 핵심 메시지를 담으면서도 간결한 제목이 효과적입니다. 보통 5~7단어 내외가 적당하며, 아이들이 쉽게 따라 말할 수 있는 길이가 이상적입니다.

4 시리즈물인 경우 통일감이 있을 것

추후 다른 동물이나 주제로 시리즈를 확장할 계획이라면, 일관된 형식의 제목을 사용해 시리즈임을 쉽게 알아볼 수 있게 하는 것이 좋습니다.

'동물 ABC 그림책', '탈것 ABC 그림책', '음식 ABC 그림책' 처럼 형식의 통일감을 주면 브랜드 인지도를 높일 수 있습니다.

2 챗GPT를 활용한 제목 생성 전략

챗GPT에게 제목 만들기를 도와달라고 요청하는 방법은 여러 가지가 있습니다. 가장 간단한 방법부터 고급 기법까지 단계별로 소개해드리겠습니다.

1 기본 접근법

본문이 완성되면 간단히 "이 그림책의 제목을 20개 생각 해줘."라고 지시하는 것만으로도 충분합니다. 챗GPT가 다양한 스타일의 제목들을 제안해 줍니다.

2 구조화된 접근법

더 정확하고 타깃에 맞는 결과를 원한다면, 다음과 같은 상세한 프롬프트를 사용합니다.

그림책 제목 제안 요청

역할
당신은 유능한 그림책 작가입니다.

목표
저는 그림책을 출판하여 아마존 판매 랭킹 1위를 달성하고 싶습니다.

요청 사항
부모님들이 클릭하고 싶어질 만한 제목을 20개 제안해 주세요.

그림책 상세 정보
 - 주인공: 루엘 (3살 남자아이)
 - 주제: 상어와 공룡의 이름과 특징 학습
 - 대상 독자: 2~4세 유아와 부모
 - 특징: 동물 정보, 교육적 요소, 모험 스토리
 - 핵심 메시지: 자신의 무한한 가능성 발견

조건

- 내용을 정확하게 표현할 것
- 흥미를 끌 것
- 간결할 것
- 시리즈 확장 가능성 고려

3 간단한 접근법

마크다운이 익숙하지 않다면 이렇게 간단히 요청해도 충분합니다.

당신은 유능한 그림책 작가입니다. 3살 루엘이라는 남자아이가 주인공인 상어와 공룡에 관한 교육적 그림책을 만들고자 합니다. 부모님들이 클릭하고 싶어할 만한 제목을 20개 제안해 주세요.

3 제목 평가 및 선택 기준

챗GPT가 여러 제목을 제안해 주었다면, 이제 최고의 제목을 고를 차례입니다. 최종 제목을 선택할 때는 다음 기준에 맞춰 꼼꼼히 살펴보는 것이 좋습니다.

1 즉시 이해 가능성

제목만 보고도 책의 내용과 콘셉트를 바로 이해할 수 있나요? 상어, 공룡, 루엘이라는 핵심 요소들이 적절히 포함되어 있는지 확인해 보세요.

2 감정적 매력도

아이와 부모 모두의 흥미를 유발하나요? "와, 이 책 재미있겠다!"라는 느낌을 주는지 평가해 보세요.

3 기억하기 쉬운 정도

한 번 들으면 기억할 수 있을 만큼 짧고 간결한가요? 아이들이 친구들에게 이야기할 때 쉽게 말할 수 있는지 확인해 보세요.

4 확장 가능성

시리즈물이라면 이후 확장 시 일관성이 유지될 수 있나요? 다른 동물이나 주제로 발전시킬 때도 같은 형식을 사용할 수 있는지 고려해 보세요.

❶ 실제 제안 예시

- "루엘의 공룡 탐험: 거대 티라노사우루스를 만나다."
- "루엘이 발견한 바다와 육지의 대형 동물들"
- "루엘과 함께하는 선사시대 모험"
- "꿈꾸는 루엘이의 상어와 공룡 친구들"

❷ 실용적 조언

마크다운이나 구조화 방식이 익숙하지 않다면 걱정하지 마세요. 우선 필요한 내용만 명확히 전달하는 것부터 시작하고, 점차 구조화 방식을 시도해 보면 됩니다. 가장 중요한 것은 여러분의 작품에 딱 맞는 매력적인 제목을 찾는 것이니까요!

Chapter 6 본문 작성 완성하기

  이제 그림책 제작 첫날의 마지막 단계인 본문 완성하기입니다. 콘셉트, 캐릭터, 제목을 정했다면 독자가 읽을 실제 이야기를 쓸 차례입니다. 이 단계는 집의 인테리어를 마무리하는 것처럼 세심한 주의가 필요합니다.

  본문 완성은 단순히 글만 쓰는 것이 아니라 페이지 구성, 연령대에 맞는 언어 조절 등 종합적인 검토가 필요합니다. 이 모든 섬세한 조정 과정에서 챗GPT는 든든한 편집자이자 조언자가 되어 작품의 완성도를 높여 줄 것입니다.

1. 페이지별 구성 계획

'그림책의 페이지는 몇 장으로 할까요?' '각 페이지에는 어떤 내용과 그림이 들어갈까요?' 이 부분은 지금 당장 세세하게 정하기 어려울 수 있지만, 대략적인 계획을 세워 두면 나중에 기획, 편집, 출간 단계에서 수월한 작업 과정을 만들 수 있습니다.

1 기본 구성 원리

그림책은 일반적으로 펼침면(2페이지 단위)으로 계획합니다. 한 번에 보이는 두 페이지가 하나의 완성된 장면을 이루도록 설계하는 것이 핵심입니다.

❶ 페이지 배치 전략

우리 그림책은 펼침면으로 구성할 거예요. 왼쪽 페이지에는 이야기 텍스트를, 오른쪽에는 그에 맞는 일러스트를 배치할 계획이에요. 아이들이 글과 그림을 함께 보며 이야기에 더 몰입할 수 있도록요. 특히 루엘이가 꿈속에서 만나는 다양한 상어와 공룡들을 생생하게 그림으로 표현할 거예요.

❷ 유연한 접근

글과 그림의 배치는 자유롭게 결정할 수 있습니다. 왼쪽에 글, 오른쪽에 그림을 고정할 수도 있고, 모든 페이지에 글과 그림을 함께 배치할 수도 있어요. 중요한 것은 각 페이지가 독자의 시선을 자연스럽게 이끌어가는 것입니다.

❸ 실제 구성 예시(루엘이의 꿈 이야기)

- 페이지 1~2: 일상 장면(상어 도감을 보는 루엘이)
- 페이지 3~4: 환경 묘사(루엘이의 방과 장난감들)
- 페이지 5~6: 꿈의 시작(바다로 들어가는 장면)
- 페이지 7~8: 상어와의 모험
- 페이지 9~10: 공룡과의 만남
- 페이지 11~12: 공룡과의 모험

- 페이지 13~14: 현실 복귀(할머니와의 대화)
- 페이지 15~16: 핵심 메시지 전달
- 페이지 17~18: 미래에 대한 상상
- 페이지 19~20: 희망적 마무리

2 텍스트와 이미지의 균형

그림책에서 텍스트와 이미지의 균형은 매우 중요합니다. 글이 너무 많으면 아이들이 지루해하고, 그림만 있으면 스토리 전달이 어려워집니다.

1 황금 비율 찾기

일반적으로 각 페이지의 텍스트는 2~3문장 정도가 적당합니다. 아이들이 한 번에 집중할 수 있는 분량을 고려해야 합니다.

❶ 텍스트 배치 전략

- **왼쪽 페이지**: 본문 텍스트(2~3문장)
- **오른쪽 페이지**: 상황에 맞는 생동감 넘치는 일러스트
- **필요에 따라 한 페이지에 텍스트와 이미지를 함께 배치**

❷ 시각적 흐름 고려

아이들의 시선이 자연스럽게 글에서 그림으로, 그림에서 다음 페이지로 이동할 수 있도록 배치하는 것이 중요합니다.

3 연령대별 언어 조정

우리 그림책은 말을 배우기 시작한 2~3세 아이들을 위한 것이므로 언어 사용에 특별한 주의가 필요합니다.

1 연령별 언어 특성

① 2~3세: 쉽고 반복되는 어휘, 짧은 문장, 친근한 감정 표현

② 3~4세: 약간 더 복잡한 문장, 새로운 어휘 도입 가능

③ 4~5세: 보다 정교한 표현, 추상적 개념 일부 포함 가능

2 효과적인 언어 사용법

① 친근하고 따뜻한 어조 사용

② 반복되는 패턴으로 리듬감 조성

③ 아이들이 쉽게 따라 할 수 있는 대사

④ 감정 표현을 생동감 있게 묘사

복잡한 표현(X)
"티라노사우루스 렉스는 백악기 후기에 북아메리카 서부에 서식한 대형 육식 공룡입니다."

적절한 표현(O)
"티라노사우루스는 무서운 이빨을 가진 공룡이에요. 크고 강해요!"

4 완성된 본문 검토 및 수정

본문 초안이 완성되었다면, 이제 체계적인 검토와 수정 과정을 거쳐야 합니다.

1 1단계: 전체 흐름 점검

① 도입 – 전개 – 절정 – 마무리의 자연스러운 흐름

② 각 페이지 간 연결의 매끄러움.

③ 핵심 메시지의 효과적 전달

2 2단계: 언어 수준 조정

① 대상 연령에 맞는 어휘 사용

② 문장 길이와 복잡성 조절

③ 읽기 쉬운 리듬감 확보

3 3단계: 실제 테스트

① 소리 내어 읽어 보기

② 실제 아이들에게 읽어 주며 반응 확인

③ 부모님들의 피드백 수집

4 4단계: 챗GPT 활용 검토

> 당신은 경험 많은 그림책 편집자입니다. 다음 본문을 검토하고 개선 사항을 제안해 주세요.
> - 대상 연령: 2~3세
> - 개선 포인트: 언어 난이도, 흐름, 메시지 전달력
> - 특별 고려 사항: 상어와 공룡에 관심 많은 아이들

5 5단계: 최종 마무리

① 오탈자 및 문법 검토

② 페이지별 분량 균형 조정

③ 일러스트와 텍스트의 조화 확인

> **TIP**
>
> **지속적 개선**
> 완성된 본문도 계속해서 개선할 수 있습니다. 독자들의 반응을 보며 필요한 부분을 수정하고, 더 나은 표현을 찾아가는 것이 좋은 작가의 자세입니다.

챗GPT는 이 모든 과정에서 여러분의 든든한 조력자가 될 것입니다. "**이 부분을 더 재미있게 표현할 수 있을까요?**", "**아이들이 이해하기 쉽게 바꿔 주세요.**"라고 언제든 요청하세요. 여러분의 그림책이 독자들에게 사랑받는 작품이 될 때까지 함께 많은 질문과 대화가 답입니다.

Prompt Memo

Part 3

Day 2

미드저니, 달리 3로 그림책 일러스트 생성하기

그림책 작가를 꿈꾸는 여러분, 혹시 "그림을 못 그려서 그림책을 포기해야 하나?"라는 고민을 해 본 적이 있나요? 이제 그런 걱정은 접어 두셔도 됩니다. DAY 2에서는 인공지능 이미지 생성 도구인 미드저니를 활용해 전문 일러스트레이터 못지않은 아름다운 그림책 일러스트를 만드는 방법을 배워 보겠습니다. 복잡한 그림 기법을 익히느라 몇 년을 투자하는 대신 단 몇 시간 만에 여러분만의 독특한 스타일로 매력적인 캐릭터와 배경을 탄생시킬 수 있게 됩니다. 마치 마법사가 주문을 외우듯 정확한 텍스트 지시문(프롬프트)을 입력하면 상상 속 장면이 눈앞에 펼쳐지는 놀라운 경험을 하게 될 것입니다.

Part 3에서는 미드저니의 기본 사용법부터 500개의 검증된 프롬프트 활용법까지, 그림책 제작에 필요한 모든 실무 기술을 단계별로 익혀 보겠습니다. 요금제 선택부터 계정 관리 그리고 무엇보다 중요한 '일관된 캐릭터 생성' 비법까지 낱낱이 공개합니다. 특히 그림책 제작에서 가장 어려운 부분인 '같은 캐릭터가 다양한 장면에서 일관되게 나타나기'를 해결하는 고급 기법들을 배우게 됩니다. 또한 챗GPT와의 협업을 통해 프롬프트 작성을 더욱 효율적으로 만드는 방법과 달리 3 등 다른 AI 도구와의 비교 분석을 통해 상황별 최적의 도구를 선택하는 안목도 기르게 됩니다. 이 모든 과정을 통해 여러분은 아이디어만 있으면 언제든지 멋진 그림책을 완성할 수 있는 실력을 갖추게 될 것입니다.

DAY 2

animestyle, Tilted dutch angle shot, young person with messy brown hair, playful expression, leaning against tilted wall pose, wearing varsity jacket and ripped jeans with patches, dynamic diagonal composition, unconventional perspective, vibrant illustration style --ar 9:16 --v 7

Chapter 1
미드저니 – 일러스트레이션 생성 도구

그림책 작가를 꿈꾸지만 그림 실력이 없어 망설이셨나요? 이제 텍스트만으로 전문가 수준의 일러스트를 만들 수 있는 시대가 열렸습니다. 미드저니는 여러분의 상상 속 이야기를 눈부신 그림으로 바꿔 주는 놀라운 AI 도구입니다.

이 장에서는 그림책 제작의 새로운 표준이 되고 있는 미드저니를 왜 사용해야 하는지, 그림책 제작에 어떻게 활용되는지 알아봅니다.

또한 복잡한 설치 없이 누구나 바로 시작할 수 있도록 가장 쉬운 플랫폼 접속 방법부터 차근차근 안내해드리겠습니다.

1. 미드저니 소개 및 활용 분야

미드저니는 2022년에 등장한 이래 전 세계 창작자들의 사랑을 받고 있는 AI 이미지 생성 도구입니다. 특히 그림책 제작 분야에서는 혁신적인 변화를 가져왔습니다. 기존에는 한 권의 그림책을 완성하기 위해 수십 장의 일러스트를 그리는 데 몇 개월이 걸렸지만, 이제는 며칠 만에 완성할 수 있게 되었습니다. 이는 그림책 작가들에게 엄청난 기회를 제공합니다. 아이디어만 있다면 누구나 쉽게 그림책을 만들 수 있게 된 것이죠.

그림책 제작에서 미드저니의 핵심 장점은 네 가지로 요약할 수 있습니다.

첫째, 일관성입니다. 같은 캐릭터를 다양한 장면에서 일관되게 표현할 수 있어 독자들이 캐릭터를 쉽게 인식할 수 있습니다.

둘째, 다양성입니다. 무한한 스타일과 장면을 구현할 수 있어 창작의 한계가 없습니다.

셋째, 효율성입니다. 빠른 속도로 고품질 이미지를 생성하여 제작 시간을 대폭 단축할 수 있습니다.

넷째, 경제성입니다. 전문 일러스트레이터 고용 대비 90% 이상의 비용을 절감할 수 있습니다.

미드저니는 특히 아동 도서 일러스트레이션에 최적화되어 있습니다. 밝고 친근한 색감, 부드러운 선, 아이들이 좋아하는 캐릭터 표현에 탁월한 성능을 보입니다. 또한 교육용 그림책, 창작 동화, 전래동화 재화 등 다양한 장르의 그림책 제작에 활용할 수 있습니다. 실제로 많은 그림책 작가들이 미드저니를 활용하여 성공적인 작품을 출간하고 있으며, 이는 그림책 제작의 새로운 표준이 되고 있습니다.

2. 접속 방법 및 플랫폼 선택

미드저니는 다양한 방식으로 접근할 수 있어 사용자의 편의성을 높였습니다. 가장 일반적이고 추천하는 방법은 웹 브라우저를 통한 접속입니다. 미드저니 웹 사이트에 접속하면 별도의 프로그램 설치 없이 바로 사용할 수 있습니다. 이는 컴퓨터 초보자들에게도 매우 친숙한 방법입니다. 단순히 인터넷만 연결되어 있다면 언제 어디서든 접속할 수 있어 작업의 연속성을 보장합니다.

접속 방법별로 각각의 특징이 있습니다. PC 웹 브라우저는 가장 안정적이고 모든 기능을 사용할 수 있는 방법입니다. 큰 화면에서 작업할 수 있어 세밀한 디테일을 확인하기 좋습니다. 모바일 웹 브라우저는 이동 중에도 편리하게 작업할 수 있어 아이디어가 떠오를 때 즉시 실행할 수 있습니다. 데스크톱 앱은 윈도우 또는 맥용 애플리케이션으로 더 빠른 속도와 안정성을 제공합니다. 모바일 앱은 아이오에스(iOS) 또는 안드로이드(Android)에서 언제든지 접근 가능하므로 언제 어디서든 창작할 수 있습니다.

초보자에게는 웹 브라우저 접속을 권장합니다. 복잡한 설정 없이 구글 계정만으로 간편하게 시작할 수 있으며, 모든 기능을 제한 없이 사용할 수 있습니다. 웹 브라우저 환경에서 충분히 익숙해진 후에 필요에 따라 플랫폼을 활용하면 됩니다. 특히 그림책 제작은 집중적인 작업이 필요하므로 안정적인 PC 환경에서 시작하는 것이 가장 효율적입니다.

01 'https://www.Midjourney.com/'을 주소창에 입력합니다.

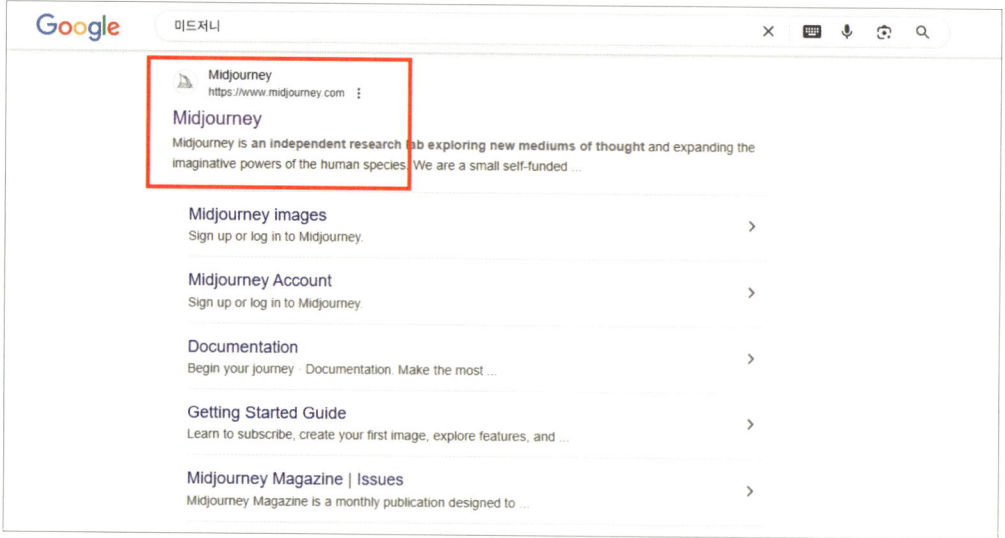

02 [Log In]을 클릭합니다.

03 지메일로 로그인합니다.

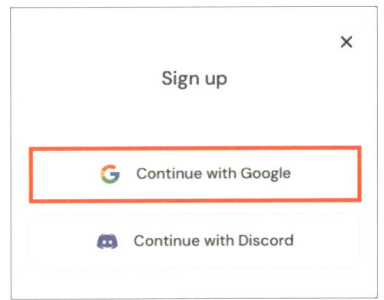

04 지메일로 로그인한 나의 계정을 확인합니다.

3 : 비용 구조 및 투자 가치

미드저니는 유료 서비스로 운영되지만, 그림책 제작의 관점에서 보면 매우 경제적인 투자입니다. 전문 일러스트레이터에게 그림책 한 권 작업을 의뢰하면 보통 100~300만 원의 비용이 발생합니다. 이는 개인 창작자에게는 상당한 부담이 될 수 있습니다. 반면 미드저니를 활용하면 월 10달러(약 1만 3,000원)부터 시작할 수 있어 비용 효율성이 압도적입니다. 이는 커피 한 잔 가격으로 전문가 수준의 일러스트를 무제한으로 생성할 수 있다는 의미입니다.

실제 비용을 비교해 보면 그 차이가 더욱 명확해집니다. 더 중요한 것은 시간 절약입니다. 전문 일러스트레이터와 작업하면 의사소통, 수정 요청, 완성까지 보통 2~3개월이 소요됩니다. 하지만 미드저니를 사용하면 실시간으로 결과를 확인하고 수정할 수 있어 며칠 만에 완성작을 얻을 수 있습니다.

이러한 비용 효율성과 시간 절약은 그림책 작가에게 더 많은 창작 기회와 시장 진출 가능성을 제공합니다. 기존에는 자본력이 있는 출판사나 여유로운 개인만이 그림책을 제작할 수 있었지만, 이제는 누구나 부담 없이 그림책 제작에 도전할 수 있습니다. 또한 빠른 제작 속도 덕분에 트렌드에 민감하게 반응하거나 시즌성 있는 콘텐츠도 쉽게 제작할 수 있습니다. 이는 그림책 시장에서 경쟁력을 갖추는 데 매우 중요한 요소입니다.

미드저니 요금제 완전 분석

　미드저니의 요금제는 무료 플랜 없이 네 가지 유료 요금제만 제공되며, 각 플랜은 사용 가능한 이미지 생성 수량과 생성 속도에 따라 차등화되어 있습니다. 만들려는 그림책의 규모와 작업 기간, 예산을 종합적으로 고려하여 내 프로젝트에 꼭 맞는 플랜을 선택하는 것이 중요합니다.

　그림책 제작은 캐릭터 디자인 등 여러 시행착오를 거치므로 생성 횟수가 넉넉한 플랜을 선택하는 것이 유리합니다. 모든 플랜은 연간 결제 시 20% 할인이 제공되므로 장기적인 비용 효율성까지 고려해 현명하게 선택하시길 바랍니다.

1 요금제별 상세 비교

1 베이직 플랜

　베이직(Basic) 플랜은 AI 그림책 제작에 처음 도전하는 분들을 위한 가장 경제적인 옵션입니다. 월 생성 한도는 최대 200장으로, 간단한 그림책이나 소규모 프로젝트 진행자에게 적합합니다. 동시 작업 수는 1개로 제한되며, 크레딧 추가 구매는 불가능하지만 추가 시간 구매는 가능합니다. 예산이 제한적이거나 AI 이미지 생성을 처음 시도하는 분들에게 이상적입니다.

　약 15~20페이지 정도의 짧은 그림책을 제작하려는 경우, 삽화 초안과 최종본을 포함해도 200장 이내로 충분히 작업할 수 있습니다. 한 페이지당 여러 버전을 시도해 보고 최적의 결과를 선택하는 과정을 고려하면, 단편 그림책이나 시험적 프로젝트에 적합한 규모입니다. 다만 릴랙스 모드가 제한적이므로 무제한 실험을 원하는 경우에는 한계가 있습니다.

2 스탠더드 플랜

　스탠더드(Standard) 플랜은 대부분의 그림책 작가에게 권장되는 가장 효율적인 옵션입니다. 고속 생성 15시간/월과 릴랙스 모드 무제한 생성이라는 두 가지 핵심 장점을 제공합니다. 동시 작업 수는 3개까지 가능하며, 크레딧 추가 구매와 추가 시간 구매 모두 지원됩니다. 정기적으로 콘텐츠를 만드는 그림책 작가에게 최적화되어 있습니다.

　릴랙스 모드를 활용하면 속도는 느리지만 무제한으로 이미지를 생성할 수 있어 비용 면에서 효율적입니다. 특히 여러 개의 그림책을 동시에 작업하거나 다양한 스타일을 실험해 보고 싶은 경우에 이상적입니다. 시간적 여유가 있는 창작자라면 릴랙스 모드만으로도 충분히 만족스러운 결과를 얻을 수 있으며, 급한 작업이나 최종 결과물에만 고속 모드를 활용하는 전략적 사용이 가능합니다.

3 프로 플랜

　프로(Pro) 플랜은 전문 일러스트레이터와 여러 클라이언트와 작업하는 작가들을 위한 고급 옵션입니다. 고속 생성 30시간/월과 릴랙스 모드 무제한 생성을 제공하며, 동시 작업 수는 5개까지 가능합니다. 가장 중요한 특징은 프롬프트 비공개 설정이 가능하다는 점입니다. 이는 특별히 개발한 프롬프트 기술이나 독특한 스타일을 지적 재산권으로 보호하고 싶은 전문 그림책 작가에게 매우 중요한 기능입니다.

빠른 처리 시간과 프롬프트 보호 기능으로 전문적인 작업 환경을 제공합니다. 또한 빠른 시일 내에 여러 프로젝트를 완성해야 하는 전문가나 상업적 목적의 그림책 제작에 적합합니다. 클라이언트별로 다른 프로젝트를 동시에 진행할 수 있는 충분한 여유와 보안 기능을 제공하여 전문 작업자의 요구 사항을 만족시킵니다.

4 메가 플랜

메가(Mega) 플랜은 상업적 규모의 콘텐츠 제작자와 출판사를 위한 최상위 옵션입니다. 고속 생성 60시간/월과 릴랙스 모드 무제한 생성을 제공하며, 동시 작업 수는 10개까지 가능합니다. 프롬프트 비공개 기능도 포함되어 있어 대규모 프로젝트에 최적화되어 있습니다. 여러 그림책 시리즈나 대형 프로젝트를 동시에 진행하는 전문 스튜디오나 출판사에 적합합니다.

최대 처리 속도를 제공하여 시간이 중요한 상업적 프로젝트나 정해진 출판 일정이 있는 경우에 적합합니다. 여러 작가가 동시에 작업하거나 대량의 일러스트를 빠른 시간 내에 생성해야 하는 환경에서 그 가치를 발휘합니다. 개인 창작자보다는 조직 차원에서 그림책 제작에 임하는 경우에 적합한 플랜입니다.

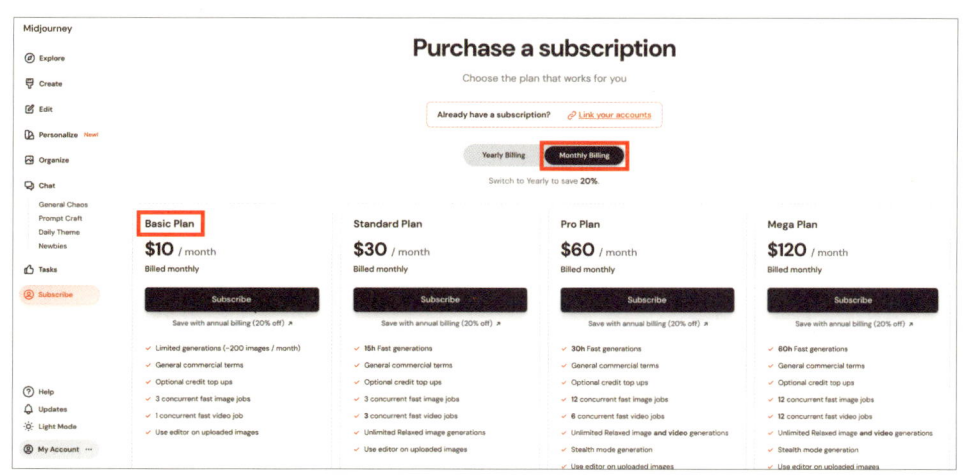

미드저니 월별, 연간 요금제 화면

2. 그림책 작가별 맞춤 선택 가이드

1 초보자 및 가끔 사용하는 작가 – 베이직 플랜 추천

그림책 제작이 처음이고 AI 도구 사용도 처음인 완전 초보자라면 베이직 플랜으로 시작하는 것을 권장합니다. 200장의 생성 한도로 충분히 실험해 볼 수 있으며, 도구의 특성을 파악하는 데 집중할 수 있습니다. 첫 달에는 학습 위주로 진행하고, 프롬프트 작성 방법과 파라미터 활용법을 익히는 데 시간을 투자하세요. 두 번째 달부터 본격적인 제작에 들어가면 됩니다.

1~2권의 단편 그림책이나 20페이지 이하의 소규모 프로젝트에 적합합니다. 연간 결제 시 20% 할인이 적용되어 월 8달러(약 1만원)로 이용할 수 있어 부담이 적습니다. 시험적 제작이나 취미 수준의 창작 활동에 충분한 여유를 제공하며, 필요에 따라 언제든지 상위 플랜으로 업그레이드할 수 있습니다.

2 정기적으로 사용하는 그림책 작가 – 스탠더드 플랜 추천

분기별로 그림책을 제작하거나 취미로 꾸준히 창작 활동을 하는 중급 작가들에게는 스탠더드 플랜이 최적입니다. 릴랙스 모드의 무제한 생성이 창작의 자유도를 크게 높여 주며, 다양한 스타일을 실험해 보고 싶은 경우에 이상적입니다. 시간적 여유가 있다면 릴랙스 모드만으로도 충분히 만족스러운 결과를 얻을 수 있습니다.

여러 개의 그림책을 동시에 작업하거나 반복적인 시도를 통해 완벽한 결과를 얻고자 하는 작가들에게 적합합니다. 고속 생성 15시간은 급한 작업이나 최종 결과물에 활용하고, 일상적인 실험이나 초기 단계 작업은 릴랙스 모드를 활용하는 전략적 사용이 가능합니다. 가격 대비 가장 효율적인 옵션으로, 대부분의 그림책 작가에게 권장되는 플랜입니다.

3 전문 일러스트레이터 – 프로 플랜 추천

본격적인 그림책 제작을 업으로 삼거나 출판 계획이 구체적인 전문 작가들에게는 프로 플랜을 추천합니다. 빠른 제작 속도와 프롬프트 보안 기능으로 전문적인 작업 환경을 제공하며,

여러 프로젝트를 동시에 진행할 수 있는 충분한 생성 여유를 확보할 수 있습니다. 특히 프롬프트 비공개 설정은 독창적인 스타일을 개발하고 보호하는 데 매우 중요한 기능입니다.

클라이언트별로 다른 프로젝트를 동시에 진행하거나 상업적 목적의 그림책 제작에 적합합니다. 빠른 시일 내에 여러 프로젝트를 완성해야 하는 환경에서 그 가치를 발휘하며, 작업의 품질과 속도를 모두 만족시킬 수 있습니다. 전문가로서의 경쟁력을 유지하고 싶은 작가들에게 필수적인 플랜입니다.

4 출판사 및 스튜디오 – 메가 플랜 추천

대규모 프로젝트나 여러 작가와의 협업 프로젝트에는 메가 플랜이 적합합니다. 월 60시간의 고속 생성으로 타이트한 일정도 소화할 수 있으며, 상업적 활용에 필요한 모든 기능을 제공합니다. 여러 그림책 시리즈를 동시에 진행하거나 대형 프로젝트를 관리하는 출판사나 제작 스튜디오에 최적화되어 있습니다.

동시 작업 수 10개를 통해 여러 작가가 동시에 작업하거나 다양한 프로젝트를 병행할 수 있으며, 최상위 성능으로 대량의 콘텐츠를 빠른 시간 내에 생성할 수 있습니다. 조직 차원에서 그림책 제작에 임하는 경우에 그 가치를 발휘하는 플랜입니다.

3 비용 최적화 전략

1 연간 결제 활용하기

모든 플랜에서 연간 결제 시 20% 할인이 적용되므로 장기간 사용할 계획이라면 연간 결제가 훨씬 경제적입니다. 베이직 플랜의 경우 월 8달러, 스탠더드 플랜은 월 24달러, 프로 플랜은 월 48달러, 메가 플랜은 월 96달러로 상당한 비용을 절약할 수 있습니다. 그림책 제작은 보통 몇 개월에 걸쳐 진행되므로 연간 결제의 혜택을 충분히 활용할 수 있습니다.

2 릴랙스 모드 전략적 활용

스탠더드 플랜 이상에서 제공되는 릴랙스 모드를 전략적으로 활용하면 비용 효율성을 극대화할 수 있습니다. 급하지 않은 실험적 작업이나 초기 아이디어 스케치는 릴랙스 모드에서 진행하고, 최종 결과물이나 급한 작업만 고속 모드를 사용하는 방식입니다. 이렇게 하면 고속 생성 시간을 절약하면서도 충분한 실험을 할 수 있습니다.

3 플랜 변경의 유연한 활용

프로젝트의 규모와 일정에 따라 플랜을 유연하게 변경하는 것도 중요한 전략입니다. 평소에는 베이직이나 스탠더드 플랜을 사용하다가 대규모 프로젝트나 급한 일정이 있을 때만 상위 플랜으로 업그레이드하는 방식입니다. 사용량을 정기적으로 모니터링하여 필요에 따라 플랜을 조정하면 더욱 경제적으로 활용할 수 있습니다.

4 추가 구매 옵션 활용

모든 플랜에서는 추가 시간 구매가 가능합니다. 일시적으로 많은 이미지가 필요한 경우 추가 구매를 활용하는 것이 플랜 업그레이드보다 경제적일 수 있습니다. 정확한 프롬프트 작성 기술을 익히면 원하는 결과를 얻기까지의 시도 횟수를 줄여 결과적으로 비용 절약으로 이어집니다.

Chapter 3. 계정 생성 및 관리 시스템

 미드저니를 시작하는 첫걸음인 계정 생성은 생각보다 간단합니다. 구글 계정만 있으면 몇 분 만에 완료할 수 있으며, 한 번 설정해 두면 지속적으로 안정적인 서비스를 이용할 수 있습니다. 이번 Chapter에서는 누구나 쉽게 따라 할 수 있도록 웹 버전 계정 생성의 모든 과정을 차근차근 안내하는 가이드를 제공합니다.

 계정 생성 후에는 계정 관리가 중요합니다. 구독 설정과 결제 프로세스부터 계정 해지 및 환불 정책 그리고 알아 두면 유용한 고급 기능까지 미드저니를 가장 효율적으로 사용하는 방법을 알려드립니다.

1 웹 버전 계정 생성 가이드

1 접속 방법 선택하기

미드저니는 다양한 방식으로 접속할 수 있어 사용자의 편의성을 높였습니다. PC 브라우저를 통해 별도 설치 없이 웹에서 바로 접속할 수 있고, 스마트폰 브라우저로 모바일 환경에서도 편리하게 이용할 수 있습니다. 또한 윈도우 또는 맥용 데스크톱 애플리케이션으로 더 안정적인 환경을 제공하며, 아이오에스(iOS) 또는 안드로이드(Android) 기기에서 전용 앱으로도 접근할 수 있습니다. 초보자나 처음 시작하는 분들에게는 미드저니 웹 버전에서 시작하는 것이 가장 직관적이고 간편한 방법입니다.

특히 그림책 제작은 집중적인 작업이 필요하므로 안정적인 PC 환경에서 시작하는 것을 권장합니다. 웹 브라우저만 있으면 언제 어디서든 접속할 수 있어 작업의 연속성을 보장하며, 복잡한 설정 과정 없이 바로 시작할 수 있는 장점이 있습니다.

2 계정 생성 단계별 가이드

첫 번째 단계는 미드저니 공식 웹 사이트 접속입니다. 주소창에 https://www.midjourney.com/을 입력하여 공식 웹 사이트의 다운로드 페이지에 접속합니다. 여기서 계정 생성 과정을 시작할 수 있으며, 메인 페이지에서 [Sign Up] 또는 [Log In] 버튼을 찾아 클릭하면 됩니다.

01 처음 들어가시는 분은 sign up 또는 [Log In] 버튼을 클릭합니다.

미드저니 Sign Up 또는 로그인 화면

두 번째 단계는 기본 정보 입력입니다. 유효한 이메일 주소를 입력하세요. 인증 메일이 발송되므로 정확한 이메일 주소를 입력하는 것이 중요합니다. 표시명(Display Name)은 미드저니 커뮤니티에서 보이게 될 이름이므로 기억하기 쉽고 적절한 이름을 선택하는 것이 좋습니다. 구글 계정이 있다면 [Sign Up] 클릭 후 [Google] 버튼을 클릭하여 더욱 간편하게 가입할 수 있습니다.

02 [Continue with Google] 버튼을 클릭합니다.

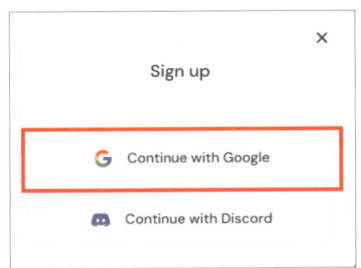

03 미드저니 홈 화면을 확인합니다.

2 구독 설정 및 결제 프로세스

1 구독 설정 방법

로그인 후 구독 설정 확인 방법은 매우 간단합니다. 화면 좌측 맨 하단에 있는 아이디를 클릭하면 메뉴가 나타납니다. 여기서 [manage subscription]을 클릭하면 구독 설정 페이지로 이동합니다. 이 페이지에서 베이직, 스탠더드, 프로, 메가 플랜 중 원하는 요금제를 선택할 수 있습니다. 각 플랜의 특징과 가격을 비교해 보고 여러분의 프로젝트 규모에 맞는 플랜을 선택하세요.

[manage subscription] 창이 나타나면 플랜을 선택하고, 결제 플랜을 확인한 후 해외 결제가 되는 결제 방식을 클릭하여 정보를 입력합니다. 이때 중요한 점은 이메일이 로그인한 구글 이메일과 동일한지 확인하는 것입니다. 이메일 주소가 다르면 결제 과정에서 문제가 발생할 수 있습니다.

01 [manage subscription]을 클릭합니다.

02 이메일 계정을 확인합니다.

2 요금제 선택 및 결제

요금제는 연간 결제 할인 가격 기준으로 Basic 플랜(8달러/월), Standard 플랜(24달러/월), Pro 플랜(48달러/월), Mega 플랜(96달러/월) 중에서 선택할 수 있습니다. 월간 구독과 연간 구독을 선택할 수 있으며, 연간 구독 시 20% 할인이 적용되어 상당한 비용을 절약할 수 있습니다. 그림책 제작은 보통 몇 개월에 걸쳐 진행되므로 연간 결제를 고려해 보시기 바랍니다.

결제 시에는 국제 결제가 가능한 신용카드나 체크카드를 준비하세요. 비자(Visa)나 마스터카드(Mastercard)가 일반적으로 잘 작동합니다. 신용카드 정보를 입력하여 결제를 진행하면 즉시 이메일로 영수증이 발송되고, 계정 상태가 유료 구독자로 변경되어 선택한 플랜의 모든 기능을 사용할 수 있게 됩니다.

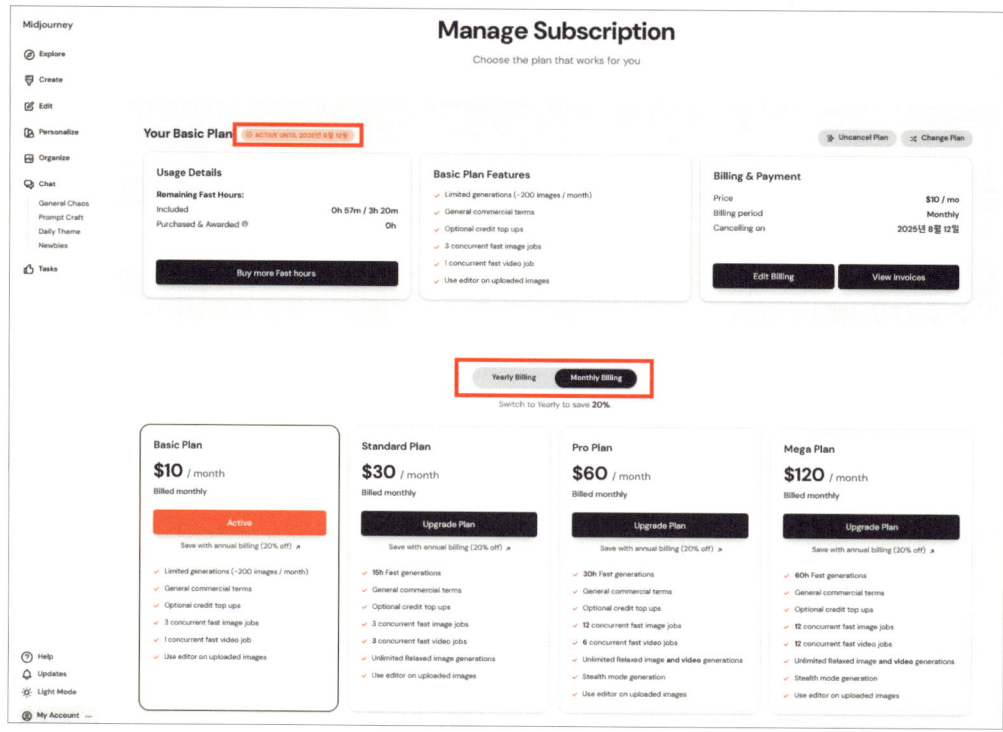

미드저니 요금제 화면

3 계정 해지 및 환불 정책

1 미드저니 웹 버전 해지 방법

　미드저니 서비스가 더 이상 필요하지 않을 경우, 간단한 단계를 통해 구독을 해지할 수 있습니다. 먼저 미드저니 웹 사이트에 로그인한 후, 왼쪽 하단에서 [My Account] → [Manage Subscription]을 클릭합니다. 구독 유형에 따라 표시되는 버튼이 다릅니다. 1년 구독의 경우 [uncancel plan]과 [change plan]이 표시되고, 월 구독의 경우 [cancel plan]과 [change plan]이 표시됩니다.

01 좌측 맨 하단의 아이디를 클릭한 후 [manage subscribe]를 클릭합니다.

02 [Subscribe] 메뉴를 클릭하여 결제된 내용을 확인합니다.

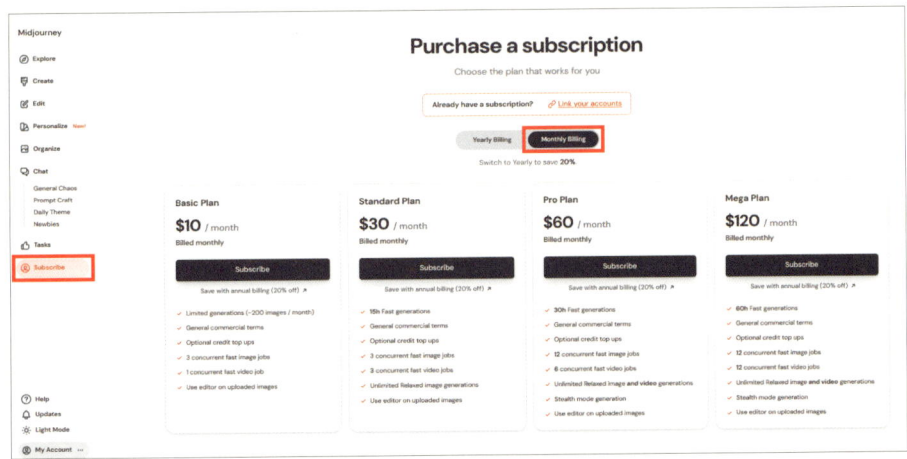

해지 과정은 다음과 같습니다. [manage subscription] 메뉴의 오른쪽에 있는 [Cancel Plan] 버튼을 클릭합니다. 팝업창에서 [Cancel Plan] 버튼을 다시 클릭하고, 확인 팝업이 나타나면 [Confirm Cancellation] 버튼을 클릭하여 최종 취소를 확인합니다. 취소 성공 메시지가 나타나면 [Close] 버튼을 눌러 팝업창을 닫고, 구독 상태가 'CANCELLING'으로 변경된 것을 확인합니다.

03 [manage subscription] 메뉴의 오른쪽에 있는 [Cancel Plan] 버튼을 클릭합니다.

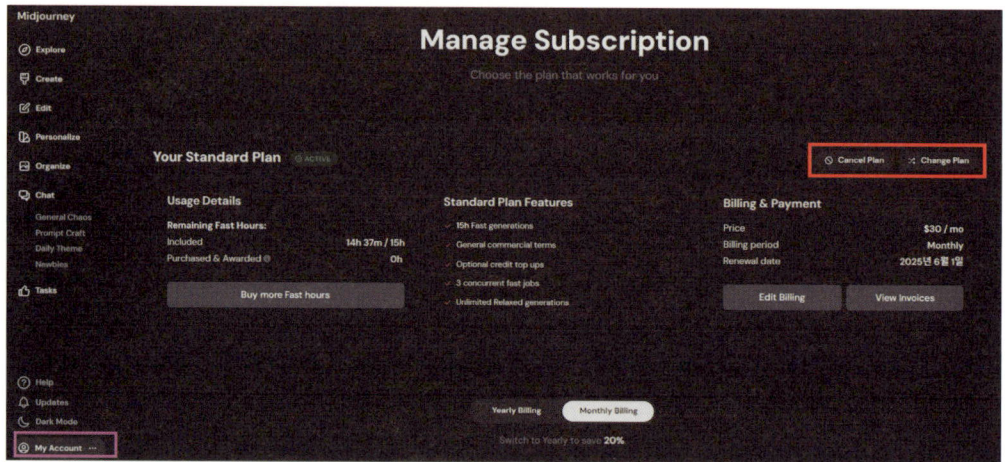

04 [Confirm Cancellation] 버튼을 클릭합니다.

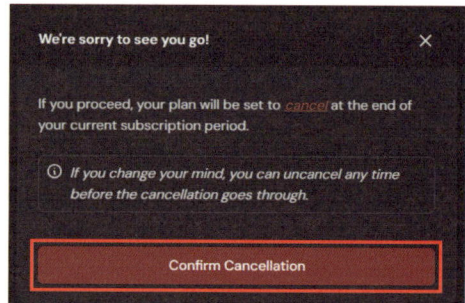

05 구독 상태가 [CANCELLING]으로 변경된 것을 확인합니다.

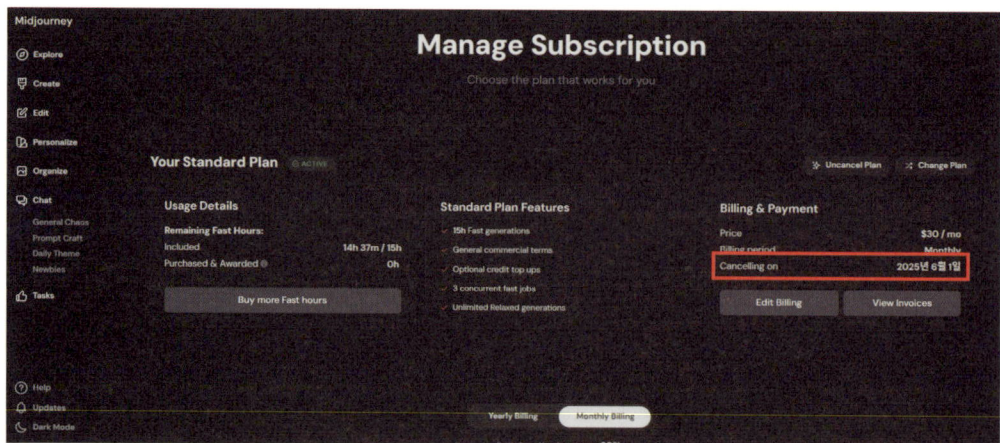

2 해지 취소 방법

구독 해지 요청 후 마음이 바뀌었다면 걱정하지 마세요. 구독 기간이 끝나기 전에 언제든지 해지를 취소할 수 있습니다. 구독 관리 페이지에서 [Uncancel Plan] 버튼을 클릭하면 해지 요청이 취소됩니다. [Uncancellation] 버튼을 클릭하면 업데이트 성공 메시지가 나타나고, Renewal date가 다시 생성되어 구독이 자동으로 재개됩니다.

이러한 유연한 시스템 덕분에 실수로 해지했거나 다시 사용하고 싶어진 경우에도 쉽게 복구할 수 있습니다. 해지 신청 후에도 현재 구독 기간이 끝날 때까지는 정상적으로 서비스를 이용할 수 있으므로 충분히 고민해 보고 결정하기 바랍니다.

01 [Uncancel Plan] 버튼을 클릭합니다.

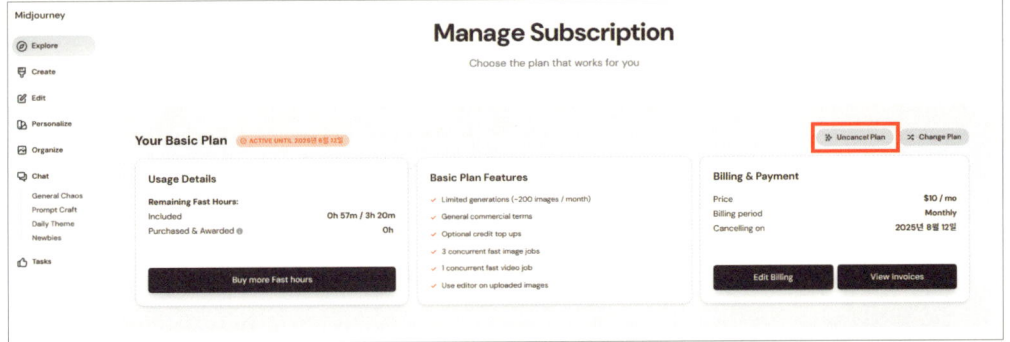

02 [Confirm Uncancellation] 버튼을 클릭합니다.

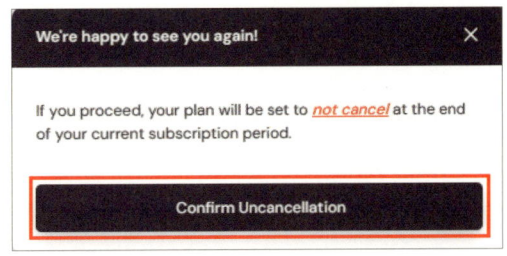

03 [Renewal date]가 다시 생성되는 것을 확인합니다.

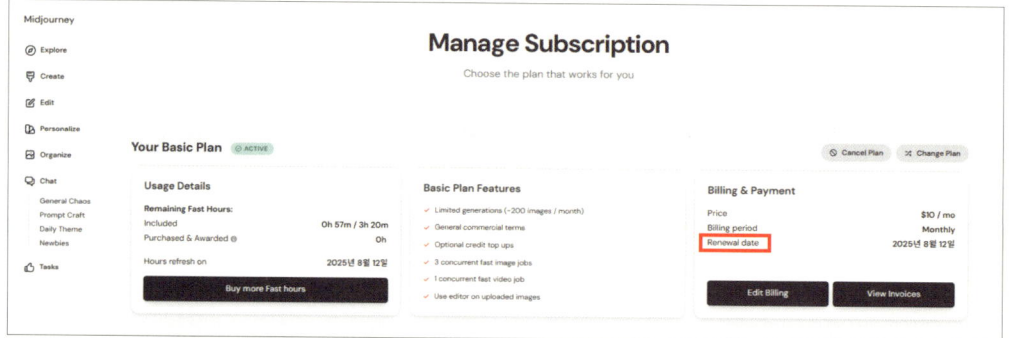

3 환불 규정 참고 사항

미드저니의 환불 정책은 매우 명확하고 공정합니다. 월간 GPU 사용 시간의 1% 미만 사용자는 환불이 가능하며, 스탠더드 및 프로 플랜 구독자는 패스트 또는 릴렉스 모드에서 9분 미만의 GPU를 사용한 경우, 환불 가능합니다. 환불 규정에 해당되면 구독 취소 시 자동으로 환불 관련 대화상자가 나타나므로 별도의 복잡한 절차 없이 환불을 받을 수 있습니다.

환불이 가능한 경우, 시스템에서 자동으로 감지하여 해지 과정에서 환불 안내가 표시됩니다. 이는 사용자가 실제로 서비스를 사용하지 않았을 때만 적용되므로 공정하고 합리적인 정책이라고 할 수 있습니다.

4 계정 관리 고급 기능

1 크레딧 추가 구매

베이직 플랜 사용자도 필요에 따라 크레딧을 추가로 구매할 수 있습니다. [Buy More Fast Hour] 버튼을 클릭하면 시간당 4달러에 추가 생성 시간을 구매할 수 있습니다. 이는 일시적으로 많은 이미지를 생성해야 할 때 유용한 기능으로, 플랜 업그레이드 없이도 필요한 만큼만 추가로 사용할 수 있어 경제적입니다.

추가 시간은 즉시 계정에 반영되므로 급하게 작업해야 할 때 매우 유용합니다. 특히 마감이 임박한 프로젝트나 예상보다 많은 이미지가 필요한 경우에 활용할 수 있습니다.

01 [Buy more Fast hours] 버튼을 클릭합니다.

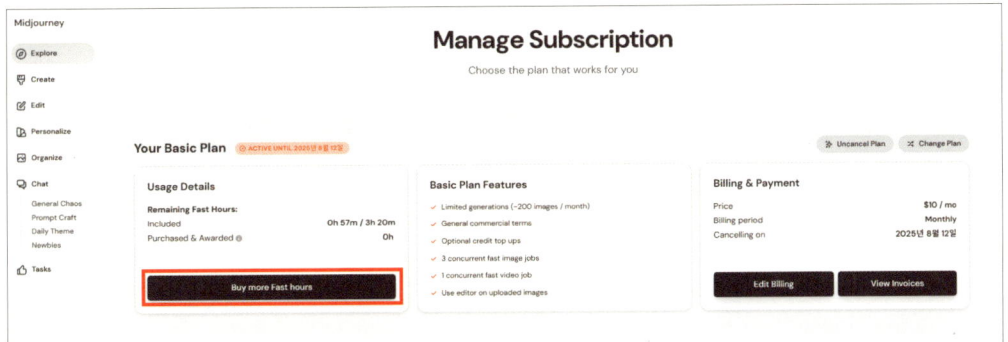

02 원하는 추가 시간을 선택합니다.

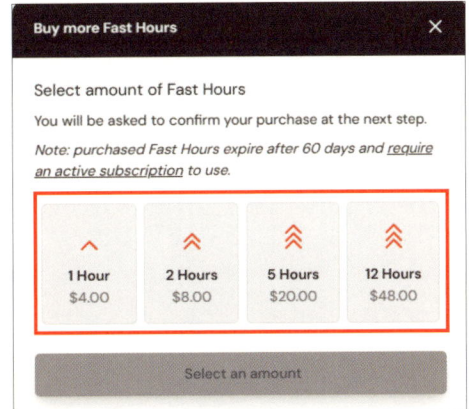

2 플랜 변경 및 관리

현재 구독 중인 플랜을 언제든지 변경할 수 있습니다. [Change Plan] 옵션을 통해 상위 플랜으로 업그레이드하거나 하위 플랜으로 다운그레이드할 수 있으며, 변경된 플랜은 다음 결제일부터 적용됩니다. 이러한 유연성 덕분에 프로젝트 규모에 따라 효율적으로 플랜을 조정할 수 있습니다.

[Manage Subscription] 페이지에서 현재 사용량을 실시간으로 확인할 수 있습니다. 남은 고속 생성 시간, 이번 달 총 생성 수 등의 정보가 표시되어 효율적인 사용 계획을 세울 수 있습니다. 이를 통해 다음 달 플랜을 미리 계획하거나 필요에 따라 추가 구매를 결정할 수 있습니다.

3 계정 보안 및 설정 관리

미드저니 웹 버전 계정에서 구독 설정은 사용이 끝나면 즉시 해지하여 불필요한 요금이 발생하지 않도록 관리하는 것이 중요합니다. 비밀번호 변경, 이메일 주소 변경 등의 보안 관련 설정은 계정 설정 페이지에서 관리할 수 있습니다. 특히 프로 플랜 이상에서는 프롬프트 비공개 설정도 관리할 수 있어 작품의 독창성을 보호할 수 있습니다.

계정 보안을 위해 정기적으로 비밀번호를 변경하고, 이메일 주소는 항상 접근 가능한 것으로 유지하기 바랍니다. 결제 내역과 사용 기록은 언제든지 확인할 수 있으므로 투명하고 안전한 서비스 이용이 가능합니다.

Chapter 4
프롬프트 500개 활용: AI 그림책 일러스트레이션 완벽 가이드

　프롬프트는 AI 이미지 생성의 핵심으로, 상상력을 현실로 바꾸는 마법의 주문입니다. 단순한 단어 나열이 아닌 정교한 언어적 레시피로, 구성과 단어 선택에 따라 생성되는 이미지가 완전히 달라집니다. '소녀' 대신 '분홍색 단발머리, 파란 눈동자, 미소 짓는 소녀가 바다를 바라보고 있다'처럼 구체적으로 묘사하면 생동감 있는 결과를 얻습니다. 화풍, 구도, 인물상, 외모, 표정, 복장, 포즈, 배경, 특수효과, 기타요소 등 10가지 핵심 요소를 체계적으로 조합하여 원하는 이미지를 정확히 구현할 수 있으며, 자세한 정보 기술과 비유적 표현 등 고급 기법을 통해 더욱 창의적이고 독특한 일러스트 제작이 가능합니다.

1 AI 일러스트 생성 프롬프트 기본 원리

미드저니 프롬프트는 AI에게 여러분이 원하는 이미지를 설명하는 텍스트 지시문입니다. 이는 요리사에게 요리법을 설명하는 것과 같습니다. 재료부터 조리법, 플레이팅까지 구체적으로 알려줄수록 원하는 요리가 나오는 것처럼 AI에게도 세부적인 지시를 줄수록 더 정확한 이미지를 얻을 수 있습니다. 프롬프트의 구성과 단어 선택에 따라 AI가 생성하는 이미지가 완전히 달라질 수 있으므로 이 기술을 체계적으로 익히는 것이 중요합니다. 이때 미드저니의 프롬프트는 영어로 작성하는 것이 좋습니다.

성공적인 프롬프트 작성의 핵심은 '구체성'과 '체계성'입니다. 막연한 설명보다는 구체적인 묘사를, 무작위 단어 나열보다는 체계적인 구성을 통해 AI가 이해하기 쉽도록 만들어야 합니다. 예를 들어 "Anime style, Side view of a girl looking at the sea, pink short hair, blue eyes, smile --ar 4:3"과 같이 화풍, 구도, 인물, 외모, 표정, 비율을 순서대로 제시하면 훨씬 일관된 결과를 얻을 수 있습니다.

이미지 제작 **프롬프트** Anime style, Side view of a girl looking at the sea, pink short hair, blue eyes, smile --ar 4:3

2. 프롬프트 구성의 10가지 핵심 요소

1 화풍 - 35가지 스타일

화풍(Art Style)은 그림책의 전체적인 분위기와 느낌을 결정하는 가장 중요한 요소입니다. 아이들이 좋아하는 친근한 애니메이션 스타일부터 고급스러운 수채화 스타일까지 다양한 선택이 가능합니다. 기본적인 화풍으로는 애니메이션(anime), 만화(manga), 해외 코믹스 스타일(cartoon), 팝아트(pop art), 리얼리즘(realism)이 있습니다. 그림책에 특히 적합한 스타일로는 수채화(watercolor), 유화(oil painting), 연필 그림(pencil drawing), 아크릴화(acrylic painting), 스케치(sketch) 등이 있습니다.

독특한 스타일을 원한다면 치비 캐릭터(chibi character), 플랫 디자인(flat design), 실루엣(silhouette), 표지(cover), 도트 그림(pixel art) 등을 시도해 볼 수 있습니다. 전통적인 느낌을 원한다면 우키요에(ukiyo-e), 수묵화(sumi-e) 스타일도 활용할 수 있으며, 현대적 감각을 위해서는 미니멀리즘(minimalism), 사이버펑크(cyberpunk), 등각 투영(isometric), 속임수 그림(op art), 1990년대(1990s), 그래피티(graffiti), 컬러풀(colorful), 귀여운(kawaii) 스타일도 가능합니다. 특별한 재질감을 원한다면 종이 공예(paper cutout art), 스테인드글라스(stained glass style), 만화경(kaleidoscopic), 색칠 공부(coloring book), 다중 노출(double exposure), 페인트 뿌리기(scatter paint), 파스텔(pastel painting) 스타일도 시도해 볼 수 있습니다.

- anime / 애니메이션
- manga / 만화
- cartoon / 해외 코믹스 스타일
- pop art / 팝아트
- realism / 리얼리즘
- lineart / 선화
- 3D model style / 3D
- chibi character / 치비 캐릭터
- flat design / 플랫 디자인

- silhouette style / 실루엣
- cover style / 표지
- pixel art / 도트 그림
- watercolor / 수채화
- oil painting / 유화
- pencil drawing / 연필 그림
- ink drawing / 잉크 그림
- acrylic painting / 아크릴화
- sketch / 스케치
- ukiyo-e / 우키요에(일본 풍속화)
- sumi-e / 수묵화
- op art / 속임수 그림
- minimalism / 미니멀리즘
- cyberpunk / 사이버펑크
- isometric / 등각 투영
- Paper cutout art / 종이 공예
- stained glass style / 스테인드글라스
- kaleidoscopic / 만화경 /
- coloring book / 색칠 공부
- graffiti / 그래피티
- 1990s / 1990년대 스타일
- double exposure / 다중 노출
- scatter paint / 페인트 뿌리기
- pastel painting / 파스텔
- colorful / 컬러풀
- kawaii / 귀여운

이러한 화풍들은 그림책의 대상 독자와 스토리의 분위기에 맞게 선택해야 합니다. 예를 들어 아이들을 위한 그림책에는 애니메이션 스타일이나 수채화 스타일이 적합하며, 교육용 그림책에는 명확한 선화나 플랫 디자인이 효과적일 수 있습니다.

2 구도 – 카메라 앵글

구도(Composition)는 이미지의 시각적 임팩트를 결정하는 핵심 요소입니다.

구도 프롬프트를 활용한 이미지 예시

❶ 카메라 앵글

카메라 앵글에 따라 같은 캐릭터도 완전히 다른 느낌을 줄 수 있습니다. 기본적인 앵글로는 위에서 내려다보는 시점(high angle), 아래에서 올려다보는 시점(low angle), 새의 눈 높이에서 보는 시점(bird's eye view), 옆에서 보는 시점(side view) 등이 있습니다. 더 역동적인 구도를 원한다면 비스듬한 각도(canted angle), 어깨 너머로 보는 시점(over the shoulder), 셀카 샷(selfie shot), 아주 위에서(extreme high angle), 아주 아래에서(extreme low angle), 드론 샷(drone shot), 뒤에서(back shot), 촬영자 시점(pov shot), 클로즈업(close-up), 전신 샷(full body shot), 와이드 앵글(wide angle), 장시간 노출(long exposure) 등을 활용할 수 있습니다.

- high angle / 위에서
- low angle / 아래에서
- extreme high angle / 아주 위에서
- extreme low angle / 아주 아래에서
- bird's eye view / 새의 눈 높이에서
- drone shot / 드론 샷
- side view / 옆에서
- canted angle / 비스듬한 각도
- over the shoulder / 어깨 너머로
- back shot / 뒤에서
- selfie shot / 셀카 샷
- pov shot / 촬영자 시점
- close-up / 클로즈업
- full body shot / 전신 샷
- wide angle / 와이드 앵글
- long exposure / 장시간 노출

[이미지 제작 프롬프트] Anime style, Oblique angle, sunset, young man playing guitar --ar 4:3

[이미지 제작 프롬프트] Anime style, Low angle, future city combat robot --ar 4:3 --v 7 --stylize 300

❸ 강조하는 부분(Emphasis)

강조하는 부분에 따라 캐릭터의 표현이 달라질 수 있습니다. 기본적인 강조로는 전신(full body), 허벅지에서 머리까지(cowboy shot), 가슴에서 머리까지(upper body), 목에서 머리까지(portrait), 얼굴에 초점(face), 클로즈업(close-up) 등을 활용할 수 있습니다.

- full body / 전신
- cowboy shot / 허벅지에서 머리까지
- upper body / 가슴에서 머리까지
- portrait / 목에서 머리까지
- face / 얼굴에 초점
- close-up / 클로즈업

❸ 목선 · 시선

시선(gaze)에 따라 캐릭터의 감정과 분위기가 달라질 수 있습니다. 기본적인 시선으로는 정면(front facing), 옆모습(side facing), 뒤돌아봄(looking back), 위를 봄(looking up), 아래를 봄(looking down), 비스듬히 봄(looking to the side), 카메라를 바라봄(looking at the camera), 카메라를 바라보지 않음(looking away from the camera) 등을 활용할 수 있습니다.

- front facing / 정면
- side facing / 옆모습
- looking back / 뒤돌아봄
- looking up / 위를 봄
- looking down / 아래를 봄
- looking to the side / 비스듬히 봄
- looking at the camera / 카메라를 바라봄
- looking away from the camera / 카메라를 바라보지 않음

[이미지 제작 프롬프트] Anime style, brown short hair, black eyes, white skin, female in her 20s, white shirt and black pants, black stickers, full body shot, oblique angle from the side --ar 3:4

[이미지 제작 프롬프트] Anime style, pink short hair, blue eyes, smile, girl looking at the sea --ar 4:3 --v 7 --stylize 300

3 인물상 - 성별 및 연령

인물상(character) 설정은 그림책의 주요 캐릭터를 정의하는 핵심 요소입니다.

[이미지 제작 프롬프트] cyberpunk character design, man with short hair and blue glasses, anime style, cel shaded illustration, black hoodie, simple background, portrait --ar 4:3 --v 7 --stylize 300

❶ 성별

성별(gender) 구분으로는 여성(woman), 남성(man), 소녀(girl), 소년(boy) 등을 활용할 수 있습니다.

- woman / 여성
- man / 남성
- girl / 소녀
- boy / 소년

❷ 연령

연령(age)으로는 아기(baby), 유아(toddler), 어린이(child), 젊은 성인(young adult), 성인(adult), 중년(middle-aged), 노인(elderly), 20세(20years old) 등을 활용할 수 있습니다.

- baby / 아기
- toddler / 유아
- child / 어린이
- young adult / 젊은 성인
- adult / 성인
- middle-aged / 중년
- elderly / 노인
- 20years old / 20세

성별과 연령을 구체적으로 명시하면 AI가 더욱 정확한 캐릭터를 생성할 수 있습니다. 예를 들어 '5-year-old girl'이나 'elderly man'처럼 구체적인 나이와 성별을 조합하여 사용하면 더욱 명확한 결과를 얻을 수 있습니다. 각 연령대마다 적합한 표현과 특징이 있으므로 이를 고려하여 선택해야 합니다.

또한 각 연령대마다 적합한 표현과 특징이 있으므로 이를 고려하여 선택해야 합니다. 유아는 통통한 볼과 큰 눈으로, 어린이는 호기심 많은 표정과 활발한 자세로, 성인은 안정적이고 성숙한 느낌으로 표현하는 것이 자연스럽습니다.

이미지 제작 프롬프트 three years old boy children's book style full body --ar 4:3 --v 7 --stylize 300

4 외모 – 상세 묘사

외모(Appearance) 묘사는 캐릭터의 개성과 매력을 결정하는 중요한 요소입니다.

인물의 얼굴 모양, 체형, 헤어스타일 인물 활용한 사진 예시

① 체형과 얼굴 윤곽(Face Shape)

　체형(Body Type)으로는 운동선수형(athletic), 슬림(slim), 탄탄한(fit), 곡선미 있는(curvy), 작은(petite), 장신(tall), 근육질(muscular), 탄탄한(toned), 역삼각형(inverted triangle figure), 풍만한(voluptuous), 마른(skinny), 과체중(overweight) 등을 활용할 수 있습니다.

- athletic / 운동선수형
- slim / 슬림
- fit / 탄탄한
- curvy / 곡선미 있는
- petite / 작은
- tall / 장신
- muscular / 근육질
- toned / 탄탄한
- inverted triangle figure / 역삼각형
- voluptuous / 풍만한
- skinny / 마른
- overweight / 과체중

❷ 얼굴 윤곽

얼굴 윤곽(Face Shape)은 둥근 얼굴(round face), 계란형 얼굴(oval face), 사각 얼굴(square face), 긴 얼굴(long face), 작은 얼굴(small face), 큰 얼굴(large face), 통통한 얼굴(chubby face), 각진 얼굴(sharp features), 부드러운 얼굴 윤곽(soft features) 등을 활용할 수 있습니다.

- round face / 둥근 얼굴
- oval face / 계란형 얼굴
- square face / 사각 얼굴
- long face / 긴 얼굴
- small face / 작은 얼굴
- large face / 큰 얼굴
- chubby face / 통통한 얼굴
- sharp features / 각진 얼굴
- soft features / 부드러운 얼굴 윤곽

❸ 눈

눈(eyes)은 캐릭터의 인상을 크게 좌우하는 요소로, 큰 눈(big eyes), 작은 눈(small eyes), 둥근 눈(round eyes), 고양이 눈(cat eyes), 눈꺼풀이 덮인 눈(hooded eyes), 아래로 처진 눈

(downturned eyes), 위로 올라간 눈(upturned eyes), 쌍꺼풀(double eyelids), 단꺼풀(monolid), 긴 속눈썹(long eyelashes), 두꺼운 속눈썹(thick eyelashes) 등을 활용할 수 있습니다. 또한 컬러 콘택트(colored contacts), 아이라이너(eyeliner), 아이섀도(eyeshadow) 등의 메이크업 효과도 추가할 수 있습니다.

- • big eyes / 큰 눈
- • small eyes / 작은 눈
- • round eyes / 둥근 눈
- • cat eyes / 고양이 눈
- • hooded eyes / 눈꺼풀이 덮인 눈
- • downturned eyes / 아래로 처진 눈
- • upturned eyes / 위로 올라간 눈
- • double eyelids / 쌍꺼풀
- • monolid / 단꺼풀
- • long eyelashes / 긴 속눈썹
- • thick eyelashes / 두꺼운 속눈썹
- • colored contacts / 컬러 콘택트
- • eyeliner / 아이라이너
- • eyeshadow / 아이섀도

[이미지 제작 프롬프트] Anime style, close-up portrait of young woman, big expressive eyes, sparkly blue eyes, long eyelashes, detailed eye reflection, soft lighting --chaos 10 --ar 16:9 --style raw --stylize 150 --v 7

❹ 코

코(nose)는 얼굴의 중심에 위치한 중요한 요소로, 작은 코(small nose), 큰 코(big nose), 넓은 코(wide nose), 좁은 코(narrow nose), 곧은 코(straight nose), 갈고리 코(hooked nose), 코끝이 위로 향한 코(upturned nose), 코끝이 아래로 향한 코(downturned nose), 뾰족한 코(pointed nose), 둥근 코(round nose), 콧대가 있는 코(bridged nose), 콧대가 낮은 코(no bridge nose) 등을 활용할 수 있습니다.

- small nose / 작은 코
- big nose / 큰 코
- wide nose / 넓은 코
- narrow nose / 좁은 코
- straight nose / 곧은 코
- hooked nose / 갈고리 코
- upturned nose / 코끝이 위로 향한 코
- downturned nose / 코끝이 아래로 향한 코
- pointed nose / 뾰족한 코
- round nose / 둥근 코
- bridged nose / 콧대가 있는 코
- no bridge nose / 콧대가 낮은 코

[이미지 제작 프롬프트] Anime style, young woman portrait, small straight nose, delicate features, soft watercolor style, gentle expression --ar 16:9 --style raw --v 7 --stylize 150

❺ 입

입(mouse)은 캐릭터의 매력과 개성을 나타내는 핵심 요소로, 통통한 입술(full lips), 얇은 입술(thin lips), 하트 모양의 입술(heart-shaped lips), 돌출입(overbite), 안면 부정교합(underbite), 립글로스(lip gloss), 립라이너(lip liner), 갈라진 입술(chapped lips), 물린 입술(bitten lip) 등을 활용할 수 있습니다.

- full lips / 통통한 입술
- thin lips / 얇은 입술
- heart-shaped lips / 하트 모양의 입술
- overbite / 돌출입
- underbite / 안면 부정교합
- lip gloss / 립글로스
- lip liner / 립라이너
- chapped lips / 갈라진 입술
- bitten lip / 물린 입술

이러한 입의 특징들은 캐릭터의 나이, 성격, 감정 상태를 효과적으로 표현할 수 있는 중요한 요소입니다. 예를 들어 어린아이 캐릭터에게는 작고 귀여운 입술을, 성숙한 여성 캐릭터에게는 립글로스가 발린 통통한 입술을 적용하면 더욱 적합한 캐릭터를 만들 수 있습니다.

[이미지 제작 프롬프트] Anime style, close-up portrait of young woman, full heart-shaped lips with natural pink color, gentle smile, soft lighting --chaos 10 --ar 16:9 --stylize 150

❻ 헤어스타일

헤어스타일(hair style)은 개성과 성격을 나타내는 중요한 요소입니다. 헤어스타일은 단발(short hair), 장발(long hair), 중간 길이 머리(medium hair), 밥(bob), 픽시 컷(pixie cut), 포니테일(ponytail), 덩굴 머리(bun), 땋은 머리(braid), 드레드락(dreadlocks), 아프로(afro), 곱슬머리(curly hair), 생머리(straight hair), 웨이브 머리(wavy hair), 레이어드 머리(layered hair), 사이드 파트(side part), 센터 파트(center part), 앞머리 있음(bangs), 앞머리 없음(no bangs), 업두(updo), 하프 업(half-up) 등을 활용할 수 있습니다.

- short hair / 단발
- long hair / 장발
- medium hair / 중간 길이 머리
- bob / 밥
- pixie cut / 픽시 컷
- ponytail / 포니테일
- bun / 덩굴 머리
- braid / 땋은 머리
- dreadlocks / 드레드락(레게 머리, 밧줄처럼 엮어 만든 헤어스타일)
- afro / 아프로(뽀글 머리, 자연스럽게 둥글게 부풀린 '솜사탕' 모양의 아프리칸계 헤어스타일)
- curly hair / 곱슬머리
- straight hair / 생머리
- wavy hair / 웨이브 머리
- layered hair / 레이어드 머리
- side part / 사이드 파트
- center part / 센터 파트
- bangs / 앞머리 있음
- no bangs / 앞머리 없음
- updo / 업두(위로 올려 묶거나 핀으로 고정하는 헤어스타일)
- half-up / 하프업(윗부분은 묶고 아랫부분은 그대로 늘어뜨리는 헤어스타일)

❼ 헤어 컬러

헤어 컬러(Hair Color)는 검은색(black), 금발(blonde), 갈색(brown), 빨간색(red), 밤색(auburn), 은발(silver), 회색(gray), 파란색(blue), 녹색(green), 보라색(purple), 분홍색(pink),

오렌지(orange), 노란색(yellow), 다색(multi-colored), 무지개색(rainbow-colored) 등을 활용할 수 있습니다.

- black hair / 검은색
- blonde hair / 금발
- brown hair / 갈색 머리
- red hair / 빨간색
- auburn hair / 밤색
- silver hair / 은발
- gray hair / 회색
- blue hair / 파란색
- green hair / 녹색
- purple hair / 보라색
- pink hair / 분홍색
- orange hair / 오렌지색
- yellow hair / 노란색
- multi-colored hair / 다색
- rainbow-colored hair / 무지개색

이러한 헤어스타일과 컬러를 조합하여 캐릭터의 개성과 나이, 성격을 효과적으로 표현할 수 있습니다.

[이미지 제작 프롬프트] Anime style, young woman with blonde ponytail, flowing hair in wind, bright blue eyes, cheerful expression, outdoor setting --chaos 10 --ar 16:9 --style raw --stylize 150

5 표정 – 감정 표현

표정(Expression)은 캐릭터의 감정과 성격을 나타내는 핵심 요소입니다. 인물의 희노애락 등의 감정을 표현하며, 표정은 인물의 감정을 표현할 뿐만 아니라 작품의 분위기도 좌우합니다.

❶ 웃는 얼굴

웃는 얼굴(smile face)로는 환한 웃음(big smile), 행복한 웃음(happy smile), 장난스러운 미소(playful smile), 수줍은 미소(shy smile), 장난기 있는 미소(mischievous smile), 즐거운 미소(amused smile), 빛나는 미소(radiant smile), 마음이 따뜻해지는 미소(heartwarming smile), 사랑스러운 미소(endearing smile) 등을 활용할 수 있습니다.

- big smile / 환한 웃음
- happy smile / 행복한 웃음
- playful smile / 장난스러운 미소
- shy smile / 수줍은 미소
- mischievous smile / 장난기 있는 미소
- amused smile / 즐거운 미소
- radiant smile / 빛나는 미소
- heartwarming smile / 마음이 따뜻해지는 미소
- endearing smile / 사랑스러운 미소

[이미지 제작 프롬프트] Anime style, playful smile, brown short hair, black eyes, white skin, 20s female, --ar 16:9

❷ 화난 얼굴

화난 얼굴(angry face)로는 화난 얼굴(angry face), 찌푸린 미간(frowning), 찡그린 눈썹(furrowed brows), 노려보는(glaring), 으르렁거리는(snarling), 이를 가는(gritting teeth), 주먹을 쥔(clenched fists), 튀어나온 혈관(veins popping out), 얼굴을 붉히는(red face), 소리치는(screaming) 등을 활용할 수 있습니다.

- frowning / 찌푸린 미간
- furrowed brows / 찡그린 눈썹
- glaring / 노려보는
- snarling / 으르렁거리는
- gritting teeth / 이를 악문
- clenched fists / 주먹을 쥔
- veins popping out / 튀어나온 혈관
- red face / 얼굴을 붉히는
- screaming / 소리치는

[이미지 제작 프롬프트] Anime style, snarling, brown short hair, black eyes, white skin, 20s female, --ar 16:9

❸ 슬픈 얼굴

슬픈 얼굴(sad face)로는 울다(cry), 흐느끼다(crying), 눈물이 볼을 타고 흐르다(tears streaming down face), 빨갛고 부은 눈(red, puffy eyes), 떨리는 입술(quivering lip), 찌푸린 미간(furrowed brows), 처진 어깨(slumped shoulders), 내려간 입꼬리(downturned mouth), 눈물에 젖은 볼(tear-stained cheeks) 등을 할 수 있습니다.

- cry / 울다
- crying / 흐느끼다
- tears streaming down face / 눈물이 볼을 타고 흐르다
- red, puffy eyes / 빨갛고 부은 눈
- quivering lip / 떨리는 입술
- furrowed brows / 찌푸린 미간
- slumped shoulders / 처진 어깨
- downturned mouth / 내려간 입꼬리
- tear-stained cheeks / 눈물에 젖은 볼

[이미지 제작 프롬프트] Anime style, crying, tears streaming down face, brown short hair, black eyes, white skin, 20s female, --ar 16:9

6 복장 – 의상 카테고리

복장(Clothing)은 캐릭터의 개성과 상황을 나타내는 중요한 요소입니다. 인물의 옷차림은 시대적 배경, 직업, 성격 등이 드러나며, 옷차림에 따라 인물을 더 깊이 있게 표현할 수 있습니다.

① 상의

상의(Tops)로는 흰색 티셔츠(white t-shirt), 검은색 티셔츠(black t-shirt), 그래픽 티셔츠(graphic t-shirt), 오버사이즈 티셔츠(oversized t-shirt), 크롭톱(crop top), 탱크톱(tank top), 버튼다운 셔츠(button-down shirt), 폴로 셔츠(polo shirt), 드레스 셔츠(dress shirt), 플란넬 셔츠(flannel shirt), 데님 셔츠(denim shirt), 스웨트 셔츠(sweatshirt), 니트(knit), 스웨터(sweater), 베스트(vest), 카디건(cardigan), 터틀넥(turtleneck), 목폴라(mock neck), 크루넥(crew neck), 브이넥(v-neck), 오프더숄더(off-the-shoulder), 원숄더(one-shoulder) 등이 있습니다.

- white t-shirt / 흰색 티셔츠
- black t-shirt / 검은색 티셔츠
- graphic t-shirt / 그래픽 티셔츠
- oversized t-shirt / 오버사이즈 티셔츠
- crop top / 크롭톱
- tank top / 탱크톱
- button-down shirt / 버튼다운 셔츠
- polo shirt / 폴로 셔츠
- dress shirt / 드레스 셔츠
- flannel shirt / 플란넬 셔츠
- denim shirt / 데님 셔츠
- sweatshirt / 스웨트 셔츠
- knit / 니트
- sweater / 스웨터
- vest / 베스트
- cardigan / 카디건
- turtleneck / 터틀넥
- mock neck / 목폴라

- crew neck / 크루넥
- v-neck / 브이넥
- off-the-shoulder / 오프숄더((Off-the-shoulder): 양쪽 어깨를 모두 드러내는 가장 일반적인 형태)
- one-shoulder / 원 숄더((One-shoulder): 한쪽 어깨만 드러내는 비대칭적인 디자인)

다양한 형태의 의상에 대한 이미지

[이미지 제작 프롬프트] Anime style, 20s white woman wearing oversized t-shirt, close up of oversized t-shirt --ar 3:4 --stylize 200

❷ 재킷

　재킷(jacket)으로는 데님 재킷(denim jacket), 가죽 재킷(leather jacket), 블레이저(blazer), 트렌치코트(trench coat), 피코트(peacoat), 패딩 재킷(puffer jacket), 파카(parka), 윈드브레이커(windbreaker), 슈트 재킷(suit jacket), 턱시도 재킷(tuxedo jacket), 바시티 재킷(varsity jacket), 라이더 재킷(motorcycle jacket), 무톤 재킷(shearling jacket), 더플코트(duffle coat), 카코트(car coat), 레인코트(rain coat) 등이 있습니다.

- denim jacket / 데님 재킷
- leather jacket / 가죽 재킷
- blazer / 블레이저
- trench coat / 트렌치코트
- peacoat / 피코트 (두껍고 짧은 기장의 더블 브레스티드(double-breasted) 코트)
- puffer jacket / 패딩 재킷
- parka / 파카
- windbreaker / 윈드브레이커
- suit jacket / 슈트 재킷
- tuxedo jacket / 턱시도 재킷
- varsity jacket / 바시티 재킷 ('야구 점퍼'나 '과잠', 대학 스포츠팀을 의미하는 'varsity'에서 유래)
- motorcycle jacket / 라이더 재킷
- shearling jacket / 무톤 재킷
- duffle coat / 더플코트
- car coat / 카코트
- rain coat / 레인코트

[이미지 제작 프롬프트] Anime style, 20s white woman wearing duffle coat, close up of duffle coat --ar 16:9

❸ 하의

하의(Bottoms)로는 청바지(jeans), 반바지(shorts), 스커트(skirt), 바지(pants), 레깅스(leggings), 원피스(dress), 스웨트팬츠(sweatpants), 카고 팬츠(cargo pants), 요가 팬츠(yoga pants), 파자마(pajamas), 정장 바지(suit pants), 큐롯(culottes), 킬트(kilt), 카프리 팬츠(capri pants), 하렘 팬츠(harem pants), 가우초 팬츠(gaucho pants), 팔라초 팬츠(palazzo pants), 벨 바텀(bell bottoms), 조드퍼스(jodhpurs), 멜빵바지(dungarees), 오버올(overalls) 등을 활용할 수 있습니다.

- jeans / 청바지
- shorts / 반바지
- skirt / 스커트
- pants / 바지
- leggings / 레깅스
- dress / 원피스
- sweatpants / 스웨트팬츠('추리닝 바지', 땀(sweat)을 흡수하기 좋게 만든 바지)
- cargo pants / 카고 팬츠
- yoga pants / 요가 팬츠
- pajamas / 파자마
- suit pants / 정장 바지
- culottes / 큐롯
- kilt / 킬트(스코틀랜드의 전통 의상으로, 주로 남성이 입는 '타탄(Tartan)'이라는 체크무늬가 있는 무릎 길이의 주름 잡힌 치마)
- capri pants / 카프리 팬츠(발목과 무릎 사이의 종아리 중간까지 오는 길이의 바지)
- harem pants / 하렘 팬츠(발목 부분이 걸리는 헐렁한 긴 바지)
- gaucho pants / 가우초 팬츠(무릎 아래 종아리 중간까지 오는 길이의 폭이 넓은 바지)
- palazzo pants / 팔라초 팬츠(허리부터 발끝까지 통이 매우 넓고 긴 바지)
- bell bottoms / 벨 바텀('나팔바지', 바지 아랫단이 나팔처럼 넓어지는 형태의 바지)
- jodhpurs / 조드퍼스('승마바지', 허벅지는 넉넉하고 무릎 아래는 몸에 딱 붙는 바지)
- dungarees / 멜덩거리('멜빵 바지', 오버올보다 주머니가 적고 디자인이 더 단순하며 종종 캐주얼복)
- overalls / 오버올(상체와 하체를 모두 덮도록 디자인된 원피스 형태의 의류로 건설업 등의 산업용 작업복)

이미지 제작 프롬프트 Anime style, man in shorts, oversized t-shirt --ar 3:4

❹ 기타 의류

　기타 의류(other cloth)로는 메이드 복장(maid outfit), 세일러 복장(sailor suit), 버니 코스튬(bunny costume), 고양이 코스튬(cat costume), 마녀 코스튬(witch costume), 슈퍼히어로 코스튬(superhero costume), 학교 교복(school uniform), 간호사 복장(nurse outfit), 경찰관 복장(police officer outfit), 소방관 복장(firefighter outfit), 해적 코스튬(pirate costume), 공주 코스튬(princess costume), 기사 코스튬(knight costume), 천사 코스튬(angel costume), 악마 코스튬(devil costume), 뱀파이어 코스튬(vampire costume), 좀비 코스튬(zombie costume), 외계인 코스튬(alien costume), 로봇 코스튬(robot costume), 중세 코스튬(medieval costume), 스팀펑크 코스튬(steampunk costume), 롤리타 코스튬(lolita costume), 기모노(kimono), 유카타(yukata), 치파오(qipao) 등을 활용할 수 있습니다.

- maid outfit / 메이드 복장
- sailor suit / 세일러 복장
- bunny costume / 버니 코스튬
- cat costume / 고양이 코스튬
- witch costume / 마녀 코스튬
- superhero costume / 슈퍼히어로 코스튬
- school uniform / 학교 교복
- nurse outfit / 간호사 복장
- police officer outfit / 경찰관 복장
- firefighter outfit / 소방관 복장
- pirate costume / 해적 코스튬
- princess costume / 공주 코스튬
- knight costume / 기사 코스튬
- angel costume / 천사 코스튬
- devil costume / 악마 코스튬
- vampire costume / 뱀파이어 코스튬
- zombie costume / 좀비 코스튬
- alien costume / 외계인 코스튬
- robot costume / 로봇 코스튬
- medieval costume / 중세 코스튬
- steampunk costume / 스팀펑크 코스튬(19세기 영국과 미국 서부 개척 시대의 의상에 산업혁명 시대의 증기 기관(steam engine) 기술을 결합하여 재해석한 복장 스타일)

- lolita costume / 롤리타 코스튬
- kimono / 기모노
- yukata / 유카타 (목욕 후나 일본식 여관에서 입는 편안한 복장)
- qipao / 치파오 (중국 만주족의 전통 의상에서 유래한 여성용 원피스)

이미지 제작 프롬프트 Anime style, man in steampunk costume --ar 3:4

❺ 신발

신발(Shoes)로는 스니커즈(sneakers), 샌들(sandals), 부츠(boots), 하이힐(heels), 플랫 슈즈(flats), 로퍼(loafers), 드레스 슈즈(dress shoes), 슬리퍼(slippers), 운동화(athletic shoes) 등을 활용할 수 있습니다.

- sneakers / 스니커즈
- sandals / 샌들
- boots / 부츠
- heels / 하이힐
- flats / 플랫 슈즈
- loafers / 로퍼
- dress shoes / 드레스 슈즈
- slippers / 슬리퍼
- athletic shoes / 운동화

❻ 헤어 액세서리

헤어 액세서리(Hair Accessories)로는 헤어밴드(headband), 헤어 클립(hair clip), 헤어 타이(hair tie), 스크런치(scrunchie), 바레트(barrette), 헤어핀(hair pin), 티아라(tiara), 꽃무늬 헤어밴드(headband with flowers) 등을 활용할 수 있습니다.

- headband / 헤어밴드
- hair clip / 헤어 클립
- hair tie / 헤어 타이
- scrunchie / 스크런치 (고무줄을 천으로 감싸 주름을 잡아 만든 머리끈)
- barrette / 바레트 (집게나 스프링이 달린 금속이나 플라스틱 재질의 머리핀)
- hair pin / 헤어핀
- tiara / 티아라
- headband with flowers / 꽃무늬 헤어밴드

[이미지 제작 프롬프트] Anime style, long brown hair with headband/ pink headband --ar 3:4

❼ 모자

모자(Hat)로는 야구 모자(baseball cap), 버킷 모자(bucket hat), 페도라(fedora), 플랫 캡(flat cap), 짚모자(straw hat), 썬햇(sun hat), 탑햇(top hat), 카우보이 모자(cowboy hat), 바이저(visor), 베레모(beret), 챙 넓은 모자(wide-brimmed hat) 등을 활용할 수 있습니다.

- baseball cap / 야구 모자
- bucket hat / 버킷 모자
- fedora / 페도라
- flat cap / 플랫 캡
- straw hat / 짚모자
- sun hat / 썬햇
- top hat / 탑햇
- cowboy hat / 카우보이 모자
- visor / 바이저(머리띠처럼 이마에 두르고 햇빛을 가리는 챙이 달린 모자)
- beret / 베레모
- wide-brimmed hat / 챙 넓은 모자

❽ 장식품

장식품(Accessories)으로는 주얼리(jewelry), 목걸이(necklace), 귀걸이(earrings), 팔찌(bracelet), 반지(ring), 발찌(anklet), 피어싱(piercing), 셉텀 링(septum ring), 코 링(nose ring), 이어 커프(ear cuff), 참(charm), 펜던트(pendant), 로켓 목걸이(locket) 등을 활용할 수 있습니다.

- jewelry / 주얼리
- necklace / 목걸이
- earrings / 귀걸이
- bracelet / 팔찌
- ring / 반지
- anklet / 발찌
- piercing / 피어싱
- septum ring / 셉텀 링(코의 연골(비중격, septum)을 뚫어 착용하는 고리 모양의 피어싱)

- nose ring / 코 링
- ear cuff / 이어 커프
- charm / 참(팔찌나 목걸이에 매달아 장식하는 작은 펜던트)
- pendant / 펜던트
- locket / 로켓 목걸이

❾ 가방

가방(Bag)으로는 배낭(backpack), 숄더백(shoulder bag), 메신저백(messenger bag), 토트백(tote bag), 클러치백(clutch bag), 서류 가방(briefcase), 더플백(duffel bag), 허리 가방(fanny pack), 슬링백(sling bag), 호보백(hobo bag), 버킷백(bucket bag), 끈주머니(drawstring bag), 토트팩(totepack) 등을 활용할 수 있습니다.

- backpack / 배낭
- shoulder bag / 숄더백
- messenger bag / 메신저백
- tote bag / 토트백
- clutch bag / 클러치백
- briefcase / 서류 가방
- duffel bag / 더플백
- backpack purse / 배낭 형식의 지갑
- fanny pack / 허리 가방
- sling bag / 슬링백
- hobo bag / 호보백
- bucket bag / 버킷백
- drawstring bag / 끈주머니
- totepack / 토트팩

[이미지 제작 프롬프트] Anime style, adorable little girl with pigtails, wearing straw hat with ribbon, silver bracelet, holding small tote bag, bright smile, summer dress, outdoor park setting, soft watercolor style --ar 3:4 --chaos 10 --stylize 150

7 포즈 - 자세와 동작

포즈(Pose)는 캐릭터의 움직임과 상황을 표현하는 핵심 요소입니다. 인물의 자세와 움직임을 나타내며, 포즈는 인물의 감정이나 상황을 표현할 뿐만 아니라 그림 전체에 움직임을 줄 수 있습니다.

❶ 스탠딩 포즈

포즈로는 서 있는 자세(standing), 손을 허리에 올린 자세(hands on hips), 손을 주머니에 넣은 자세(hands in pockets), 패션 모델 포즈를 취하는 자세(fashion model posing), 팔짱을 낀 자세(crossed arms), 어깨 너머로 보는 자세(looking over shoulder), 머리 뒤로 팔을 올린 자세(arms behind head) 등을 활용할 수 있습니다.

- standing / 서 있는
- hands on hips / 손을 허리에 올린
- hands in pockets / 손을 주머니에 넣은
- fashion model posing / 패션 모델 포즈를 취하는
- crossed arms / 팔짱을 낀
- looking over shoulder / 어깨 너머로 보는
- arms behind head / 머리 뒤로 팔을 올린

❷ 앉은 자세

앉은 자세로는 앉은 모습(sitting), 쪼그려 앉은 모습(squatting), 구부려서(bending over), 다리를 꼰 모습(crossed legs), 정좌(seiza), 무릎을 세우고 앉은 모습(sitting with knees up), 네 발로 기는 모습(on all fours), 누워 있는 모습(lying down), 등을 대고 누워 있는 모습(lying on back) 등을 활용할 수 있습니다.

- sitting / 앉은
- squatting / 쪼그려 앉은
- bending over / 구부려서
- crossed legs / 다리를 꼰

- seiza / 정좌
- sitting with knees up / 무릎을 세우고 앉은
- on all fours / 네 발로 기는
- lying down / 누워 있는
- lying on back / 등을 대고 누워 있는

[이미지 제작 프롬프트] A cute girl, three views of the character design, simple illustration style, full body portrait, sitting on stool, wearing white shirt and red pants, brown shoes, charming eyes, smiling expression, dark hair color, Japanese animation art style, solid background color

❸ 기타 포즈

기타 포즈로는 걷는 모습(walking), 달리는 모습(running), 전력질주하는 모습(running at full speed), 점프하는 모습(jumping), 날아가는 모습(flying), 떠 있는 모습(floating), 떨어지는 모습(falling), 춤추는 모습(dancing), 생각하는 모습(thinking), 손을 잡고 있는 모습(holding hands), 스포츠를 하는 모습(playing sports), 애완동물을 안고 있는 모습(holding a pet), 꽃을 들고 있는 모습(holding a flower) 등을 활용할 수 있습니다.

- walking / 걷는
- running / 달리는
- running at full speed / 전력질주하는
- jumping / 점프하는
- flying / 날아가는
- floating / 떠 있는
- falling / 떨어지는
- dancing / 춤추는
- thinking / 생각하는
- holding hands / 손을 잡고 있는
- playing sports / 스포츠를 하는
- holding a pet / 애완동물을 안고 있는
- holding a flower / 꽃을 들고 있는

이러한 포즈들을 적절히 활용하면 그림책의 스토리텔링에 생동감과 감정을 효과적으로 전달할 수 있으며, 독자들이 캐릭터의 상황과 감정에 더욱 몰입할 수 있습니다.

[이미지 제작 프롬프트] Anime style, small green baby dinosaur, powerful volleyball spike moment, jumping pose with motion blur, beach volleyball scene, sand particles flying, dramatic sports action, determined facial expression, summer beach vacation vibes --ar 4:3

8 배경 – 환경 설정

배경(Background)은 이야기의 무대와 분위기를 설정하는 중요한 요소입니다. 일러스트의 무대가 되는 장소나 풍경으로, 배경은 인물이나 스토리를 더욱 깊이 있게 표현할 수 있습니다.

❶ 자연 환경

자연 환경(natural environment)으로는 자연(nature), 해변(beach), 하늘(sky), 일몰(sunset), 일출(sunrise), 숲(forest), 초원(meadow), 산(mountain), 사막(desert), 구름(clouds), 꽃(flowers), 밭(field), 공원(park), 정원(garden) 등이 있습니다. 도시 환경으로는 거리(city), 도시 경관(cityscape), 해경(seascape), 건축물(architecture), 건물(building), 집(house), 방(room), 오피스(office), 카페(cafe), 레스토랑(restaurant), 바(bar), 가게(shop), 길(street) 등을 활용할 수 있습니다.

- nature / 자연
- city / 거리
- cityscape / 도시 경관
- seascape / 해경
- sky / 하늘
- sunset / 일몰
- sunrise / 일출
- forest / 숲
- meadow / 초원
- beach / 해변
- mountain / 산
- desert / 사막
- clouds / 구름
- flowers / 꽃
- field / 밭
- park / 공원
- garden / 정원
- architecture / 건축물
- building / 건물
- house / 집

- room / 방
- office / 오피스
- cafe / 카페
- restaurant / 레스토랑
- bar / 바
- shop / 가게
- street / 길
- restaurant / 레스토랑
- bar / 바
- shop / 가게
- street / 길

[이미지 제작 프롬프트] A blue sky, in the style of anime, depicts a futuristic city with tall buildings and flying vehicles. A boy in an oversized jacket stands on the edge of one building, looking at another, surrounded by floating cars and spaceships. The scene is filled with vibrant colors and high-resolution, high-detail, cinematic lighting --ar 4:3

❷ 날씨

날씨(Weather)로는 맑은 날(sunny), 흐린 날(cloudy), 비 오는 날(rainy), 눈 오는 날(snowy), 바람 부는 날(windy), 폭풍우 치는 날(stormy), 안개 낀 날(foggy) 등을 활용할 수 있습니다.

- sunny / 맑은
- cloudy / 흐린
- rainy / 비 오는
- snowy / 눈 오는
- windy / 바람 부는
- stormy / 폭풍우 치는
- foggy / 안개 낀

[이미지 제작 프롬프트] In the style of flat illustration, a hiker stands atop a snow-covered mountain range with a blue sky and white clouds in the background. This concept art is in the style of Atey Ghailan and Loish, with a pixelated aesthetic and smooth edges, reminiscent of the Studio Ghibli anime style --ar 4:3

❸ 실내 환경

실내 환경(indoor environment)으로는 침실(bedroom), 주방(kitchen), 욕실(bathroom), 식당(dining room), 사무실(office), 서재(study), 도서관(library), 복도(hallway), 계단(staircase), 다락방(attic), 지하실(basement), 차고(garage), 옷장(closet), 식료품 저장실(pantry), 세탁실(laundry room), 놀이방(playroom), 아이 방(nursery), 게스트룸(guest room), 체육관(gym), 홈 시어터(home theater), 바(bar), 와인 저장실(wine cellar), 수영장(swimming pool), 사우나(sauna), 온수 욕조(hot tub) 등을 활용할 수 있습니다.

- bedroom / 침실
- kitchen / 주방
- bathroom / 욕실
- dining room / 식당
- office / 사무실
- study / 서재
- library / 도서관
- hallway / 복도
- staircase / 계단
- attic / 다락방
- basement / 지하실
- garage / 차고
- closet / 옷장
- pantry / 식료품 저장실
- laundry room / 세탁실
- playroom / 놀이방
- nursery / 아이 방
- guest room / 게스트룸
- gym / 체육관
- home theater / 홈 시어터
- bar / 바
- wine cellar / 와인 저장실
- swimming pool / 수영장
- sauna / 사우나
- hot tub / 온수 욕조

[이미지 제작 프롬프트] adorable baby dinosaur in star-patterned overalls, standing in a warm cozy kitchen with patterned tiles, surprised expression, sniffing air with nose flared, arms spread open, low angle shot, looking up, pot on stove bubbling with steam rising, bokeh lighting and soft rim light, light pastel tones with mint highlights, anime style, children's book mood --ar 4:3

❹ 야외 환경

야외 환경(outdoor environment)으로는 해변(beach), 공원(park), 숲(forest), 초원(meadow), 산(mountain), 사막(desert), 도시(city), 도시 경관(cityscape), 농지(farmland), 밭(field), 호수(lake), 강(river), 폭포(waterfall), 다리(bridge), 절벽(cliff), 동굴(cave), 계곡(valley), 섬(island), 해안(coast), 화산(volcano), 빙하(glacier), 오아시스(oasis), 사바나(savanna), 툰드라(tundra), 정글(jungle), 늪지(swamp), 유적(ruins), 고고학적 유적지(archaeological site), 역사적 명소(historical landmark) 등을 활용할 수 있습니다.

- beach / 해변
- park / 공원
- forest / 숲
- meadow / 초원

- mountain / 산
- desert / 사막
- city / 도시
- cityscape / 도시 경관
- farmland / 농지
- field / 밭
- lake / 호수
- river / 강
- waterfall / 폭포
- bridge / 다리
- cliff / 절벽
- cave / 동굴
- valley / 계곡
- island / 섬
- coast / 해안
- volcano / 화산
- glacier / 빙하
- oasis / 오아시스
- savanna / 사바나
- tundra / 툰드라
- jungle / 정글
- swamp / 늪지
- ruins / 유적
- archaeological site / 고고학적 유적지
- historical landmark / 역사적 명소

이러한 배경 요소들을 적절히 선택하면 그림책의 스토리와 분위기에 맞는 완벽한 무대를 설정할 수 있으며, 캐릭터와 스토리를 더욱 생동감 있게 표현할 수 있습니다.

[이미지 제작 프롬프트] A dense jungle with vibrant green foliage, the sun casting dappled shadows on the ground. A small figure is seen walking along an old tree branch in mid-air, surrounded by exotic plants and flowers. The atmosphere of adventure is palpable as they look out over their surroundings, with tall trees towering above them. In the style of digital art, the colors should be bright and saturated to capture the lushness of nature and excitement of exploration --ar 4:3

9 특수 효과

특수 효과(Special Effects)는 이미지에 독특한 분위기와 감정을 더하는 요소입니다. 빛, 그림자, 효과 등을 사용하여 일러스트레이션에 특별한 효과를 더하는 프롬프트로, 일러스트를 더욱 매력적으로 보이게 할 수 있습니다.

❶ 색상 및 톤 효과

흑백(monochrome), 단색(monochromatic), 세피아톤(sepia tone), 빈티지(vintage), 레트로(retro) 등을 활용할 수 있습니다.

- monochrome / 흑백
- monochromatic / 단색
- sepia tone / 세피아톤 (사진을 갈색조로 바꾸는 기법)

- vintage / 빈티지
- retro / 레트로

❷ 움직임 및 포커스 효과

모션 블러(motion blur), 선명하게 하기(sharpen) 등을 활용할 수 있습니다.

- motion blur / 모션 블러
- sharpen / 선명하게 하기

❸ 디지털 효과

글리치 효과(glitch effect), 글리치 노이즈(glitch noise) 등을 활용할 수 있습니다.

- glitch effect / 글리치 효과
- glitch noise / 글리치 노이즈

❹ 광학 효과

렌즈 플레어(lens flare), 가장자리 번짐(burning edges) 등을 활용할 수 있습니다.

- lens flare / 렌즈 플레어
- burning edges / 가장자리 번짐

❺ 질감 효과

필름 그레인(film grain), 토이 카메라(toy camera) 등을 활용할 수 있습니다.

- film grain / 필름 그레인
- toy camera / 토이 카메라

❻ 회화 기법 효과

수채화(watercolor), 유화(oil painting) 등을 활용할 수 있습니다.

- watercolor / 수채화
- oil painting / 유화

이러한 특수 효과들은 그림책의 분위기와 스타일에 맞게 선택적으로 적용하여 더욱 독특하고 매력적인 일러스트를 만들 수 있으며, 기본 이미지에 예술적 감각과 개성을 더해 주는 중요한 역할을 합니다.

🔟 기타 요소

기타 요소(Others)들은 이미지에 구체적인 디테일과 생동감을 더하는 역할을 합니다. 사물, 탈것, 음식, 동물 등 다양한 요소를 포함시켜 그림책의 스토리텔링을 더욱 풍부하게 만들 수 있습니다.

❶ 사물

사물(Objects)로는 스마트폰(smartphone), 노트북(laptop), 커피 머그잔(coffee mug), 물병(water bottle), 책(book), 펜(pen), 연필(pencil), 안경(glasses), 시계(watch), 헤드폰(headphones), 열쇠(keys), 지갑(wallet), 가방(bag), 배낭(backpack), 우산(umbrella), 모자(hat), 스카프(scarf), 장갑(gloves), 카메라(camera), 전화 충전기(phone charger), 이어폰(earphones), 스피커(speaker), 헤드폰 스탠드(headphones stand), 휴대폰 케이스(phone case), 노트북 케이스(laptop sleeve), 물병 홀더(water bottle holder), 북엔드(bookend), 펜꽂이(pen holder) 등을 활용할 수 있습니다.

- smartphone / 스마트폰
- laptop / 노트북
- coffee mug / 커피 머그잔
- water bottle / 물병

- book / 책
- pen / 펜
- pencil / 연필
- glasses / 안경
- watch / 시계
- headphones / 헤드폰
- keys / 열쇠
- wallet / 지갑
- bag / 가방
- backpack / 배낭
- umbrella / 우산
- hat / 모자
- scarf / 스카프
- gloves / 장갑
- camera / 카메라
- phone charger / 전화 충전기
- earphones / 이어폰
- speaker / 스피커
- headphones stand / 헤드폰 스탠드
- phone case / 휴대폰 케이스
- laptop sleeve / 노트북 케이스
- water bottle holder / 물병 홀더
- bookend / 북엔드
- pen holder / 펜꽂이

❷ 탈것

　탈것(Vehicles)으로는 자동차(car), 자전거(bicycle), 오토바이(motorcycle), 기차(train), 버스(bus), 비행기(airplane), 배(boat), 요트(yacht), 잠수함(submarine), 열기구(hot air balloon), 헬리콥터(helicopter), 스쿠터(scooter), 스케이트보드(skateboard), 호버보드(hoverboard), 세그웨이(segway), 인력거(rickshaw) 등을 활용할 수 있습니다.

- car / 자동차
- bicycle / 자전거
- motorcycle / 오토바이
- train / 기차
- bus / 버스
- airplane / 비행기
- boat / 배
- yacht / 요트
- submarine / 잠수함
- hot air balloon / 열기구
- helicopter / 헬리콥터
- scooter / 스쿠터
- skateboard / 스케이트보드
- hoverboard / 호버보드
- segway / 세그웨이
- rickshaw / 인력거

❸ 음식

음식(Food)으로는 요리(dish), 식사(meal), 아침식사(breakfast), 점심식사(lunch), 저녁식사(dinner), 디저트(dessert), 간식(snack), 과일(fruit), 채소(vegetable), 고기(meat), 물고기(fish), 해산물(seafood), 빵(bread), 밥(rice), 파스타(pasta), 피자(pizza), 스시(sushi), 라멘(ramen), 햄버거(hamburger), 핫도그(hot dog), 케이크(cake), 아이스크림(ice cream), 쿠키(cookie), 초콜릿(chocolate), 사탕(candy), 음료(drink), 커피(coffee), 차(tea), 주스(juice), 물(water) 등을 활용할 수 있습니다.

- dish / 요리
- meal / 식사
- breakfast / 아침식사
- lunch / 점심식사
- dinner / 저녁식사
- dessert / 디저트

- snack / 간식
- fruit / 과일
- vegetable / 채소
- meat / 고기
- fish / 물고기
- seafood / 해산물
- bread / 빵
- rice / 밥
- pasta / 파스타
- pizza / 피자
- sushi / 스시
- ramen / 라멘
- hamburger / 햄버거
- hot dog / 핫도그
- cake / 케이크
- ice cream / 아이스크림
- cookie / 쿠키
- chocolate / 초콜릿
- candy / 사탕
- drink / 음료
- coffee / 커피
- tea / 차
- juice / 주스
- water / 물

❹ 동물

 동물(Animals)로는 개(dog), 고양이(cat), 말(horse), 새(bird), 물고기(fish), 소(cow), 돼지(pig), 양(sheep), 원숭이(monkey), 코끼리(elephant), 사자(lion), 호랑이(tiger), 곰(bear), 판다(panda), 기린(giraffe), 얼룩말(zebra), 돌고래(dolphin), 고래(whale), 거북이(turtle), 뱀(snake), 도마뱀(lizard), 개구리(frog), 거미(spider), 나비(butterfly), 벌(bee), 개미(ant) 등을 활용할 수 있습니다.

- dog / 개
- cat / 고양이
- horse / 말
- bird / 새
- fish / 물고기
- cow / 소
- pig / 돼지
- sheep / 양
- monkey / 원숭이
- elephant / 코끼리
- lion / 사자
- tiger / 호랑이
- bear / 곰
- panda / 판다
- giraffe / 기린
- zebra / 얼룩말
- dolphin / 돌고래
- whale / 고래
- turtle / 거북이
- snake / 뱀
- lizard / 도마뱀
- frog / 개구리
- spider / 거미
- butterfly / 나비
- bee / 벌
- ant / 개미

이러한 기타 요소들을 적절히 조합하여 그림책의 배경을 더욱 풍부하게 만들고, 캐릭터의 일상생활이나 특별한 상황을 생동감 있게 표현할 수 있습니다.

3 : AI 일러스트레이션 프롬프트 작성 요령

1 자세한 정보 기술하기

프롬프트 작성에서 가장 중요한 원칙은 '구체성'입니다. 막연한 설명보다는 세부적인 묘사를 통해 AI가 정확히 이해할 수 있도록 해야 합니다. 인물상의 경우 나이, 성별, 헤어스타일, 복장, 표정을 구체적으로 명시하고, 복장의 경우 색상, 재질, 디자인을 상세히 기술하며, 배경의 경우 장소, 시간대, 날씨까지 포함하는 것이 좋습니다.

예를 들어 "curly red-haired 5-year-old girl with freckles, wearing green overalls and yellow rainboots, holding a small frog, happy expression, standing in a meadow with wildflowers, rainy day, soft watercolor style --ar 16:9"와 같이 작성하면 매우 구체적이고 생동감 있는 이미지를 얻을 수 있습니다. 이처럼 세부 정보를 자세히 기술할수록 원하는 이미지에 가까운 결과를 얻을 수 있습니다.

[이미지 제작 프롬프트] curly red-haired 5-year-old girl with freckles, wearing green overalls and yellow rainboots, holding a small frog, happy expression, standing in a meadow with wildflowers, rainy day, soft watercolor style --ar 16:9

2 비유적 표현 사용하기

창의적인 비유를 통해 독특한 분위기를 만들 수 있습니다. 일반적인 묘사보다는 시적이고 감성적인 표현을 사용하면 더욱 매력적인 결과를 얻을 수 있습니다. 예를 들어 단순히 '노을'이라고 하는 대신 '녹아내리는 오렌지 셔벗 같은 노을'이라고 표현하면 더욱 풍부하고 감성적인 이미지가 생성됩니다.

"sunset sky like melting orange sherbet, silhouette of a woman with flowing hair standing on a cliff edge, dreamlike atmosphere --ar 16:9"와 같은 비유적 표현은 AI에게 더 구체적이고 감성적인 지시를 전달할 수 있어 독특하고 아름다운 결과물을 만들어 냅니다.

[이미지 제작 프롬프트] sunset sky like melting orange sherbet, silhouette of a woman with flowing hair standing on a cliff edge, dreamlike atmosphere --ar 16:9

3 여러 스타일 조합하기

서로 다른 스타일을 조합하여 독창적인 결과를 얻을 수 있습니다. 예를 들어 수채화의 부드러운 질감과 사진적 사실성을 결합하거나 애니메이션 스타일과 유화 질감을 조합하는 등의 방법이 있습니다. "Mount Halla at sunset painted in watercolor style with photographic realism details --ar 16:9"처럼 두 가지 이상의 스타일을 조합하면 매우 독특하고 매력적인 결과를 얻을 수 있습니다.

이러한 스타일 조합은 기존의 틀을 벗어난 창의적인 일러스트를 만들 수 있게 해 주므로 여러분만의 독특한 그림책 스타일을 개발하는 데 매우 유용합니다.

[이미지 제작 프롬프트] Mount Halla at sunset painted in watercolor style with photographic realism details --ar 16:9

4 장르별 프롬프트 컬렉션

1 판타지 장르

판타지 장르는 아이들의 상상력을 자극하는 가장 인기 있는 그림책 장르입니다. 마법사, 용, 요정, 유니콘 등의 환상적인 캐릭터들과 신비로운 배경들을 조합하여 아이들이 꿈꾸는 세계를 표현할 수 있습니다. 이 장르에서는 화려한 색감과 몽환적인 분위기가 특히 중요하며, 마법적인 효과와 빛의 표현이 핵심입니다.

2 일상 생활 장르

일상 생활 장르는 아이들이 공감하고 학습할 수 있는 현실적인 상황들을 다룹니다. 가족과의 시간, 친구들과의 놀이, 학교 생활, 계절별 활동 등을 통해 아이들에게 친숙하고 따뜻한 감정을 전달할 수 있습니다. 이 장르에서는 자연스러운 표정과 편안한 분위기가 중요하며, 아이들의 일상적인 모습을 사랑스럽게 표현하는 것이 핵심입니다.

3 교육 장르

교육 장르는 학습 효과와 재미를 동시에 제공하는 그림책을 만들 때 활용됩니다. 숫자, 알파벳, 과학 실험, 역사 인물 등의 교육적 내용을 시각적으로 표현하여 아이들의 학습을 돕습니다. 이 장르에서는 명확하고 이해하기 쉬운 표현이 중요하며, 교육적 메시지를 재미있게 전달할 수 있는 창의적인 접근이 필요합니다.

4 동물 친구 장르

동물 친구 장르는 아이들이 가장 좋아하는 주제 중 하나입니다. 애완동물부터 농장 동물, 야생 동물까지 다양한 동물들을 사랑스럽고 친근하게 표현하여 아이들에게 동물에 대한 사랑과 관심을 키워 줍니다. 이 장르에서는 동물의 특징을 정확하면서도 귀엽게 표현하는 것이 중요하며, 동물과 인간의 따뜻한 관계를 보여 주는 것이 핵심입니다.

5 모험 장르

모험 장르는 아이들의 호기심과 도전 정신을 자극하는 흥미진진한 이야기를 담습니다. 보물 찾기, 우주 여행, 시간 여행, 미지의 땅 탐험 등의 모험을 통해 아이들에게 용기와 도전 정신을 심어 줄 수 있습니다. 이 장르에서는 역동적인 구도와 스릴 넘치는 장면 연출이 중요하며, 주인공의 용감한 모습과 흥미진진한 배경이 핵심입니다.

5 실전 프롬프트 활용법

1 캐릭터 일관성 유지 기법

그림책에서 가장 중요한 것은 주인공 캐릭터가 모든 페이지에서 일관되게 나타나는 것입니다. 이를 위해서는 캐릭터의 기본 특징을 정확히 정의하고 모든 프롬프트에서 동일하게 사용해야 합니다. 예를 들어 "5-year-old girl with curly red hair, freckles, green eyes, wearing blue overalls"와 같은 기본 캐릭터 설정을 만들어 두고, 모든 장면에서 이 설정을 기반으로 상황만 변경하는 방식입니다.

옴니래퍼런스 활용도 중요한 기법입니다. '캐릭터 이미지의 URL'과 같이 특정 이미지의 URL을 지정하면 비슷한 스타일과 특징을 가진 캐릭터를 연속적으로 생성할 수 있습니다. 또한 스타일 참조(--sref) 기능을 활용하여 이전에 생성한 캐릭터 이미지를 참조점으로 사용하면 더욱 일관된 결과를 얻을 수 있습니다. 캐릭터 시트를 미리 만들어 두고 이를 참조하여 다양한 장면을 생성하는 것도 효과적인 방법입니다.

2 스타일 가이드 구축

성공적인 그림책 시리즈를 만들기 위해서는 일관된 스타일 가이드가 필요합니다. 색감 팔레트를 먼저 정의하세요. 예를 들어 "soft pastel colors with warm undertones" 또는 "bright vibrant colors with high contrast"와 같은 색감 방향을 설정하고 모든 이미지에서 이를 유지합니다. 선의 스타일도 중요합니다. "clean line art", "soft watercolor edges", "bold cartoon outlines" 등 일관된 선 스타일을 적용해야 합니다.

화풍의 일관성도 반드시 유지해야 합니다. 한 권의 그림책에서 수채화 스타일과 3D 스타일을 혼용하면 독자들이 혼란을 느낄 수 있습니다. 따라서 프로젝트 시작 전에 "watercolor style with soft textures" 또는 "anime style with bright colors"와 같은 전체적인 화풍을 결정하고 이를 모든 페이지에 일관되게 적용해야 합니다. 캐릭터 비율도 표준화하여 모든 장면에서 동일한 비율로 캐릭터를 표현하는 것이 중요합니다.

3 배치 생성 최적화

그림책을 효과적으로 제작하기 위해서는 배치 생성 기법을 활용해야 합니다. 연속 생성(--repeat/ --r) 기능을 사용하여 동일한 프롬프트로 여러 버전을 한 번에 생성할 수 있습니다. 베이직 플랜에서는 최대 4번까지 연속 생성이 가능하므로 이를 적극 활용하세요. 다양성 조절(--chaos, --c) 파라미터를 적절히 설정하여 너무 비슷하지도 않고 너무 다르지도 않은 적절한 변화를 만들어내는 것이 중요합니다.

품질과 속도의 균형을 맞추는 것도 중요합니다. 초기 아이디어 단계에서는 릴랙스 모드를 사용하여 다양한 시도를 해 보고, 최종 결과물 생성 시에만 고속 모드를 사용하는 전략을 활용하세요. 또한 프롬프트를 체계적으로 관리하여 성공적인 프롬프트는 저장해 두고 재활용할 수 있도록 하는 것이 효율적입니다. 이러한 최적화 기법들을 통해 시간과 비용을 절약하면서도 높은 품질의 일러스트를 제작할 수 있습니다.

[이미지 제작 프롬프트] Create a realistic isolated image of a Diorama-style miniature team leader caught mid-sneeze. Bottle-cap-sized figure "Minho" holding a blueprint and walkie-talkie, ducking under falling dust. Expression of panic, dust details in motion. Isolated on white background with soft shadows. Highly detailed posture and props --ar 16:9

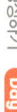

[이미지 제작 프롬프트] Create a realistic isolated photo of three miniature renovation workers. Diorama style bottle-cap-sized figures: one on a small ladder with a light fixture, another holding color swatches, and one holding an open blueprint. Isolated on plain white background, no shadows or props. Detailed costumes and tool accessories --ar 16:9

[이미지 제작 프롬프트] Create a balanced Diorama-style mid-shot inside a teacup café. Miniature figure "Minho" is at the center, holding a blueprint and walkie-talkie, caught mid-sneeze as dust falls from above. Two other bottle-cap-sized figures are watching from the side--half concerned, half amused. Interior includes light wooden surfaces, seating, tools, and ambient details. Warm overhead light, dust particles subtly glowing, team positioned to show interaction. Facial expressions convey humor and surprise -- ar 16:9

Chapter 5 미드저니 파라미터 활용 및 고급 설정

프롬프트 작성법을 익혔다면 이제 미드저니의 강력한 파라미터 시스템을 활용할 차례입니다. 파라미터는 화면 비율, 예술성 정도, 스타일 일관성을 정확히 조절할 수 있습니다. 특히 그림책처럼 여러 페이지에 걸쳐 일관된 품질을 유지해야 하는 프로젝트에서는 필수적입니다.

이 장에서는 --ar(화면 비율), --stylize(예술성 조절), --chaos(다양성 제어) 같은 기본 파라미터, --sref(스타일 참조)를 활용하여 나만의 독특한 그림책 스타일을 구축하는 방법을 체계적으로 알아보겠습니다.

1 필수 파라미터 완전 정복

1 파라미터 기본 구성 방법과 입력 규칙

파라미터 입력은 생각보다 간단합니다. 프롬프트 작성이 끝난 후 한 칸을 띄고 반각 하이픈 두 개(--)로 시작하면 됩니다. 예를 들어 **"cute little girl playing in garden --ar 16:9 --v 7"** 과 같이 입력합니다. 이때 반각 하이픈과 전각 하이픈을 구분하는 것이 중요합니다. 전각 하이픈(－)을 사용하면 파라미터가 인식되지 않으므로 반드시 반각 하이픈(-)을 사용해야 합니다.

파라미터 입력 시 주의 사항을 정확히 지켜야 합니다. 파라미터명과 값 사이에는 반드시 공백이 필요하며, 여러 파라미터를 사용할 때는 각각을 공백으로 구분해야 합니다. 다행히 대소문자는 구분하지 않으므로 --AR 16:9와 --ar 16:9는 동일하게 작동합니다. 미드저니 웹 버전에서는 프롬프트 입력창 아래에 있는 조정 슬라이더를 통해 기본 설정을 조절할 수 있지만, 프롬프트에 직접 입력한 파라미터가 항상 우선적으로 적용됩니다. 따라서 세밀한 조정을 위해서는 직접 입력하는 것이 더 정확합니다.

three years old boy with black hair full body book style watercolor white background --ar 4:3 --v 7

이 프롬프트는 "검은 머리를 가진 3세 남자아이의 전신을 수채화 스타일로, 흰색 배경과 함께 그림책 느낌으로 표현해 주세요. 종횡비, 즉 이미지 사이즈는 4:3 비율로 미드저니 버전은 7"이라는 의미입니다.

[이미지 제작 프롬프트] three years old boy with black hair full body book style watercolor white background --ar 4:3 --v 7

❷ 화면 비율 설정(--ar)의 실전 활용법

화면 비율은 그림책 제작에서 가장 중요한 파라미터 중 하나입니다. 책의 형태와 용도에 따라 적절한 비율을 선택해야 하며, 이는 독자의 읽기 경험과 직결됩니다. 그림책 제작을 위한 추천 비율을 살펴보면, --ar 4:3'은 가로형으로, 전통적인 그림책에 적합하며 --ar 9:16은 세로형으로 키 큰 캐릭터나 세로 구도에 적합합니다. --ar 3:4는 세로형 그림책으로 인물 중심 스토리에 적합합니다. --ar 16:9는 와이드스크린형으로 파노라마 장면이나 풍경 표현에 적합하며 --ar 1:1은 정사각형으로 인스타그램용 또는 아기책에 적합합니다.

실전 활용 예시를 통해 구체적으로 알아보겠습니다. 가로형 그림책 표지용으로는 "magical forest with fairy tale castle --ar 4:3 --v 7"과 같이 활용할 수 있습니다. 세로형 캐릭터 소개 페이지용으로는 "tall princess in beautiful dress full body --ar 3:4 --v 7"이 적합하며, 와이드 풍경 장면용으로는 "sunset over the ocean with sailboat --ar 16:9 --v 7"이 적합합니다. 그림책 제작 시 표지는 책의 실제 크기에 맞는 비율을 선택하고, 내지는 텍스트 배치를 고려한 여유 공간을 확보해야 합니다. 펼친 페이지는 16:9 비율로 웅장한 장면을 연출하고, 캐릭터 소개는 3:4 또는 9:16으로 인물을 강조하는 것이 좋습니다.

❶ 그림책 제작을 위한 추천 비율

- --ar 4:3 : 읽기 편한 가로형, 전통적인 그림책 비율
- --ar 3:4 : 세로형, 인물 중심 스토리에 적합
- --ar 16:9 : 와이드스크린형, 파노라마 장면이나 풍경 표현에 적합
- --ar 9:16 : 세로형, 키 큰 캐릭터나 세로 구도에 적합
- --ar 1:1 : 정사각형, 인스타그램용 또는 아기책에 적합

[이미지 제작 프롬프트] tall princess in beautiful dress full body, long flowing hair, royal crown, standing in palace garden, watercolor style --ar 3:4

3 버전 선택(--v, --niji)을 통한 품질 최적화

미드저니는 지속적으로 업데이트되며, 각 버전마다 고유한 특징을 가지고 있습니다. 그림책 제작자로서 어떤 버전을 선택할지는 매우 중요한 결정입니다. 일반 버전(--v)의 특징을 살펴보면, --v 7은 최신 버전으로 가장 높은 품질과 세밀한 디테일, 현실적인 텍스처를 제공합니다. --v 6은 균형 잡힌 품질로 안정적인 결과물을 생성하며, --v 5는 클래식한 미드저니 스타일로 예술적 해석이 강합니다.

❶ 일반 버전(--v)의 특징

- --v 7 (최신): 가장 높은 품질, 세밀한 디테일, 현실적인 텍스처
- --v 6: 균형 잡힌 품질, 안정적인 결과물
- --v 5: 클래식한 미드저니 스타일, 예술적 해석 강함

니지 버전(--niji)의 특징도 중요합니다. --niji 6는 최신 버전으로, 고품질 애니메이션 스타일과 일본 만화 느낌을 제공하며, --niji 5는 부드러운 애니메이션 스타일을, --niji 4는 클래식한 애니메이션 느낌을 구현합니다. 그림책 장르별 추천 버전을 보면, 서양 그림책은 --v 7로 현실적이면서도 따뜻한 느낌을 구현하고, 아동 판타지는 --niji 6로 밝고 화려한 애니메이션 스타일을 적용합니다. 교육용 그림책은 --v 6로 명확하고 깔끔한 스타일을, 전래동화는 --niji 5로 부드러우면서도 전통적인 느낌을 표현하는 것이 좋습니다.

❷ 니지 버전(--niji)의 특징

- --niji 6 (최신): 고품질 애니메이션 스타일, 일본 만화 느낌
- --niji 5: 부드러운 애니메이션 스타일
- --niji 4: 클래식한 애니메이션 느낌

이미지 제작 프롬프트 little red riding hood in enchanted forest, anime style, bright colors, expressive eyes, magical atmosphere --ar 4:3 --niji 6

이미지 제작 프롬프트 little red riding hood in enchanted forest, anime style, bright colors, expressive eyes, magical atmosphere --ar 4:3 --niji 6

실전 비교 예시를 통해 차이점을 확인할 수 있습니다. 서양 그림책 스타일로는 "little red riding hood in forest --v 7 --ar 4:3"을, 애니메이션 스타일로는 "little red riding hood in forest --niji 6 --ar 4:3"을 사용하면 확연히 다른 결과를 얻을 수 있습니다.

4 예술성 조절(--stylize)로 원하는 스타일 구현

--stylize 파라미터는 AI가 프롬프트를 얼마나 '예술적으로' 해석할지를 결정합니다. 이는 그림책의 전체적인 분위기와 스타일을 좌우하는 중요한 요소입니다. stylize 값의 의미를 정확히 파악하는 것이 중요합니다. --stylize 0은 프롬프트에 가장 충실한 사실적인 결과를 제공하고, --stylize 100은 기본값으로 균형 잡힌 예술성과 정확성을 구현합니다. --stylize 300~500은 예술적 해석을 강화하여 창의적 표현을 높이며, --stylize 1000은 최대 예술성으로 매우 창의적이고 추상적인 결과를 생성합니다.

❶ stylize 값의 의미

- --stylize 0 또는 --style raw: 프롬프트에 가장 충실, 사실적
- --stylize 100(기본값): 균형 잡힌 예술성과 정확성
- --stylize 300~500: 예술적 해석 강화, 창의적 표현
- --stylize 1000: 최대 예술성, 매우 창의적이고 추상적

그림책 제작 시 stylize 활용 전략을 장르별로 살펴보겠습니다. 교육용 그림책(--stylize 0~50)은 정확한 정보 전달이 중요하므로 명확하고 사실적인 표현이 필요합니다. 예시로는 "human anatomy heart diagram --stylize 0 --v 7"이 있습니다. 일반 아동 그림책 (--stylize 100~200)은 적당한 예술성과 명확성의 균형을 맞춰 아이들이 이해하기 쉬운 표현을 사용합니다. 예시로는 "happy family having picnic --stylize 150 --v 7"이 있습니다.

예술적 그림책(--stylize 300~500)은 창의적이고 독특한 스타일을 추구하며 예술적 가치를 중시하는 작품에 적합합니다. 예시로는 "dreamy underwater castle --stylize 400 --niji 6"이 있습니다. 실험적 그림책(--stylize 700~1000)은 매우 창의적이고 독특한 표현으로 예

술성을 극대화한 작품에 사용됩니다. 예시로는 "abstract representation of emotions --stylize 1000 --v 7"이 있습니다.

5 다양성 제어(--chaos)를 통한 창작 실험

--chaos 파라미터는 하나의 프롬프트로 생성되는 4개 이미지들이 서로 얼마나 다른 스타일을 가질지를 결정합니다. 이는 창작 과정에서 다양한 아이디어를 탐색하는 데 매우 유용합니다. chaos 값의 효과를 구체적으로 살펴보면, --chaos 0은 기본값으로 4개 이미지가 비슷한 스타일과 구도를 갖습니다. --chaos 25는 약간의 변화로 안정적인 결과를 제공하며, --chaos 50은 적당한 다양성으로 창작 실험에 적합합니다. --chaos 100은 최대 다양성으로 완전히 다른 스타일의 이미지들을 생성합니다.

❶ chaos 값의 효과

- --chaos 0(기본값): 4개 이미지가 비슷한 스타일과 구도
- --chaos 25: 약간의 변화, 안정적인 결과
- --chaos 50: 적당한 다양성, 창작 실험에 적합
- --chaos 100: 최대 다양성, 완전히 다른 스타일의 이미지들

그림책 제작 단계별 chaos 활용 전략을 구체적으로 살펴보겠습니다. 초기 아이디어 탐색 단계(--chaos 75~100)에서는 다양한 스타일과 구도를 실험하여 예상치 못한 창의적 결과를 발견할 수 있습니다. 예시로는 "princess in enchanted garden --chaos 100 --v 7"이 있습니다. 스타일 결정 단계(--chaos 25~50)에서는 일정한 방향성을 유지하면서 변화를 탐색하여 미세한 조정과 개선점을 발견할 수 있습니다. 예시로는 "princess in enchanted garden --chaos 25 --stylize 200"이 있습니다. 최종 완성 단계(--chaos 0~10)에서는 일관된 스타일과 품질을 유지하여 시리즈 전체의 통일성을 확보합니다. 예시로는 "princess in enchanted garden --chaos 0 --sref 이미지 URL --oref 이미지 URL"이 있습니다.

2　고급 파라미터 마스터하기

1 연속 생성(--repeat)으로 작업 효율성 향상

--repeat 파라미터는 같은 프롬프트로 여러 세트의 이미지를 자동으로 생성해 줍니다. 그림책 제작에서 많은 양의 이미지가 필요할 때 매우 유용한 기능입니다. repeat 사용법과 제한 사항을 정확히 파악하는 것이 중요합니다. --repeat 4 또는 --r 4는 4세트(총 16개) 이미지를 생성하며, 베이직 플랜은 최대 4까지, 스탠더드 플랜은 최대 10까지, 프로/메가 플랜은 최대 40까지 가능합니다.

❶ repeat 사용법과 제한 사항

- --repeat 4 또는 --r 4: 4세트(총 16개) 이미지 생성
- **베이직 플랜**: 최대 4까지 가능
- **스탠더드 플랜**: 최대 10까지 가능
- **프로/메가 플랜**: 최대 40까지 가능

효율적인 repeat 활용 전략을 단계별로 살펴보겠습니다. 캐릭터 디자인 단계에서는 "cute little bear character sheet multiple poses --repeat 4 --chaos 50 --v 7"과 같이 활용하여 다양한 포즈와 표정의 캐릭터를 한 번에 생성할 수 있습니다. 이를 통해 가장 적합한 디자인을 선택할 수 있습니다. 배경 탐색 단계에서는 "magical forest background for children's book --repeat 3 --stylize 200 --ar 16:9"를 사용하여 여러 가지 배경 스타일을 동시에 확인할 수 있습니다. 이는 시간 절약과 선택의 폭을 확대시킵니다. 색상 실험 단계에서는 "sunset sky with warm colors --repeat 5 --chaos 30 --v 7"을 활용하여 다양한 색상 조합과 분위기를 실험할 수 있으며, 이는 그림책 전체 톤 결정에 활용됩니다.

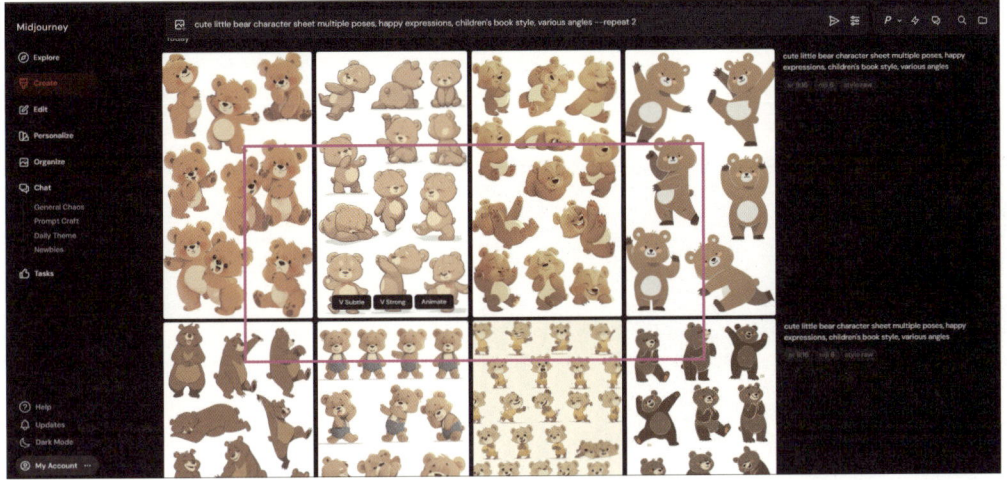

이미지 제작 프롬프트 cute little bear character sheet multiple poses, happy expressions, children's book style, various angles --repeat 2

2 시드 값 활용을 통한 재현 가능한 결과물 생성

시드(Seed) 값은 AI가 이미지를 생성할 때 사용하는 '출발점'입니다. 같은 프롬프트와 시드를 사용하면 유사한 결과물을 얻을 수 있어 시리즈 작업에 매우 유용합니다. 시드 값 확인 방법은 간단합니다. 생성된 이미지의 [More] 버튼을 클릭하고 [Copy]-[Seed]를 선택하여 시드 번호를 복사합니다(예 1234567890). 시드 값을 재사용할 때는 "little girl in red dress --seed 1234567890 --v 7"과 같이 입력하면 됩니다.

시드 활용 실전 예시를 통해 구체적인 활용법을 알아보겠습니다. 캐릭터 스타일 일관성을 유지하기 위해서는 첫 번째 장면에서 "little prince on his planet --seed 12345 --v 7"을 사용하고, 두 번째 장면에서 "little prince meeting the fox --seed 12345 --v 7"을 사용합니다. 색상 톤을 통일하기 위해서는 아침 장면에서 "sunrise over the village --seed 67890 --stylize 200"을 사용하고, 저녁 장면에서 "sunset over the village --seed 67890 --stylize 200"을 사용합니다.

[이미지 제작 프롬프트] little prince on his planet, blonde hair, blue coat, curious expression, children's book illustration --ar 9:16 --seed 678281272

[이미지 제작 프롬프트] little prince meeting the fox, same character design, warm friendship, storybook style --ar 9:16 --seed 678281272

3 품질 최적화를 위한 파라미터 조합 전략

여러 파라미터를 조합하면 더욱 정교한 결과물을 얻을 수 있습니다. 그림책 제작에 최적화된 파라미터 조합을 장르별로 소개하겠습니다. 클래식 아동 그림책을 위해서는 "[프롬프트] --v 7 --ar 4:3 --stylize 150 --chaos 0"을 사용하여 안정적이고 따뜻한 느낌의 일관된 스타일과 품질을 구현할 수 있습니다. 현대적 애니메이션 스타일을 위해서는 "[프롬프트] --niji 6 --ar 16:9 --stylize 200 --chaos 25"를 사용하여 밝고 화려한 색상과 약간의 변화로 생동감을 부여할 수 있습니다.

예술적 그림책을 위해서는 "[프롬프트] --v 7 --ar 1:1 --stylize 400 --chaos 50"을 사용하여 창의적이고 독특한 표현으로 예술성과 다양성을 강조할 수 있습니다. 교육용 그림책을 위해서는 "[프롬프트] --v 7 --ar 4:3 --style raw --chaos 0"을 사용하여 정확하고 명확한 정보 전달과 사실적인 표현을 우선시할 수 있습니다. 이러한 조합들은 그림책의 목적과 독자층에 따라 선택적으로 활용할 수 있습니다.

3 스타일 참조 시스템

1 이미지 기반 스타일 참조의 실제 활용법

스타일 참조(--sref) 시스템은 미드저니의 가장 강력한 기능 중 하나입니다. 기존 이미지의 스타일을 참조하여 일관된 룩 앤 필(look & feel)을 만들 수 있습니다. 스타일 참조 사용법에는 여러 가지가 있습니다. 이미지 URL 사용법은 "cute little girl playing --sref https://이미지주소 --v 7"과 같이 활용하며, 웹 버전에서는 참조할 이미지를 프롬프트 입력창에 드래그하면 자동으로 "Style Reference" 옵션이 표시됩니다. 랜덤 스타일 생성을 위해서는 "magical castle --sref random --v 7"과 같이 사용할 수 있습니다.

> cute little girl playing in meadow, joyful expression, spring flowers --sref https://이미지주소 --v 7

> magical castle in the clouds, fairy tale atmosphere, enchanted setting --sref random --v 7

　스타일 참조 실전 활용을 통해 시리즈 통일성을 확보하는 방법을 알아보겠습니다. 첫 번째 이미지를 생성하고 스타일을 결정한 후 해당 이미지를 스타일 참조로 설정하여 모든 후속 이미지에 동일한 스타일을 적용할 수 있습니다. 예시 워크플로를 살펴보면, 1단계에서 "little red riding hood --v 7 --stylize 200"으로 기본 스타일을 결정하고, 2단계에서 "little red riding hood meeting wolf --sref [첫 번째 이미지 URL] --v 7"로 선택된 이미지를 스타일 참조로 활용합니다. 3단계에서는 "little red riding hood at grandmother's house --sref [첫 번째 이미지 URL] --v 7"로 시리즈 전체에 동일한 스타일을 적용합니다.

2 랜덤 스타일 생성을 통한 창작 영감 확보

　--sref random 기능은 예상치 못한 창의적 결과를 얻을 수 있는 훌륭한 도구입니다. 창작 과정에서 새로운 아이디어나 스타일을 탐색할 때 매우 유용합니다. 랜덤 스타일 활용 전략을 구체적으로 살펴보겠습니다. 초기 아이디어 발굴을 위해서는 "fairy tale princess --sref random --chaos 50 --v 7"을 사용하여 다양한 스타일의 공주 캐릭터를 생성하고 예상치 못한 독창적 디자인을 발견할 수 있습니다. 스타일 실험을 위해서는 "enchanted forest --sref random --stylize 300 --ar 16:9"를 활용하여 기존 관념을 벗어난 새로운 표현을 탐색하고 독특한 색상과 구도를 발견할 수 있습니다.

> fairy tale princess character design, creative interpretation, unexpected style, artistic exploration --sref random --chaos 50 --v 7

[이미지 제작 프롬프트] fairy tale princess character design, creative interpretation, unexpected style, artistic exploration --sref random --chaos 50 --v 7

[이미지 제작 프롬프트] fantasy forest cottage, experimental art style, unique visual approach, creative freedom --sref random --stylize 300 --ar 16:9

창작의 막힘을 풀기 위해서는 "children playing in garden --sref random --repeat 3"을 사용하여 막힌 아이디어를 새로운 관점에서 접근하고 다양한 스타일 옵션을 제시받을 수 있습니다. 이러한 방법들은 창작자의 상상력을 자극하고 새로운 가능성을 열어 줍니다.

3 여러 스타일의 조합을 통한 독창적 결과물 생성

한 번에 여러 스타일을 참조하여 복합적이고 독창적인 결과물을 만들 수 있습니다. 다중 스타일 참조 방법은 "magical library --sref [이미지1URL] [이미지2URL] --v 7"과 같이 활용할 수 있습니다. 효과적인 스타일 조합 예시를 살펴보면, 수채화와 애니메이션을 조합하여 수채화의 부드러운 질감과 애니메이션의 밝은 색상을 결합하면 따뜻하면서도 생동감 있는 그림책 스타일을 만들 수 있습니다. 사실적 표현과 판타지를 조합하면 현실적인 디테일과 환상적인 분위기를 결합하여 아이들이 믿을 수 있는 마법의 세계를 구현할 수 있습니다. 빈티지와 현대적 감각을 조합하면 클래식한 느낌과 현대적 감각이 조화된 시대를 초월한 매력적인 스타일을 만들 수 있습니다.

4 그림책 시리즈를 위한 스타일 가이드 구축

일관된 그림책 시리즈를 만들기 위해서는 체계적인 스타일 가이드가 필요합니다. 스타일 가이드 구축 단계를 구체적으로 살펴보겠습니다.

❶ 기본 스타일 정의

첫 번째 단계는 기본 스타일 정의입니다. "character design sheet --v 7 --stylize 200 --ar 4:3"을 사용하여 캐릭터의 기본 디자인과 색상 팔레트를 결정하고, 표정과 포즈 바리에이션을 확정합니다.

❷ 배경 스타일 설정

두 번째 단계는 배경 스타일 설정입니다. "background environment pack --sref [캐릭터 이미지 URL] --stylize 200 --ar 16:9"를 사용하여 캐릭터와 조화로운 배경 스타일을 개발하고, 다양한 환경에서의 일관성을 확보합니다.

❸ 색상 팔레트 확정

세 번째 단계는 색상 팔레트 확정입니다. "color palette reference --sref [기본 스타일 URL] --chaos 0"을 사용하여 시리즈 전체에 사용할 색상 체계를 구축하고, 감정과 상황에 따른 색상 변화 규칙을 수립합니다.

❹ 스타일 문서화

네 번째 단계는 스타일 문서화입니다. 선택된 이미지들의 URL과 파라미터를 기록하고, 각 상황별 프롬프트 템플릿을 작성하며, 시리즈 일관성 체크리스트를 작성합니다. 이렇게 작성해서 공유하는 사이트들이 있습니다.

- 라이브러리 미드저니/Nijijourney
  https://sref-midjourney.com/
- midlibrary
  https://midlibrary.io/sref-codes#topshelf
- STYLE SAFARI
  https://www.stylesafari.xyz/

실전 스타일 가이드 예시를 통해 구체적인 활용법을 알아보겠습니다. "숲 속 친구들" 시리즈의 경우, 기본 스타일은 --v 7 --stylize 180 --ar 4:3을 사용하고, 캐릭터 스타일은 --sref [토끼 캐릭터 URL]을, 배경 스타일은 --sref [숲 배경 URL]을 활용합니다. 색상 톤은 따뜻한 자연 색상(갈색, 녹색, 주황색 계열)을 사용합니다. 이렇게 구축된 스타일 가이드를 활용하면, 여러 권의 그림책이라도 일관된 브랜딩과 품질을 유지할 수 있습니다.

이 장에서 배운 파라미터 활용법을 통해 여러분은 단순한 미드저니 사용자에서 전문적인 그림책 제작자로 발전할 수 있습니다. 각 파라미터의 의미와 활용법을 이해하고, 자신만의 스타일을 구축하는 것이 그림책 제작의 핵심입니다. 다음 장에서는 이러한 파라미터들을 활용하여 실제로 일관된 캐릭터와 이미지를 생성하는 고급 기법들을 알아보겠습니다.

5 스타일 탐색기로 독창적인 스타일 찾기

스타일 탐색기(Style Explorer)는 다양한 시각적 스타일을 발견하고 실험할 수 있도록 돕는 기능입니다. 'midjourney.com/explore'에서 접속할 수 있으며, 이 곳에서 수많은 스타일을 탐색하고 저장하며 자신의 프롬프트에 적용해볼 수 있습니다.

'midjourney.com/explore'에서 스타일 탐색기(Style Explorer) 화면

❶ 다양한 스타일 탐색

스타일 탐색기는 SREF 코드로 무작위 샘플링된 다양한 스타일 썸네일을 제공합니다. 마치 영상이나 이미지 탐색 페이지처럼, 이곳에서 여러 스타일을 둘러볼 수 있습니다.

❷ 스타일 저장

마음에 드는 스타일은 '좋아요(Like)'를 눌러 저장할 수 있습니다.

스타일을 '좋아요(Like)'를 눌러 저장하는 화면

❸ 스타일 바로 적용

특정 스타일에 마우스를 올리고 [스타일 시도(Try Style)] 버튼을 누르면 현재 프롬프트에 해당 스타일이 바로 적용됩니다. 예를 들어, 프롬프트에 '드래곤'을 입력한 상태에서 여러 스타일을 시도하며 각기 다른 느낌의 드래곤 이미지를 생성할 수 있습니다.

'스타일 시도(Try Style)' 버튼 화면

❹ '퍼지 검색' 기능

스타일 페이지 오른쪽 상단 검색창에 'photographic' 또는 'anime'와 같은 키워드를 입력하면, 해당 단어에 가장 잘 어울리는 스타일을 찾아줍니다.

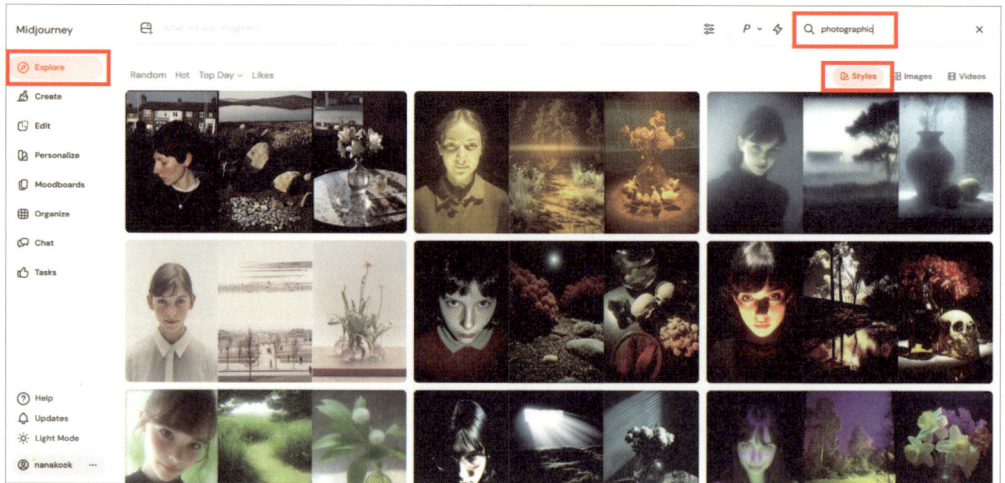

검색란에 내가 찾고자하는 이미지 단어, 또는 주소링크를 입력하여 퍼지기능으로 검색하는 화면

Chapter 6

유사한 이미지, 동일 캐릭터 생성 방법

그림책 제작에서 가장 중요한 것은 캐릭터의 일관성을 유지하는 것입니다. 독자들이 "어? 이 캐릭터가 갑자기 다른 사람이 되었네?"라고 느끼면 몰입감이 크게 떨어집니다.

이미지 링크 참조, Describe 기능, 스타일 참조(--sref), 옴니 참조(--oref) 등 네 가지 핵심 기능을 활용하면 완벽한 캐릭터 일관성을 구현할 수 있습니다.

이 기법들을 마스터하면 주인공 5세 남아가 첫 페이지에서 마지막 페이지까지 동일한 귀여운 모습을 유지하면서도 웃고, 울고, 뛰어노는 다양한 표정과 동작을 자연스럽게 표현할 수 있게 됩니다.

1 이미지 링크 활용법

1 이미지 링크 참조란 무엇인가?

이미지 링크 참조는 미드저니에서 가장 기본적인 일관성 유지 방법입니다. 쉽게 말해, "이 이미지와 같은 느낌으로 다른 장면을 만들어 줘."라고 AI에게 부탁하는 것입니다. 여러분이 친구에게 "저 카페의 분위기처럼 인테리어를 해달라"고 말하면, 친구는 그 카페의 전체적인 색감, 가구 배치, 조명 등을 참고하겠죠. 이미지 링크 참조도 이와 같은 방식으로 작동합니다.

이 기능은 캐릭터의 세밀한 얼굴 특징보다는 전체적인 분위기와 스타일을 유지하는 데 특화되어 있습니다. 예를 들어, 파스텔 톤의 수채화 스타일로 그려진 토끼 이미지를 참조하면, 새로운 장면에서도 같은 색감과 화풍을 유지하면서 다른 포즈나 상황의 토끼를 만들 수 있습니다.

2 단계별 사용 방법

1 기준 이미지 업로드

> white background, Adorable baby dinosaur with mint green skin and cream-colored belly, large round sparkling eyes, short chubby tail, tiny horn bumps on the back, standing and smiling in a soft pastel background. 8k resolution, dreamy children's book illustration, warm and soft lighting, --chaos 10 --ar 16:9

이미지 URL:
https://cdn.Midjourney.com/86f1940d-db1f-4e83-a081-5bfe51712b4f/0_1.png

[이미지 제작 프롬프트] white background, Adorable baby dinosaur with mint green skin and cream-colored belly, large round sparkling eyes, short chubby tail, tiny horn bumps on the back, standing and smiling in a soft pastel background. 8k resolution, dreamy children's book illustration, warm and soft lighting, --chaos 10 --ar 16:9

먼저 기본이 될 캐릭터 이미지를 생성합니다. 이 이미지가 앞으로 모든 장면의 '기준점'이 되므로 만족할 때까지 여러 번 시도해 보세요.

❷ 이미지 링크 복사

- 생성된 이미지를 마우스 오른쪽 버튼으로 클릭
- [링크 복사] 선택(또는 이미지를 프롬프트 입력창으로 직접 드래그)

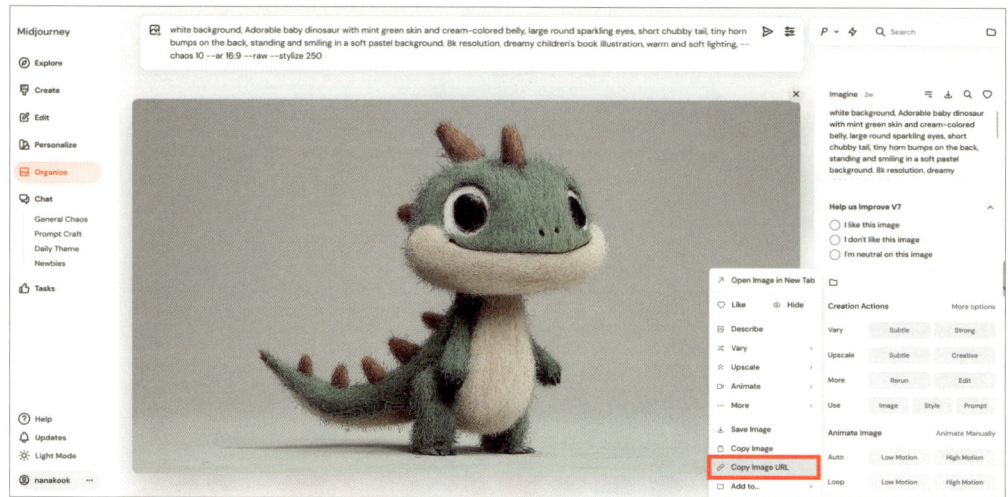

이미지 링크 복사 화면

③ 새로운 장면 생성

복사한 이미지 링크를 활용해 새로운 장면을 만들어 보겠습니다.

> https://cdn.midjourney.com/a3b9b3d5-68eb-4cde-bb40-e70b2e02a921/0_2.png A baby dinosaur sitting in a field and looking up at the sky with a questioning head. Soft and dreamy light, pastel colors, and a clear sky with lots of white clouds. --chaos 10 --ar 16:9

프롬프트란에 이미지 URL을 넣으면 직관적으로 볼수 있도록 이미지가 삽입이되는 화면

3 실전 활용 사례

❶ 기본 캐릭터 설정

> five year old girl with pigtails, blue dress, children's book illustration, watercolor style, white background --ar 4:3 --v 7

https://cdn.midjourney.com/a87fdca0-13d5-4cdc-a730-be28a5d0a324/0_3.png

이 프롬프트로 생성된 이미지를 기준으로 다양한 장면을 만들어 보겠습니다.

장면 1 학교에서

> [이미지 URL] five year old girl sitting at school desk, studying, children's book illustration, watercolor style, white background --ar 4:3 --v 7

[이미지 제작 프롬프트] [이미지 URL] five year old girl sitting at school desk, studying, children's book illustration, watercolor style, white background --ar 4:3 --v 7

장면 2 공원에서

[이미지 URL] five year old girl playing on swing, happy expression, children's book illustration, watercolor style, white background --ar 4:3 --v 7

[이미지 제작 프롬프트] [이미지 URL] five year old girl playing on swing, happy expression, children's book illustration, watercolor style, white background --ar 4:3 --v 7

장면 3 집에서

[이미지 URL] five year old girl reading book in bedroom, cozy atmosphere, children's book illustration, watercolor style, white background --ar 4:3 --v 7

이미지 제작 프롬프트 [이미지 URL] five year old girl reading book in bedroom, cozy atmosphere, children's book illustration, watercolor style, white background --ar 4:3 --v 7

각 장면에서 여자아이의 전체적인 분위기와 스타일은 유지되면서도 다양한 상황과 감정을 표현할 수 있습니다.

4 효과적인 활용 팁

① DO(이렇게 하세요)

- 기준 이미지는 캐릭터가 명확하게 보이는 것으로 선택
- 배경이 단순한 이미지를 기준으로 사용
- 프롬프트에 일관된 스타일 키워드 반복 사용

❷ DON'T(이렇게 하지 마세요)

- 너무 복잡한 배경의 이미지를 기준으로 사용
- 조명이 극단적인 이미지 참조
- 스타일 키워드를 자주 바꾸기

2 Describe 기능 활용

1 Describe 기능이란?

 Describe 기능은 AI가 이미지를 보고 "이 그림이 어떻게 그려진 건지 설명해 줄게."라고 말해 주는 기능입니다. 마치 미술 선생님이 작품을 보고 "이건 수채화 기법으로 그려졌고, 파스텔 톤을 사용했으며, 인상주의 화풍이 느껴진다."라고 분석해 주는 것과 같습니다.

 이 기능의 가장 큰 장점은 "어떤 단어를 써야 할지 모르겠다."라는 고민을 해결해 준다는 점입니다. 마음에 드는 이미지 스타일이 있지만 어떻게 표현해야 할지 막막할 때 AI가 대신 분석하고 적절한 프롬프트를 제안해 줍니다.

2 웹 버전에서 사용하는 방법

❶ 이미지 업로드

- 'Imagine' 바에 분석하고 싶은 이미지를 업로드(또는 이미지를 드래그 앤 드롭)

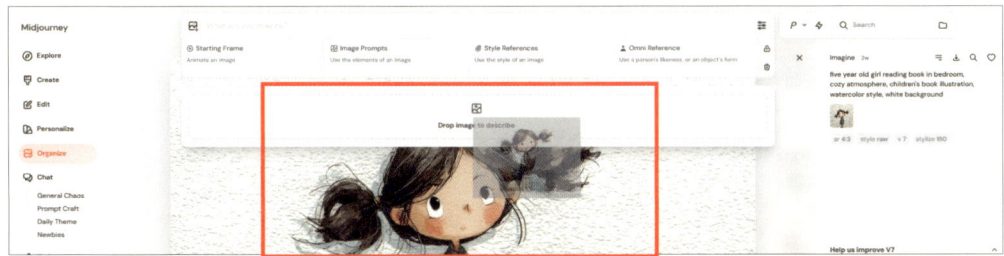

이미지 드래그 앤 드롭 화면

❷ 네 가지 프롬프트 확인

AI가 같은 이미지를 네 가지 다른 관점에서 분석한 프롬프트를 제공합니다.

> - **프롬프트 1**: 기술적 측면, 카메라 앵글, 조명, 구성 등 기술적 세부 사항
> - **프롬프트 2**: 예술적 스타일, 화풍, 색감, 스타일 지정 등
> - **프롬프트 3**: 내용적 측면, 인물, 객체, 배경 등 장면의 내용
> - **프롬프트 4**: 분위기 중심, 감정, 톤, 분위기 표현

❸ 최적의 프롬프트 선

4개 중에서 가장 적절한 것을 선택하거나 여러 개를 조합해서 사용할 수 있습니다.

3 Describe 결과 활용 예시

❶ 원본 이미지 분석 결과

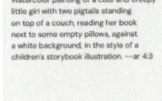 five year old girl reading book in bedroom, cozy atmosphere, children's book illustration, watercolor style, white background 네 가지 그림 중 하나를 골라서 Describe한 결과 화면

프롬프트1 A cute little girl with pigtails stands on the couch and reads, holding an open book in her hands. She wears pajamas and has dark brown hair. The background is a white watercolor. In the style of Scandinavian style, with pastel colors, this is a cartoon illustration for children's books, in high resolution. --ar 4:3

기술적 측면, 카메라 앵글, 조명, 구성 등 기술적 세부 사항을 보여 주는 이미지

프롬프트 2 A cute little girl with pigtails stands on the bed and reads her book. Next to it is an open brown envelope. Watercolor illustration, white background. --ar 4:3

예술적 스타일, 화풍, 색감, 스타일 지정이 되는 이미지

> **프롬프트 3** Watercolor cartoon-style children's book illustration of an adorable little girl with pigtails standing on top and holding her small notebook. She is reading the story to some rocks that have eyes. The background color should be white. She has brown hair and wears pajamas and slippers. --ar 4:3

내용적 측면, 인물, 객체, 배경 등 장면의 내용을 보여 주는 이미지

> **프롬프트 4** A cute little girl with pigtails stands on the bed and reads. Next to her is an open book in a watercolor style, with a beige background and high detail. --ar 4:3

분위기 중심, 감정, 톤, 분위기 표현한 이미지

3 스타일 참조 고급 활용

1 스타일 참조(--sref)의 핵심 개념

스타일 참조는 "이 작품의 그림체로 그려 줘."라고 요청하는 기능입니다. 내용은 완전히 다르지만, 표현 방식은 똑같이 유지하고 싶을 때 사용합니다. 예를 들어, 고흐의 '별이 빛나는 밤' 스타일로 어린이 캐릭터를 그리거나 지브리 애니메이션 화풍으로 현대적인 도시 풍경을 그릴 수 있습니다.

1 스타일 참조의 특징

- 화풍: 붓터치, 선의 굵기, 질감 등
- 색채: 색상 팔레트, 명도, 채도 등
- 조명: 빛의 방향, 그림자 처리 등
- 분위기: 전체적인 톤 앤 매너

2 기본 사용법

1 문법 구조

[프롬프트 내용] --sref [스타일 이미지 URL] --sw [가중치]

cute little bear having breakfast, children's book style --sref [스타일 이미지 URL] --sw 300 --ar 4:3

[이미지 제작 프롬프트] cute little bear having breakfast, children's book style --sref https://s.mj.run/qWVN3UJ6BHI --sw 300 --ar 4:3

3 스타일 가중치(--sw) 완벽 가이드

스타일 가중치는 0~1,000 사이의 값으로, 참조 스타일의 영향력을 조절합니다.

❶ 낮은 가중치(0~200): 내용 우선 모드

이 구간에서는 스타일 참조의 영향력이 매우 미미하게 작용합니다. 참조 이미지를 넣어도 그 스타일이 거의 반영되지 않고, 대신 텍스트 프롬프트에 쓰여진 지시 사항이 반영됩니다. 예를 들어, 아름다운 수채화 스타일의 이미지를 참조로 넣고 "정확한 원 모양의 빨간 공"이라고 작성하면, 수채화의 부드러운 느낌보다는 기하학적으로 빨간색 원이 생성됩니다.

이 설정은 세밀한 구도나 객체 배치가 중요한 작업에서 유용합니다. 제품 카탈로그용 이미지를 만들 때 상품의 형태와 배치가 중요하거나 교육용 인포그래픽에서 정보의 정확한 전달이 우선시되어야 할 때 활용하면 좋습니다. 참조 이미지는 단순히 "이런 느낌으로"라는 힌트 정도로만 작용하며, 실제 결과물은 프롬프트의 구체적인 지시 사항을 따르게 됩니다.

- 스타일 영향이 미미하게 작용
- 텍스트 지시 사항을 반영
- 참조 이미지는 단순한 힌트 역할

❷ 중간 가중치(300~600): 균형 모드

이 구간은 스타일과 내용이 가장 조화롭게 어우러지는 영역입니다. 참조 이미지의 스타일이 적절히 반영되면서도 프롬프트에서 요구하는 새로운 내용들이 자연스럽게 표현됩니다. 마치 숙련된 화가가 자신만의 화풍을 유지하면서도 고객의 요구 사항을 정확히 반영하는 것과 같습니다.

그림책 제작에서는 이 범위를 가장 많이 활용하게 됩니다. 예를 들어, 파스텔 톤의 수채화 스타일로 그려진 토끼 캐릭터를 참조로 설정하고, "토끼가 정원에서 놀고 있는 모습"이라는 프롬프트를 입력하면, 기존 토끼의 부드러운 수채화 느낌을 유지하면서도 정원이라는 새로운 배경과 놀고 있다는 새로운 동작이 자연스럽게 표현됩니다.

브랜드의 일관된 룩 앤 필(look & feel)을 유지하면서도 다양한 장면 변주가 필요한 시리즈 작업에서 이 설정이 가장 효과적입니다. 캐릭터의 기본적인 스타일과 분위기는 그대로 유지하면서도 각 에피소드마다 다른 상황과 감정을 표현해야 하는 그림책 제작에 완벽하게 부합합니다

- 스타일과 내용이 적절히 나타남
- 참조 스타일의 느낌이 살짝 덧입혀짐
- 새로운 내용과 기존 스타일의 자연스러운 조화

❸ 높은 가중치(700~1000): 스타일 우선 모드

이 구간에서는 참조 이미지의 스타일이 강력하게 적용됩니다. 색상 팔레트, 브러시 터치, 질감 등이 원본과 거의 동일하게 고정되어 나타나며, 새로운 프롬프트 내용은 이 강력한 스타일 틀 안에서만 표현됩니다. 마치 유명한 화가의 그림을 모사하는 것처럼 원본의 예술적 특징들이 새로운 작품에도 그대로 이어집니다.

이 설정은 통일된 화풍의 작품을 생성합니다. 일러스트북이나 그래픽 노블처럼 모든 페이지가 동일한 예술적 스타일을 유지해야 하는 경우에 매우 유용합니다. 예를 들어, 특별한 질감의 유화 스타일로 그려진 풍경화를 참조로 설정하면, 새로운 장면에서도 같은 붓터치와 색감이 나타나게 됩니다.

다만 이 설정을 사용할 때는 주의가 필요합니다. 스타일이 너무 강하게 적용되어 프롬프트에서 요구하는 세부적인 변화들이 제대로 반영되지 않을 수 있습니다. 따라서 스타일의 일관성이 무엇보다 중요하고, 내용적 변화보다는 분위기의 통일성이 우선시되는 작업에서만 사용하는 것이 좋습니다.

- 참조 이미지와 유사한 팔레트, 브러시, 질감이 강하게 고정
- 원본 스타일의 특징이 강력하게 적용
- 새로운 내용은 기존 스타일 틀 안에서만 표현

이렇게 세 구간별로 다른 특성을 이해하고 활용하면, 여러분의 그림책 제작 의도에 가장 적합한 결과물을 얻을 수 있습니다. 초보자라면 먼저 300~600 구간에서 연습해 보신 후 점차 다른 구간들도 실험해 보시길 권합니다.

❹ 복수 스타일 조합하기

여러 스타일을 동시에 참조하여 독특한 화풍을 만들 수 있습니다. 예를 들어 수채화의 부드러움과 만화의 명확함을 결합한 새로운 스타일을 만들 수 있습니다.

4 : 옴니 참조 시스템

1 옴니 참조(--oref)의 혁신적 특징

옴니 참조는 미드저니의 강력한 기능으로, 캐릭터의 모든 특징을 정확하게 재현해 주는 도구입니다. 이전 기능들이 '분위기'나 '스타일'에 집중했다면, 옴니 참조는 '정확한 외모'에 집중합니다.

❶ 얼굴의 구조적 특징

- 얼굴 전체의 형태와 윤곽선
- 눈의 모양, 크기, 위치 그리고 눈동자 색깔
- 코의 형태와 크기, 얼굴에서의 위치
- 입의 모양과 크기, 입술의 두께와 색상
- 귀의 모양과 위치
- 턱선과 광대뼈의 특징

❷ 머리카락과 헤어스타일

- 머리카락의 색상과 명도, 채도
- 헤어스타일의 전체적인 형태(직모, 곱슬, 웨이브 등)
- 머리카락의 길이와 볼륨
- 앞머리나 특별한 헤어 파팅 스타일
- 머리카락의 질감과 윤기

❸ 의상과 복장

- 옷의 기본 색상과 패턴
- 의상의 스타일과 형태(드레스, 셔츠, 재킷 등)
- 옷감의 질감과 특성
- 의상의 핏과 실루엣

- 특별한 장식이나 디테일(단추, 주머니, 레이스 등)

❹ 액세서리와 소품

- 안경, 모자, 목걸이, 귀걸이 등의 액세서리
- 가방, 신발, 벨트 등의 패션 아이템
- 캐릭터가 들고 있는 특별한 소품(책, 장난감, 도구 등)
- 액세서리의 색상, 크기, 위치
- 소품의 형태와 특징적인 디테일

❺ 캐릭터 특유의 표정과 분위기

- 기본적인 표정(미소, 진지함, 장난스러움 등)
- 눈빛과 시선의 방향
- 입꼬리의 형태와 표정
- 전체적인 분위기와 성격적 특징
- 포즈나 몸짓의 특별한 습관

옴니 참조는 단순히 '비슷하게' 만드는 것이 아니라 디지털 지문처럼 캐릭터의 모든 특징을 세밀하게 분석하고 저장합니다. 예를 들어, 캐릭터가 특별한 모양의 안경을 쓰고 있다면, 그 안경의 프레임 색상, 두께, 렌즈 모양까지 기억하여 새로운 장면에서도 동일하게 재현합니다.

또한 캐릭터의 미묘한 표정 변화도 감지합니다. 살짝 올라간 입꼬리, 특별한 눈썹 모양, 약간 기울어진 머리 각도 등 사람이 보기에도 구별하기 어려운 세부 특징들까지 학습하여 일관되게 유지합니다.

이러한 정밀한 특징 인식 능력 덕분에 마치 실제 배우가 여러 장면에서 연기하는 것처럼 캐릭터 일관성을 구현할 수 있습니다.

2 웹 버전에서 사용하는 방법

이미지 업로드

01 'Imagine' 바에 기준 캐릭터 이미지를 업로드합니다.

02 이미지를 'Omni-Reference' 섹션으로 드래그합니다.

이미지를 [Omni-Reference] 섹션으로 드래그하는 화면

03 가중치를 설정(슬라이더로 가중치(--ow) 조절) 합니다.
- 기본값: 100
- 권장 값: 300~400

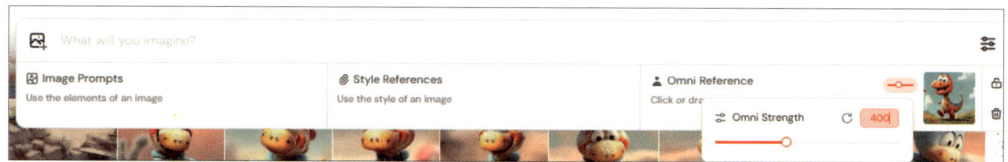

슬라이더로 가중치(--ow)를 조절한 화면

04 프롬프트를 입력합니다.

> cute dragont sitting on a park bench, children's book style, watercolor, white background --ar 4:3 --v 7

[이미지 제작 프롬프트] cute dragont sitting on a park bench, children's book style, watercolor, white background --oref 이미지 URL

3 옴니 가중치(--ow) 전략별 활용

옴니 가중치는 0부터 1,000까지 설정할 수 있으며, 기본값은 100입니다. 이 값은 참조 이미지에 대해 얼마나 엄격하게 일관성을 유지할지를 제어하는 핵심 파라미터입니다. 각 범위별로 서로 다른 특성을 가지므로 작업 목적에 따라 적절한 값을 선택하는 것이 중요합니다.

① 0~200(스타일 변환 모드)

이 범위에서는 참조 이미지의 캐릭터나 객체는 유지하면서도 스타일을 자유롭게 변경할 수 있습니다. 낮은 값일수록 새로운 스타일이 더 강하게 적용되어 마치 같은 캐릭터를 다른 화가가 그린 것처럼 표현됩니다.

- --ow 25: 사진을 애니메이션 스타일로 완전히 변환
- --ow 75~150: 캐릭터는 유지하면서 배경과 분위기를 완전히 변경
- --ow 150~200: 캐릭터의 기본 특징은 유지하면서 화풍 변화

--stylize나 --exp 파라미터 값이 높지 않다면, --ow 400을 넘는 값을 사용하는 것은 오히려 결과물을 나쁘게 만들 수 있습니다.

이 범위는 스타일 실험이나 창의적 변화를 원할 때 효과적입니다

❷ 300~600(균형 모드)

참조 이미지의 피사체와 스타일적 요소를 동시에 유지하려고 노력하는 범위입니다. 캐릭터의 특징을 살리면서도 새로운 장면과 상황을 자연스럽게 표현할 수 있어 그림책 제작에 적합한 구간입니다.

- --ow 300~400: 캐릭터 특징 유지 + 배경 변화 가능
- --ow 400~500: 디테일 살리기 + 적당한 자유도 유지
- --ow 500~600: 참조 이미지 강하게 반영 + 최소한의 변화

일반적인 그림책 장면 제작에는 --ow 350~450 범위가 가장 안정적이며, 600 정도는 '굉장히 많이 반영하는 정도'로, 참조 이미지에 강하게 적용됩니다.

150~550의 범위에서는 모든 요소를 유지하려 노력하지만, 배경 변경은 어려울 수 있습니다.

❸ 700~1,000(내용 우선 모드)

캐릭터의 얼굴, 의상, 소품 등을 매우 분명하게 보존하고자 할 때 사용합니다. 참조 이미지의 내용에 강하게 충실하게 만들어 주지만, 창의성이나 자유도는 제한됩니다.

- 브랜드 캐릭터의 정확한 재현이 필요한 경우
- 의상이나 소품의 디테일 보존이 중요한 경우
- 얼굴 특징을 매우 분명하게 유지해야 하는 경우

❹ 상황별 최적 가중치 가이드

배경 일관성을 유지하고 싶을 때는 --ow 50~100 범위의 낮은 값을 사용하는 것이 효과적입니다. 이는 배경 요소들이 제대로 표현되기 위해서는 참조 이미지의 적절한 자유도가 필요하기 때문입니다. 예를 들어, 동일한 캐릭터를 숲, 바다, 도시 등 다양한 배경에 배치하고 싶다면 낮은 가중치를 사용해야 각 배경의 특징이 살아나면서도 캐릭터의 기본 모습은 유지할 수 있습니다. 반대로 높은 값을 사용하면 원본 이미지가 너무 강하게 반영되어 새로운 배경 요소들이 제대로 나타나지 않는 문제가 발생할 수 있습니다.

포즈 일관성을 유지하려면 --ow 300~400의 상대적으로 높은 값이 필요합니다. 캐릭터의 몸짓이나 자세를 정확히 재현하려면 참조 이미지의 포즈 정보가 반영되어야 하기 때문입니다. 하지만 이 경우 배경 표현이 제대로 되지 않을 수 있다는 단점이 있으므로 포즈가 중요한 장면에서는 배경을 단순하게 설정하는 것이 좋습니다. 의상 디테일을 보존하고 싶을 때는 --ow 400~600 범위를 사용하고, 배경을 의도적으로 단순하게 설정하는 것이 좋습니다.

Chapter 7 달리 3로 완성하는 그림책

　달리 3는 단순한 이미지 생성을 넘어 일관된 캐릭터 유지, 다양한 화풍 구현, 스토리와 완벽하게 어우러지는 장면 연출이 가능한 혁신적인 도구입니다. 상업적 캐릭터를 자동 필터링하여 출판용 그림책 제작에도 안전하며, 퍼블릭 도메인 캐릭터는 간단한 프롬프트만으로도 일관성 있게 생성됩니다.

　이 장에서는 달리 3도 올바른 사용법, 퍼블릭 도메인 활용법, 시드 값을 통한 일관성 유지, 실제 제작 과정의 문제 해결책까지 초보자도 쉽게 따라할 수 있는 실무 노하우를 제공합니다.

1 | 달리 3 이해와 기초 활용

1 달리 3 vs. 다른 AI 도구 비교

달리 3는 자동으로 상업적 캐릭터나 저작권이 있는 인물을 필터링하여 그림책을 상업적으로 출간하려는 작가들에게 매우 중요한 장점을 제공합니다. 다른 AI 도구들이 때로 기존 캐릭터와 유사한 이미지를 생성하여 법적 문제를 일으킬 수 있지만, 달리 3는 자동 필터링 시스템을 통해 안전하게 사용할 수 있습니다. 또한 퍼블릭 도메인 캐릭터들에 대한 정확한 사전 학습으로 '앨리스'라는 단어만 입력해도 자동으로 금발 머리에 파란 드레스를 입은 소녀를 그려 내며 여러 장면에서도 일관된 외모를 유지합니다.

특히 한국어 프롬프트를 완벽하게 지원한다는 점도 큰 장점입니다. "빨간 모자를 쓴 소녀가 숲속에서 할머니 집으로 가고 있어."와 같이 자연스러운 한글로 입력해도 정확하게 이해하고 원하는 이미지를 생성합니다. 이는 영어에 익숙하지 않은 작가들도 복잡한 번역 과정 없이 바로 창작에 집중할 수 있게 해 주어 초보자도 쉽게 전문적인 그림책을 만들 수 있게 해 주는 핵심 기능입니다.

2 챗GPT와 달리 3 연동 방법

효과적인 그림책 제작 방법은 하나의 챗GPT 세션에서 스토리 기획부터 이미지 생성까지 모든 과정을 진행하는 것입니다. 먼저 챗GPT에게 그림책의 주제와 대상을 알려 주면, 적절한 스토리 구성과 장면을 제안받을 수 있습니다. 이후 각 장면별로 이미지를 요청하면 전체 스토리의 맥락을 이해한 일관된 이미지를 생성할 수 있습니다.

연동 과정에서 중요한 것은 **SEED** 값 활용입니다. 첫 번째 이미지 생성 시 다음과 같이 요청하면 됩니다.

> 모든 페이지에 대한 일러스트를 생성할 때 첫 번째 이미지의 SEED 값을 사용하여 일관된 스타일과 톤을 유지해 주세요.

이렇게 하면 전체 그림책의 시각적 통일성을 확보할 수 있어 전문적인 수준의 그림책을 만들 수 있습니다.

3 달리 3 기본 사용법과 인터페이스

달리 3 사용법은 매우 간단합니다. 챗GPT 대화창에서 자연스럽게 이미지 생성을 요청하면 됩니다. 하지만 좋은 결과를 얻기 위해서는 안전한 프롬프트 작성법을 알아야 합니다. 기본 템플릿은 다음과 같습니다.

> 달리를 사용하여 특정 테마의 이미지를 생성하고 싶습니다. 구체적으로, [원하는 테마 또는 주제에 대한 설명]을 이미지로 표현해 주세요. 이때 인간이나 특정한 인물, 상업적 요소, 저작권이 있는 캐릭터는 포함하지 않도록 주의해 주세요. 예를 들어, [풍경/색상/스타일 등에 대한 구체적인 설명]을 포함시켜 주세요.

이 템플릿을 사용하면 저작권 문제를 예방하면서도 원하는 이미지를 안전하게 생성할 수 있습니다. 특히 대괄호 안의 내용을 구체적으로 채워넣을수록 더 정확한 결과를 얻을 수 있습니다.

2 달리 3 프롬프트 작성 마스터하기

1 효과적인 프롬프트 구조화

성공적인 그림책 제작의 핵심은 체계적인 프롬프트 구조입니다. 프롬프트는 [화풍 지정] + [장면 설명] + [캐릭터 정보] + [특수 효과]의 순서로 구성하는 것이 가장 효과적입니다. 이 구조를 따르면 AI가 혼란스러워하지 않고 일관된 결과를 만들어낼 수 있습니다.

프롬프트 길이는 소재의 성격에 따라 달리 해야 합니다. 퍼블릭 도메인 캐릭터를 사용할 때는 짧은 프롬프트로도 충분하지만, 새로운 캐릭터를 만들 때는 더 자세한 설명이 필요합니다. 다음은 길이별 프롬프트 예시입니다.

❶ 짧은 프롬프트(약 20단어)

> 어린 소녀, 금발 머리, 파란색 드레스, 호기심 많음, 이상한 나라에서의 모험, 요정과 신비한 생물들과 함께

❷ 중간 크기의 프롬프트(약 40단어)

어린 소녀가 주인공인 판타지 소설, 금발 머리에 파란색 드레스, 호기심이 많고 용감함, 이상한 나라에서의 환상적인 모험, 말하는 동물, 마법의 식물, 미스터리한 요정과 마법 생물들의 상호작용

2 화풍 설정과 스타일 구현

화풍은 그림책의 전체적인 분위기를 결정하는 가장 중요한 요소입니다. "시대/유파와 기법을 지정하면 화풍이 변경됩니다"라는 원칙을 기억해야 합니다. 다음은 주요 화풍별 설정 방법입니다.

❶ 바로크 스타일

화려하고 극적인 분위기, 웅장한 모험 장면에 적합합니다.

시대/유파: 바로크(Baroque)
기법: 수채화

챗GPT의 달리 3 바로크 이미지

❷ 인상주의 스타일

부드럽고 자연스러운 느낌, 일상적인 따뜻한 장면에 적합합니다.

시대/유파: 인상주의(Impressionism)
기법: 유화

챗GPT의 달리 3 인상주의 이미지

❸ 르네상스 스타일

균형잡힌 구도와 고전적 아름다움, 교육적 내용에 적합합니다.

시대/유파: 르네상스(Renaissance)
기법: 수채화

챗GPT의 달리 3 르네상스 이미지

3 SEED값을 활용한 일관성 유지

그림책에서 가장 중요한 것은 캐릭터와 스타일의 일관성입니다. 페이지마다 주인공의 모습이 달라진다면 독자들이 혼란스러워할 수 있습니다. 이를 해결하는 핵심 방법이 **SEED** 값 활용입니다.

퍼블릭 도메인 캐릭터들은 AI가 이미 학습한 정보가 있어 일관성 유지가 상대적으로 쉽습니다. 예를 들어 '앨리스'라고만 해도 AI는 자동으로 금발 머리에 파란 드레스를 입은 소녀를 그려내며, 여러 장면에서도 비슷한 외모를 유지합니다.

하지만 새로운 캐릭터를 만들 때는 더 신중한 접근이 필요합니다. 첫 번째 이미지에서 사용한 캐릭터 설명을 템플릿으로 저장해 두고, 이후 모든 장면에서 동일한 설명을 반복 사용하는 것이 중요합니다.

`이미지 제작 프롬프트` "빨간 모자를 쓴 소녀가 숲속에서 할머니 집으로 가고 있어"

`이미지 제작 프롬프트` 할머니를 향해 달려가는 빨간 모자를 쓴 소녀

이미지 제작 프롬프트 할머니에게 안겨 인사하는 빨간 모자를 쓴 소녀

3 그림책 소재 선택과 기획

1 오리지널 vs. 퍼블릭 도메인 비교

그림책 제작에는 두 가지 주요 접근법이 있습니다. 완전 오리지널 작품은 독창성이 뛰어나지만 모든 것을 처음부터 만들어야 해서 난이도가 높습니다. 특히 새로운 캐릭터를 AI에게 설명할 때는 외모, 성격, 의상 등을 매우 구체적으로 묘사해야 합니다.

반면 퍼블릭 도메인 작품은 초보자에게 훨씬 유리한 선택입니다. 저작권 걱정 없이 활용할 수 있고, AI가 이미 학습한 캐릭터들이므로 간단한 프롬프트로도 일관된 결과를 얻을 수 있습니다. 또한 독자들에게 친숙한 이야기들이라 시장성도 뛰어납니다.

디즈니 픽사 같은 대기업들이 퍼블릭 도메인을 적극 활용하는 이유는 이러한 장점들 때문입니다. 특히 초보 작가들에게는 퍼블릭 도메인부터 시작하여 경험을 쌓은 후 오리지널 작품에 도전하는 것을 추천합니다.

2 퍼블릭 도메인 활용 전략

퍼블릭 도메인 활용의 다섯 가지 핵심 장점을 이해하면 더 효과적인 그림책 제작이 가능합니다.

❶ 저작권 걱정 없음

법적 안전성이 보장되어 상업적 활용이 자유롭습니다.

❷ 프롬프트 효율화

AI가 이미 학습한 캐릭터들이므로 복잡한 설명 없이도 정확한 이미지를 생성할 수 있습니다.

❸ 일관성 확보

캐릭터의 외모와 특징이 여러 장면에서 자연스럽게 유지됩니다.

❹ 친숙함

독자들이 어린 시절부터 알고 있는 캐릭터들이라 감정적 연결이 쉽습니다.

❺ 시대를 초월한 아름다움

수백 년 동안 검증된 스토리의 완성도와 예술적 가치를 가지고 있습니다.

활용 가능한 대표적인 퍼블릭 도메인 소재로는 그림 동화, 안데르센 동화, 이솝 우화, 천일야화, 그리스 신화 등이 있어 다양한 주제와 연령대의 그림책을 만들 수 있습니다.

3 스토리 장면 구성 방법

효과적인 그림책을 위해서는 체계적인 장면 구성이 필수입니다. 일반적으로 그림책은 30페이지 내외로 구성되지만, 초보자는 4~6 장면 정도로 시작하는 것이 좋습니다. 챗GPT를 활용하여 장면을 구성하면 다음과 같습니다.

❶ 챗GPT 활용

이상한 나라의 앨리스를 소재로 디지털 그림책을 제작할 예정입니다. 대표적인 장면 여섯 가지를 제안해 주세요.

장면 선택의 핵심은 기승전결을 명확히 드러내는 것입니다.

- **기**: 평범한 일상에서 모험의 시작
- **승**: 새로운 세계와 캐릭터들과의 만남
- **전**: 갈등 상황과 위기의 순간
- **결**: 문제 해결과 교훈, 현실로의 복귀

각 장면마다 적절한 화풍과 특수 효과를 적용하면 독자들의 감정을 효과적으로 이끌어갈 수 있습니다.

4 실전 그림책 제작 워크플로

1 단계별 제작 프로세스

성공적인 그림책 제작을 위해서는 체계적이고 순서대로 진행되는 워크플로가 필수입니다. 마치 집을 짓기 위해 설계도부터 기초 공사, 골조, 마감재까지 단계별로 진행하는 것처럼, 그림책 제작도 명확한 단계를 거쳐야 합니다. 많은 초보자가 무작정 이미지부터 생성하려고 하다가 일관성 없는 결과물을 만들어 내는 실수를 범합니다. 하지만 다음 6단계 프로세스를 차근차근 따라 하면 누구나 전문적인 수준의 그림책을 완성할 수 있습니다.

❶ 소재 선정과 기본 기획

모든 창작의 시작은 명확한 방향 설정에서 출발합니다. 가장 먼저 할 일은 새로운 이야기를 만들 것인지, 이미 검증된 퍼블릭 도메인 소재를 활용할 것인지를 선택하는 것입니다. 초보자라면 퍼블릭 도메인부터 시작하는 것을 추천합니다. 그림 동화의 '백설공주'나 안데르센 동화의 '인어공주' 같은 익숙한 이야기들은 AI가 이미 학습하고 있어 프롬프트 작성이 훨씬 수월하기 때문입니다. 또한 대상 독자층을 명확히 설정해야 합니다. 3~5세 유아를 위한 그림책과 7~9세 초등학생을 위한 그림책은 사용하는 언어, 이미지 복잡도, 전달하고자 하는 메시지가 다르기 때문입니다.

- 오리지널 창작 vs. 퍼블릭 도메인 결정
- 대상 독자층 설정(연령대, 관심사)
- 기본 주제와 메시지 설정

❸ 스토리 구성과 장면 선택

기획이 완료되면 이제 구체적인 스토리 구성에 들어갑니다. 챗GPT와의 협업이 가장 빛을 발하는 단계입니다. "이상한 나라의 앨리스를 5~7세 아이들을 위한 6 장면 그림책으로 만들고 싶어요. 각 장면별로 핵심 메시지와 함께 제안해 주세요."라고 요청하면 체계적인 장면 구성안을 받을 수 있습니다. 일반적으로 그림책은 4~8 장면 정도가 적당하며, 각 장면이 기승전결의 흐름 속에서 명확한 역할을 가져야 합니다. 예를 들어 첫 번째 장면은 평범한 일상을 보여 주며 독자를 이야기로 끌어들이고, 마지막 장면은 교훈이나 감동을 전달하며 여운을 남기는 역할을 해야 합니다.

- 챗GPT와 함께 전체 스토리 흐름 설계
- 핵심 장면 4~6개 선별
- 각 장면별 역할과 의미 정의

❸ 화풍 결정과 스타일 가이드 설정

장면 구성이 완료되면 전체 그림책의 시각적 정체성을 결정해야 합니다. 화풍 선택은 단순히 예쁜 그림을 그리는 것이 아니라 이야기의 분위기와 대상 독자에게 적합한 시각적 언어를 선택하는 것입니다. 판타지 모험 이야기라면 바로크나 낭만주의 스타일이 웅장함을 표현하는 데 적합하고, 일상적이고 따뜻한 이야기라면 인상주의나 수채화 기법이 부드러운 감성을 전달하는 데 적합합니다. 또한 수채화, 유화, 연필 스케치 등의 기법을 함께 정하면 더욱 구체적인 스타일 가이드가 완성됩니다. 이 단계에서 정한 기본 방향은 모든 페이지에 일관되게 적용되어 그림책의 통일감을 만들어 내는 핵심 요소가 됩니다.

- 전체 그림책의 시각적 방향성 결정
- 기본 화풍과 기법 선택
- 색상 팔레트와 분위기 설정

❹ 각 장면별 프롬프트 작성과 이미지 생성

이제 실제 이미지를 생성하는 단계입니다. 3단계에서 정한 화풍과 스타일을 바탕으로 각 장면별 프롬프트를 체계적으로 작성합니다. 프롬프트는 [화풍 지정] + [장면 설명] + [캐릭터 정보] + [특수 효과]의 순서로 구성하며, 첫 번째 이미지 생성 시 반드시 SEED 값 고정을 요청해야 합니다. "**모든 페이지에 대한 일러스트를 생성할 때 첫 번째 이미지의 SEED 값을 사용하여 일관된 스타일과 톤을 유지해 주세요.**"라고 명시하면 전체 그림책의 시각적 통일성을 확보할 수 있습니다. 각 장면의 특성에 맞는 특수 효과도 함께 적용하면 더욱 풍부한 표현이 가능합니다.

- 체계적인 프롬프트 구조 활용
- SEED 값을 활용한 일관성 유지
- 각 장면별 특성에 맞는 효과 적용

❺ 품질 검토와 수정

생성된 이미지들을 종합적으로 검토하는 중요한 단계입니다. 기술적 품질뿐만 아니라 스토리와의 적합성, 캐릭터의 일관성, 대상 독자에게 적절한 내용인지 등을 꼼꼼히 확인해야 합니다. 특히 주인공의 외모가 페이지마다 달라지거나 화풍이 일정하지 않은 경우에는 프롬프트를 수정하여 재생성해야 합니다. 이 과정에서 여러 번의 시행착오가 있을 수 있지만, 이는 고품질 그림책을 만들기 위한 필수 과정입니다. 완벽한 결과를 얻기까지 인내심을 가지고 반복 작업하는 것이 중요합니다.

- 생성된 이미지들의 스토리 적합성 확인
- 캐릭터 일관성 검토
- 필요 시 재생성 및 수정

❻ 최종 편집과 완성

모든 이미지가 완성되면 실제 그림책 형태로 편집하는 마지막 단계입니다. 먼저 모든 이미지의 해상도를 인쇄에 적합한 300DPI 이상으로 통일하고, 페이지 레이아웃에 맞게 배치합니다. 텍스트는 읽기 쉬운 폰트를 선택하여 이미지와 조화롭게 배치하며, 전체적인 디자인의 통일감을 유지해야 합니다. 최종적으로는 인쇄용 고해상도 PDF 파일로 출력하거나 디지털 배포를 위한 EPUB 형식으로 변환할 수 있습니다. POD(Print on Demand) 서비스를 활용하면 개인 출판도 가능하여 누구나 자신만의 그림책을 세상에 선보일 수 있습니다.

- 텍스트 추가와 레이아웃 조정
- 인쇄용 해상도 조정
- 최종 파일 출력

2 페이지별 이미지 생성 실습

실제 이미지 생성 과정을 구체적인 예시로 살펴보겠습니다. 그림동화 '이상한 음악가'를 낭만주의 스타일로 제작하는 과정입니다.

❶ 1 장면 숲속의 만남

낭만주의 스타일의 수채화 기법으로 그린 음악가가 숲속에서 여우와 만나는 장면

이 장면의 스토리는 다음과 같습니다.

"어느 화창한 아침, 숲속을 거닐던 한 음악가는 자신만의 독특한 멜로디를 연주하며 새로운 친구를 만들고 싶다고 생각했습니다. 그의 아름다운 연주 소리를 듣고, 여우 한 마리가 조심스럽게 다가왔지요. '나와 함께 음악을 하지 않겠니?' 음악가는 미소를 지으며 여우에게 물었습니다."

❷ 2 장면: 곰과의 약속

이전 이미지의 SEED 값을 사용하여 같은 낭만주의 스타일로 음악가가 곰과 악수하는 장면

이렇게 SEED 값을 활용하면 캐릭터의 외모와 전체적인 화풍이 일관되게 유지됩니다.

SEED 값을 활용한 동일한 캐릭터 이미지

3 품질 관리와 일관성 유지

그림책의 성공을 좌우하는 가장 중요한 요소는 바로 '일관성'입니다. 아무리 개별 이미지가 아름답게 생성되었다 하더라도 페이지마다 주인공의 모습이 달라지거나 화풍이 들쭉날쭉하다면 독자들은 혼란스러워하며 몰입도가 크게 떨어집니다. 마치 영화에서 배우가 장면마다 바뀌는 것과 같은 어색함을 느끼게 됩니다. 따라서 각 이미지를 생성한 후에는 반드시 체계적인 품질 검토 과정을 거쳐야 합니다.

❶ 기술적 품질 관리의 핵심

먼저 기술적 품질 측면에서는 이미지의 해상도와 선명도를 꼼꼼히 확인해야 합니다. 인쇄용 그림책을 제작할 계획이라면 최소 300DPI 이상의 해상도가 필요하며, 디지털 배포용이라 하더라도 화면에서 선명하게 보일 수 있는 품질을 유지해야 합니다. 색감의 자연스러움과 밸런스도 중요한 검토 포인트입니다. AI가 때로는 과도하게 채도가 높거나 부자연스러운 색조합을 만들어 낼 수 있으므로 전체적인 색감이 조화롭고 대상 독자에게 적합한지 확인해야 합니다. 또한 구도와 비율의 적절성도 살펴봐야 하는데, 특히 캐릭터의 크기나 배치가 스토리의 중요도와 일치하는지, 시각적으로 안정감을 주는지 점검해야 합니다.

- 이미지 해상도와 선명도
- 색감의 자연스러움과 밸런스
- 구도와 비율의 적절성

❷ 스토리와의 완벽한 조화 확인

두 번째로 중요한 것은 '생성된 이미지가 스토리와 얼마나 잘 어우러지는가?'입니다. 텍스트 내용과 이미지의 일치도를 세밀하게 확인해야 하며, 글에서 묘사한 상황이나 감정이 이미지에 정확히 반영되었는지 점검해야 합니다. 예를 들어 텍스트에서 '슬픈 표정의 공주'라고 했는데 이미지에서 웃고 있다면 즉시 수정이 필요합니다. 전체 스토리 흐름에서의 적절성도 고려해야 하는데, 각 장면이 이야기의 기승전결 구조 안에서 적절한 역할을 하고 있는지, 앞뒤 장면과의 연결이 자연스러운지 확인해야 합니다. 무엇보다 대상 독자에게 적합한 내용인지 반드시 점검해야 하며, 연령대에 맞지 않는 복잡한 표현이나 부적절한 요소가 포함되지 않았는지 살펴봐야 합니다.

- 텍스트 내용과의 일치도
- 전체 스토리 흐름에서의 적절성
- 대상 독자에게 적합한 내용인지

❸ 캐릭터 일관성의 중요성과 관리법

세 번째 핵심 요소는 '캐릭터의 일관성'입니다. 주인공의 외모가 페이지마다 달라지는 것은 그림책에서 가장 치명적인 문제 중 하나입니다. 머리색, 눈 모양, 키, 체형 등 기본적인 외모 특징이 모든 장면에서 일치하는지 꼼꼼히 확인해야 합니다. 의상과 소품의 연속성도 중요한데, 특별한 이유 없이 옷이 바뀌거나 중요한 소품이 사라지면 안 됩니다. 표정과 포즈의 자연스러움도 살펴봐야 하는데, 캐릭터의 성격과 상황에 맞는 적절한 표현이 되었는지, 과도하게 과장되거나 어색한 부분은 없는지 점검해야 합니다.

- 주인공의 외모 일치도
- 의상과 소품의 연속성
- 표정과 포즈의 자연스러움

만약 기대에 못 미치는 결과가 나온다면, 프롬프트를 더 구체적으로 수정하거나 다른 화풍을 시도해 볼 수 있습니다. 여러 번의 시행착오를 통해 최적의 결과를 찾는 것이 그림책 제작의 핵심입니다.

[이미지 제작 프롬프트] 밝고 따뜻한 햇살이 비치는 숲속 놀이터에서 아이들이 놀고 있는 장면을 4K 해상도의 선명한 디지털 수채화 스타일로 그려 줘. 그림은 밝은 색감, 자연스러운 그림자와 빛의 대비, 균형 잡힌 구도(중앙에 주요 인물 배치)를 포함해야 해.

[이미지 제작 프롬프트] 저녁 노을이 물든 바닷가 해변에서 같은 아이들(갈색 단발머리 소녀, 곱슬머리 남자아이, 파란 원피스를 입은 아이)이 조개를 줍고 있는 장면을 4K 해상도의 선명한 디지털 수채화 스타일로 그려 줘. 주황빛 하늘과 부드러운 모래 질감, 아이들의 그림자가 길게 드리워진 분위기를 표현해 줘.

5 : 고급 기법과 트러블슈팅

1 다양한 화풍과 효과 활용

그림책 제작에서 한 단계 더 높은 완성도를 원한다면, 기본적인 화풍 설정을 넘어서 다양한 특수 효과를 창의적으로 조합하는 고급 기법을 익혀야 합니다. 마치 요리에서 기본 재료만으로도 맛있는 음식을 만들 수 있지만, 향신료와 소스를 적절히 활용하면 훨씬 풍부하고 깊은 맛을 낼 수 있는 것과 같습니다. 아래에 제시된 11가지 추가 효과들은 단순한 장식이 아니라 스토리의 감정과 분위기를 독자에게 더욱 생생하게 전달하는 강력한 도구입니다. 이러한 효과들을 상황에 맞게 조합하면 독자들이 마치 이야기 속으로 들어간 듯한 몰입감을 제공할 수 있습니다.

각 특수 효과는 고유한 특성과 활용 목적을 가지고 있어 적재적소에 사용해야 합니다. 신비로운 효과(Mystical Effect)는 마법이 일어나는 장면이나 초자연적인 요소가 등장할 때 사용하면 신비롭고 환상적인 분위기를 연출할 수 있습니다. 다음은 실제 활용 예시입니다.

❶ 신비로운 효과 적용

A beautiful Mystical Effect exemplifying the Romanticism style, depicting the scene of Alice falling into the rabbit hole from 'Alice in Wonderland'. This artwork combines the emotion-driven and imaginative qualities of Romanticism with the surreal and adventurous theme of Alice's journey.

A beautiful Mystical Effect 이미지

❸ 주요 효과들의 활용 방법

환상적 효과(Fantastical Effect)는 상상력이 풍부한 장면에서 환상적 요소를 강조할 때 로맨틱 효과(Romantic Effect)는 따뜻하고 감성적인 장면에서, 보케 효과(Bokeh Effect)는 주인공을 강조하고 배경을 흐리게 처리하고 싶을 때 프리즘 효과(Prism Effect)는 무지개빛 연출로 마법적 분위기를 만들고 싶을 때 활용하면 효과적입니다.

- Mystical Effect: 마법적인 장면, 신비로운 분위기 연출
- Fantastical Effect: 상상력이 풍부한 장면, 환상적 요소 강조

- Romantic Effect: 따뜻하고 감성적인 장면
- Bokeh Effect: 주인공 강조, 배경 흐림 처리
- Prism Effect: 무지개빛 연출, 마법적 분위기

Prism Effect 이미지

❸ 효과적인 조합

여러 효과를 조합할 때는 스토리의 맥락과 감정을 고려해야 합니다. 신비로운 효과와 프리즘 효과를 함께 사용하면 마법적인 장면을 더욱 환상적으로 연출할 수 있고, 로맨틱 효과와 그러데이션 오버레이를 조합하면 감동적인 장면의 따뜻함을 극대화할 수 있습니다. 보케 효과와

그림자 및 하이라이트를 함께 적용하면 극적이고 드라마틱한 연출이 가능합니다. 단, 너무 많은 효과를 한 번에 사용하면 오히려 어수선해질 수 있으므로 두세 가지 정도로 제한하는 것이 좋습니다.

- 신비로운 효과 + 프리즘 효과 = 마법적인 장면
- 로맨틱 효과 + 그러데이션 오버레이 = 감동적인 장면
- 보케 효과 + 그림자와 하이라이트 = 극적인 연출

▲ 로맨틱 효과, 그러데이션 오버레이, 감동적인 장면을 표현한 이미지

2 문제 해결과 재생성 전략

그림책 제작 과정에서는 예상치 못한 다양한 문제들이 발생할 수 있습니다. 하지만 이러한 문제들은 대부분 반복적으로 나타나는 패턴이 있으며, 미리 해결책을 알아 두면 당황하지 않고 효율적으로 대응할 수 있습니다. 마치 의사가 환자의 증상을 보고 적절한 처방을 내리는 것처럼 각 문제의 원인을 정확히 파악하고 그에 맞는 해결책을 적용하는 것이 중요합니다.

❶ 캐릭터 불일치

가장 빈번한 문제인 캐릭터 불일치는 주로 SEED 값을 제대로 활용하지 않았거나 프롬프트에 캐릭터 정보가 부족할 때 발생합니다. 이를 해결하기 위해서는 표준 프롬프트 템플릿을 만들어 일관되게 사용하고, 첫 번째 이미지의 SEED 값을 고정하여 모든 장면에 적용해야 합니다. 예를 들어 "**금발 머리에 파란 드레스를 입은 호기심 많은 소녀**"와 같은 기본 설명을 정해 두고 모든 장면에서 반복 사용하는 것입니다.

- 원인: SEED 값 미활용, 프롬프트 정보 부족
- 해결: 표준 프롬프트 템플릿 사용, SEED 값 고정

❷ 화풍 불안정

화풍 불안정 문제는 화풍 지시가 모호하거나 서로 상충되는 스타일을 함께 요청했을 때 나타납니다. "**예쁘게 그려 주세요.**"와 같은 애매한 표현보다는 "**바로크 양식의 유화 기법**"처럼 명확하고 구체적으로 화풍을 지정해야 합니다. 또한 검증된 조합만을 사용하는 것이 안전한데, 예를 들어 "**바로크 + 수채화 + 로맨틱 효과**"같은 조합은 이미 많은 작가가 성공적으로 사용한 검증된 방법입니다.

- 원인: 모호한 화풍 지시, 상충되는 스타일 조합
- 해결: 명확한 화풍 지정, 검증된 조합 사용

❸ 저작권 경고 발생

저작권 경고 발생은 기존 캐릭터나 브랜드와 유사한 이미지가 생성될 때 나타나는 문제입니다. 이를 방지하기 위해서는 고유 명사를 피하고 더 일반적인 표현을 사용해야 합니다. **"미키마우스 같은 캐릭터"** 대신 **"큰 귀를 가진 귀여운 동물 캐릭터"**처럼 표현하는 것이 안전합니다. 품질 저하 문제는 보통 한 번에 너무 많은 요구 사항을 넣거나 서로 상충되는 지시 사항을 함께 요청할 때 발생하므로 프롬프트를 단순화하고 단계별로 생성하는 것이 해결책입니다.

- **원인**: 기존 캐릭터나 브랜드와 유사성
- **해결**: 더 일반적인 표현 사용, 안전 프롬프트 활용

달리 3를 활용한 디지털 그림책 제작 여정을 통해 우리는 누구나 그림책을 만들 수 있다는 것을 확인했습니다.

미드저니와 달리 3의 비교 분석을 통해 각 도구의 고유한 장점을 이해하고, 프로젝트 성격에 따라 최적의 도구를 선택할 수 있게 되었습니다. 미드저니의 예술적 표현력과 세밀한 파라미터 제어, 달리 3의 저작권 안전성과 한글 프롬프트 지원 등 각각의 특성을 파악하여 상황에 맞는 선택이 가능해졌습니다. 이제 여러분은 기술과 창의성을 조화롭게 결합하여 독자들에게 감동을 전달하는 진정한 그림책 작가로 이번 장에서 배운 모든 기법들을 실제 작품에 적용해 보시기 바랍니다.

Part **4** Day 3

캔바로 그림책의 본문 및 레이아웃 구성하기

그림책 제작 과정에서 단계 중 하나는 바로 디자인 도구 선택과 레이아웃 구성입니다. 앞서 미드저니를 통해 창의적인 일러스트레이션을 생성했다면, 이제는 이러한 시각적 요소들을 체계적으로 배치하고 텍스트와 조화롭게 결합하여 완성도 높은 그림책을 만들어야 합니다. 캔바는 전문적인 디자인 지식이 없어도 직관적으로 사용할 수 있는 온라인 디자인 플랫폼으로, 그림책 제작에 필요한 모든 기능을 제공합니다. 특히 인쇄 품질 지원, 다양한 파일 형식 내보내기 그리고 정밀한 크기 조정 기능은 전자책과 종이책 출판을 동시에 고려하는 현대적 그림책 제작에 최적화되어 있습니다.

Day 3 에서는 캔바를 활용한 그림책 제작의 전 과정을 단계별로 살펴보겠습니다. 계정 설정부터 시작하여 출판 형태별 기술 요구 사항 이해, 정확한 크기 설정, AI 생성 이미지 최적화, 전문적인 레이아웃 구성 그리고 최종 파일 추출까지의 전체 워크플로를 다룹니다. 특히 종이책 출판 시 필수적인 재단 여백(Bleed) 개념과 적용 방법, 어린이 독자를 고려한 폰트 선택 원칙 그리고 정밀한 정렬을 위한 눈금자 활용법 등 실무에서 반드시 알아야 할 전문적인 기술들을 상세히 설명합니다. 이 과정을 통해 단순한 디자인 작업을 넘어 출판 품질의 완성도 높은 그림책을 제작할 수 있는 실력을 갖추게 될 것입니다.

DAY 3

Anime style, professional portrait, brown short hair, wave-styled male teenager, confident business expression, white shirt and jeans, pointing hand expressive pose, clean white studio background, bright lighting, stylish illustration style --ar 9:16 --v 7

Chapter 1
캔바 계정 설정 및 작업 환경 구축하기

그림책 제작을 위한 캔바 선택 이유는 출판에 특화된 통합 기능에 있습니다. 포토샵 대비 직관적인 인터페이스로 드래그 앤 드롭만으로 미드저니 이미지를 활용할 수 있고, 실시간 저장과 협업 기능까지 제공합니다. 구글 계정 연동으로 간편하게 시작하며, 무료 플랜만으로도 충분한 기능을 사용할 수 있습니다.

작업 환경 최적화 설정을 통해 더욱 효율적인 제작이 가능합니다. 프로젝트 폴더를 체계적으로 구축하고 미드저니 이미지를 별도 백업하여 원활한 워크플로를 구성할 수 있습니다.

1 그림책 제작을 위한 캔바 선택 이유

그림책 제작에서 캔바를 선택해야 하는 이유는 단순히 '사용하기 쉬워서'가 아닙니다. 실제로는 그림책이라는 특수한 출판 형태에 최적화된 여러 기능이 통합되어 있기 때문입니다. 큰 장점은 출판 표준 규격 지원입니다. 그림책은 일반적인 웹 이미지와 달리, 정확한 물리적 크기가 중요한데, 캔바는 밀리미터 단위로 정밀한 크기 설정이 가능합니다. 200×200mm 정사각형 크기로 설정하면 실제 인쇄될 책의 크기와 일치하므로 화면에서 보는 것과 실제 인쇄 결과 사이의 차이를 최소화할 수 있습니다.

인쇄 품질 보장 역시 선택 이유입니다. 캔바는 300DPI 고해상도 출력을 지원하여 종이책 인쇄 시에도 선명한 이미지와 텍스트를 보장합니다. 특히 어린이 그림책의 경우, 색감과 디테일이 중요한데, 캔바의 색상 관리 시스템은 모니터에서 보는 색상과 실제 인쇄 색상 간의 차이를 최소화합니다. 또한 다양한 파일 형식 지원으로 전자책용 PDF와 표지용 JPEG를 별도로 추출할 수 있어 하나의 프로젝트로 여러 출판 형태에 대응할 수 있습니다.

직관적인 인터페이스는 기술적 장벽을 낮춰 줍니다. 포토샵의 복잡한 레이어 시스템 대신 드래그 앤 드롭 방식으로 이미지와 텍스트를 배치할 수 있고, 미드저니에서 생성한 이미지를 바로 업로드하여 활용할 수 있습니다. 특히 실시간 저장 기능은 작업 중 예상치 못한 문제로 인한 데이터 손실을 방지하므로 장시간 작업하는 그림책 제작에서 안전망 역할을 합니다.

협업 기능도 현대적 그림책 제작에 유용합니다. 일러스트레이터, 편집자 또는 가족과 함께 작업할 때 실시간으로 의견을 주고받을 수 있으며, 댓글 기능을 통해 구체적인 수정 사항을 지시할 수 있습니다. 이는 특히 아이들과 함께 그림책을 만들 때 매우 유용한 기능입니다.

2 계정 생성 및 플랜 선택 가이드

1 www.canva.com에 접속

캔바 계정 생성은 몇 분 안에 완료할 수 있지만, 그림책 제작자의 입장에서 고려해야 할 중요한 선택 사항들이 있습니다. 먼저 www.canva.com에 접속하여 우측 상단의 [가입] 또는 [로그인] 버튼을 클릭합니다.

01 https://www.canva.com에 접속한 후 가입 또는 로그인합니다.

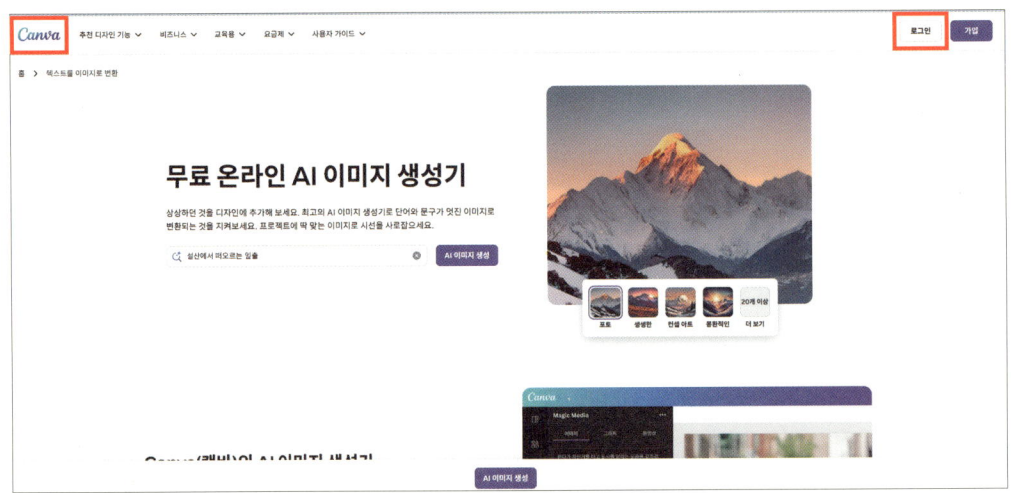

캔바 로그인 화면

2 구글 계정으로 로그인

구글 계정 연동이 가장 권장되는 방법입니다. 기존 구글 계정으로 바로 로그인할 수 있어 편리하고, 구글 드라이브와 연동되어 미드저니에서 생성한 이미지가 구글 드라이브에 저장되어 있다면 바로 불러올 수 있습니다. 또한 구글의 보안 시스템을 활용하므로 계정 안전성도 높습니다.

02 구글 지메일(Gmail)로 로그인합니다.

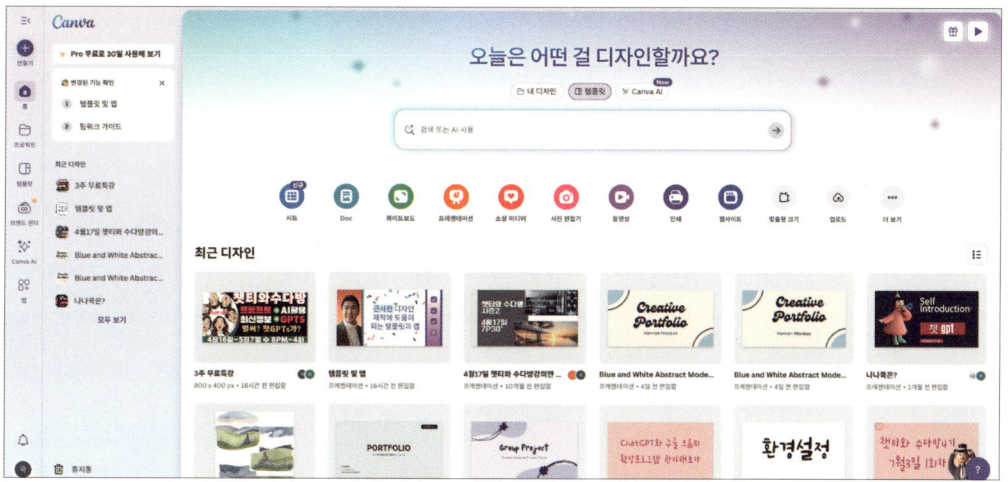

3 플랜 선택

플랜 선택에서는 초보자와 경험자를 위한 다른 접근이 필요합니다. 무료 플랜은 그림책 제작에 필요한 기본 기능을 모두 포함하고 있습니다. 텍스트 추가, 이미지 업로드, 기본 디자인 요소 사용 그리고 PDF 다운로드까지 가능합니다. 5GB의 저장 공간도 일반적인 그림책 프로젝트에는 충분합니다. 처음 그림책을 만들어 보는 분들은 무료 플랜으로 시작하여 캔바의 기능과 그림책 제작 과정을 익히고 편집 시 캔바 프로 플랜을 권장합니다.

❶ 캔바 프로 플랜

월 9,900원(연간 결제 시 할인)으로, 다음과 같은 추가 기능을 제공합니다.

- **프리미엄 템플릿 무제한 사용**: 더 다양하고 전문적인 디자인 옵션 제공
- **1억 4,000만 개 이상의 사진, 동영상, 그래픽, 오디오**: 풍부한 소재 라이브러리 접근
- **브랜드 관리를 위한 브랜드 키트 1,000개**: 일관된 색상과 폰트를 설정하여 시리즈 그림책 제작 시 통일성 유지
- **빠르게 디자인 크기 조정 및 번역**: 다양한 크기와 형태로 디자인 변환 가능
- **클릭 한 번으로 배경 제거**: 미드저니 이미지의 배경을 자동으로 제거하여 다른 배경과 합성할 때 유용

- **대량으로 디자인 제작, 크기 조정, 변환 및 배경 제거**: 여러 페이지 작업 시 효율성 증대
- **25개 이상의 AI 도구로 창의성과 생산성 증진**: 구글의 Veo 3를 포함한 고급 AI 기능 활용
- **소셜 콘텐츠 계획 및 일정 예약**: 그림책 마케팅 시 유용한 소셜미디어 관리 기능
- **1TB 클라우드 저장 공간**: 대용량 이미지 파일과 여러 프로젝트 관리에 유리
- **온라인 고객 지원**: 전문적인 기술 지원 서비스

3 작업 환경 최적화 설정

캔바를 사용한 그림책 제작에서 작업 환경 최적화는 생산성과 직결됩니다. 많은 초보자가 간과하는 부분이지만, 올바른 환경 설정은 작업 중 발생할 수 있는 다양한 문제를 예방합니다.

브라우저 설정이 가장 중요합니다. 캔바는 웹 기반 서비스이므로 브라우저 성능이 작업 효율성에 직접적으로 영향을 미칩니다. 크롬(Chrome)이 가장 권장되는 브라우저입니다. 캔바가 크롬에 최적화되어 있어 가장 안정적으로 작동하며, 이미지 업로드 속도도 빠릅니다. 파이어폭스도 양호한 성능을 보이지만, 사파리나 엣지는 일부 기능에서 제한이 있을 수 있습니다.

인터넷 연결 안정성은 필수 조건입니다. 그림책 제작 과정에서는 대용량 이미지 파일을 업로드하고 다운로드해야 하므로 안정적인 인터넷 연결이 필요합니다. 특히 미드저니에서 생성한 고해상도 이미지들을 업로드할 때는 시간이 소요될 수 있으므로 작업 중 인터넷 연결이 끊어지지 않도록 주의해야 합니다.

컴퓨터 사양 고려 사항도 있습니다. 캔바는 웹 브라우저에서 실행되지만, 복잡한 그림책 디자인을 작업할 때는 상당한 메모리를 사용합니다. 최소 8GB RAM을 권장하며, 다른 프로그램과 동시에 사용할 경우 16GB 이상이 좋습니다. 또한 모니터 해상도도 중요한데, 최소 1920×1080 해상도에서 작업해야 디자인 요소들을 정확히 배치할 수 있습니다.

파일 관리 시스템 구축은 프로젝트 관리의 핵심입니다. 컴퓨터에 '그림책 프로젝트' 폴더를 만들고, 그 안에 '원본 이미지', '완성 파일', '참고 자료' 등의 하위 폴더를 만들어 체계적으로 관리합니다. 특히 미드저니에서 생성한 이미지들은 원본 해상도 그대로 별도 폴더에 백업해 두는 것이 중요합니다.

Chapter 2
전자책, 종이책 출판 시 주의할 점

    그림책을 전자책과 종이책 양쪽 형태로 출판하려면 기술적 요구 사항을 정확히 이해해야 합니다. 전자책은 디지털 환경에서 유연하게 적응할 수 있지만, 종이책은 페이지 크기, 최소 페이지 수, 재단 여백 등 실제 출판 과정에서 준수해야 하는 필수 조건입니다.

    아마존 퍼블리싱 기준 전자책 24페이지, 종이책 72페이지라는 최소 요건을 미리 반영하면 전자책과 종이책 양쪽에서 전문적이고 완성도 높은 그림책 제작이 가능합니다.

1. 권장 크기 설정 7인치×10인치(17.78×25.4cm)

1 아마존 퍼블리싱 기준의 크기 범위

아마존 퍼블리싱을 위한 기준으로 그림책의 크기 선택은 단순한 미적 결정이 아니라 실용성과 경제성을 모두 고려해야 하는 결정입니다. 출판 플랫폼에서 허용하는 일반적인 크기 범위는 높이 152.4~296.9mm, 너비 101.6~215.9mm 사이입니다. 이 범위는 인쇄 기술의 제약과 비용 효율성을 고려하여 설정된 것으로, 이 범위를 벗어나면 추가 비용이 발생하거나 인쇄 자체가 불가능할 수 있습니다.

2 7인치×10인치(17.78×25.4cm) 세로형의 실용적 장점

7인치×10인치(17.78cm×25.4cm)는 국제적으로 널리 사용되는 종이 크기(예 B5 용지(18.2×25.7cm)와 유사)로, 인쇄 및 제본 공정에서 안정적인 표준 사이즈를 제공합니다. 또한, 1:1.414의 황금비율과 유사하여 시각적으로 안정감을 주며, 디자인 시 여백과 구도를 잡기 쉽습니다.

동화책에 최적화된 비율 세로로 긴 직사각형 형태는 인물 중심의 이야기를 담기에 좋고, 그림이 펼쳐지는 느낌을 강화하여 독자가 몰입하기 좋게 만듭니다.

3 다양한 콘텐츠 적응성과 미드저니 활용

다양한 콘텐츠 적응성입니다. 세로형은 세로로 긴 그림이나 가로로 긴 그림 모두를 무리 없이 수용할 수 있어 미드저니로 생성한 다양한 비율의 이미지들을 효과적으로 활용할 수 있습니다. 미드저니에서 생성되는 이미지들은 보통 정사각형 또는 다양한 비율로 생성되는데, 7인치×10인치 세로형 페이지는 이러한 이미지들을 크롭하거나 변형 없이 자연스럽게 배치할 수 있는 유연성을 제공합니다.

4 대안적 크기 선택과 전략적 고려 사항

대안적 크기 선택도 가능합니다. 예를 들어 그림에 많이 사용되는 정사각형 형태의 8.25인치×8.25인치(20.96×20.96cm)는 실용적인 접근법입니다. 텍스트가 적은 그림책이나 일러스트레이션을 강조하고 싶을 때 적합합니다. 초보자의 경우 정사각형부터 시작하여 그림책 제작에 익숙해진 후 다양한 크기에 도전하는 것이 좋습니다. 정사각형으로 첫 작품을 완성한 후 독자 반응과 개인적 선호를 파악하여 다음 작품에서는 다른 크기를 시도해 볼 수 있습니다.

> **TIP**
> 출판 플랫폼마다 요구하는 사이즈가 있습니다.

2 최소 페이지 수 요건(전자책 24페이지, 종이책 72페이지)

1 플랫폼별 기술적 제약 사항

출판 플랫폼별 최소 페이지 수 요건은 필수 조건입니다. 이를 정확히 이해하고 콘텐츠를 계획하는 것이 성공적인 출판의 첫 단계입니다. 이러한 제약은 임의로 설정된 것이 아니라 인쇄 기술, 제본 과정 그리고 독자의 기대치, 각 출판 플랫폼의 특성을 종합적으로 고려하여 만들어진 최소 기준입니다.

2 전자책 24페이지 요건의 배경

디지털 전자책 플랫폼에서도 전자책 24페이지 이 기준을 적용하는 이유는 독자들이 '책'이라고 인식할 수 있는 최소한의 분량을 보장하기 위함입니다. 24페이지는 표지를 포함한 전체 페이지 수이므로 실제 본문은 약 20~22페이지 정도가 됩니다. 그림책의 경우 한 페이지당 적은 양의 텍스트를 포함하므로 이 분량은 충분히 달성 가능합니다.

3 종이책 72페이지 요건의 물리적 제약

종이책 72페이지 요건은 더 엄격한 기준입니다. 이는 실제 인쇄와 제본 과정의 물리적 제약 때문입니다. 너무 얇은 책은 제본이 어렵고, 서점에서 진열할 때도 존재감이 부족합니다. 72페이지는 표지를 포함한 전체 분량이므로 실제 본문은 약 66~68페이지 정도 필요합니다. 이는 접착제 제본이나 실제본 모두에서 필요한 최소 두께를 보장하기 위한 기준입니다.

4 페이지 확장을 위한 실용적 전략

콘텐츠 계획 전략에서는 이러한 페이지 수 요건을 미리 고려해야 합니다. 전자책만 출간할 계획이라면 24페이지에 맞춰 스토리를 구성하고, 종이책도 함께 고려한다면 72페이지를 목표로 해야 합니다. 부족한 페이지는 다음과 같은 방법으로 채울 수 있습니다.

1. **작가 소개 페이지:** 작가의 이야기와 사진으로 독자와의 연결점 제공
2. **제작 과정 소개:** 그림책이 만들어지는 과정을 통한 교육적 가치 추가
3. **독자 참여 페이지:** 색칠하기, 스티커 붙이기 등 상호작용 요소
4. **보호자 안내 페이지:** 그림책 활용 방법으로 교육적 효과 극대화
5. **시리즈 소개:** 다른 작품 미리 보기로 연속 구매 유도

중요한 점은 페이지 수를 억지로 늘리려고 하지 말고, 자연스럽게 독자에게 가치를 제공하는 내용으로 채우는 것입니다.

3 재단 여백 고려하기(5mm 안전 영역)

KDP 출판 과정은 두 개의 분리된 인쇄 준비용 PDF 파일, 즉 내부 원고 파일과 표지 파일을 요구합니다. 내부 파일의 치수는 정확해야 하며, 일반적인 서식 오류는 의도한 치수와 업로드된 파일의 실제 치수 간의 불일치에서 발생합니다. 저자는 처음부터 디자인 소프트웨어

에서 정확한 치수로 작업해야합니다.

1 재단 여백의 기본 개념

재단 여백은 종이책 제작에서 중요하면서도 많은 초보자가 놓치기 쉬운 개념입니다. 이를 정확히 이해하고 적용하지 않으면 완성된 책에서 중요한 내용이 잘리거나 의도하지 않은 여백이 생길 수 있습니다. 재단 여백의 개념을 구체적으로 설명하면, 인쇄된 종이를 최종 책 크기로 자르는 과정에서 발생할 수 있는 오차를 고려한 안전 영역입니다.

2 5mm 안전 영역의 과학적 근거

아무리 정밀한 기계를 사용해도 완벽하게 동일한 위치에서 재단하기는 어렵습니다. 보통 ±2~3mm 정도의 오차가 발생할 수 있으므로 5mm 안전 영역을 설정하여 중요한 내용이 잘리지 않도록 보호합니다. 이 5mm는 업계 표준으로, 대부분의 인쇄소에서 안전하게 적용할 수 있는 여백입니다. 도련(Bleed)은 이미지나 일러스트레이션과 같이 페이지에 인쇄된 항목이 페이지 가장자리까지 닿는 것을 나타내는 인쇄 용어입니다. KDP의 모든 책 표지에는 도련이 필요합니다. 하지만 책 표지 내부에 도련을 적용할지 여부를 선택할 수 있습니다.

출판 플랫폼마다 요구하는 사이즈가 있으므로 확인이 반드시 필요합니다.

> **TIP**
>
> 현재 POD(인쇄주문형 출판)로 개인 출판을 시행할 수 있는 주요 플랫폼은 3곳이 있으며, 각각 다른 사이즈 규격을 제공합니다.
>
> **주요 플랫폼별 사이즈 비교**
>
> | 아마존 KDP (기준) | 교보문고 POD | 부크크 |
> |---|---|---|
> | 7인치×10인치
(177.8×254mm) | • 188×254mm
• 176×248mm | 182×257mm |
>
> **⚠ 주의사항**
> 동일한 내용의 도서라도 플랫폼별로 사이즈가 다르기 때문에, 출간 전 각 플랫폼의 사이즈 규격을 정확히 확인하고 그에 맞춰 편집 작업을 진행해야 합니다.

3 7인치×10인치 (177.8×254mm) 동화책 적용 및 계산

아마존의 실제 적용 방법은 다음과 같습니다. 완성된 책의 최종 크기 즉, 재단 사이즈 (Trim Size): 177.8×254mm입니다.

블리드가 포함된 전체 작업 크기는 7인치×10인치(177.8×254mm) 사이즈에 블리드(bleed)를 포함하면, 좌우에 각각 3.2mm씩 추가되어 184.2mm×260.4mm가 됩니다. 이 사이즈로 파일을 만들어야 재단 시 여백 없이 깔끔한 결과물을 얻을 수 있습니다.

텍스트와 이미지 요소는 이 안전 영역 내에 배치해야 합니다. 7인치×10인치(177.8×254mm) 동화책의 아마존 KDP 안전 영역(Live Element Margin)은 재단선에서 사방으로 0.25인치(6.4mm)씩 안쪽에 설정하므로 165mm×241.2mm 크기의 영역 안에 배치해야 안전하다는 의미입니다. 또한, 배경 색상이나 전면에 깔리는 이미지는 재단선까지 확장하여 재단 후에도 여백이 생기지 않도록 합니다.

4 캔바에서의 구현 방법

캔바에서의 구현 방법은 눈금자 기능을 활용하는 것입니다. 캔바에서 Shift+R을 눌러 눈금자를 활성화하고, 페이지 경계에서 6.4mm 안쪽 지점에 가이드라인을 설정합니다. 이 가이드라인 내부에 모든 중요한 요소를 배치하면 안전합니다. 가이드라인은 실제 인쇄물에는 나타나지 않지만 작업 중에는 시각적 기준점 역할을 합니다.

> **TIP**
>
> **흔한 실수와 예방법**
> 일반적인 실수 사례를 알아 두면 도움이 됩니다. 가장 흔한 실수는 텍스트를 페이지 가장자리에 너무 가깝게 배치하는 것입니다. 특히 페이지 번호나 저작권 표시를 하단 가장자리에 배치할 때 6.4mm 여백을 지키지 않으면 재단 시 잘릴 수 있습니다. 또한 중요한 캐릭터의 얼굴이나 손과 같은 디테일이 가장자리에 있을 때도 주의해야 합니다.

4. 책의 구조적 특성 이해하기

1 물리적 구조와 디지털의 차이

종이책은 디지털 파일과 달리, 물리적 구조를 가지고 있어 고려 사항이 있습니다. 이러한 구조적 특성을 이해하지 않으면 완성된 책에서 예상치 못한 문제가 발생할 수 있습니다. 디지털 환경에서는 페이지가 연속적으로 이어지지만, 종이책에서는 제본 과정에서 특정 페이지들이 특별한 역할을 하게 됩니다.

2 앞표지 뒷면의 특성과 활용

앞표지(Inside Front Cover), 뒷면의 특성을 이해하는 것이 중요합니다. 종이책에서는 앞표지의 뒷면이 일반적으로 비어 있거나 간단한 정보만 포함합니다. 이는 제본 과정의 구조적 특성 때문입니다. 많은 초보 작가가 이 페이지를 본문의 일부로 계획하는 실수를 범합니다. 이 페이지는 본문과 분리되어 인식되므로 스토리의 연속성을 해치지 않는 독립적인 내용으로 구성해야 합니다. 출판 플랫폼마다 다르므로, 이 책에서는 아마존 퍼블리싱을 기준으로 작성했습니다.

3 펼침 페이지 구성의 실무적 고려 사항

페이지 구성의 실무적 고려 사항에서는 양면 펼침 페이지(Spread)를 계획할 때 이러한 구조를 반영해야 합니다. 예를 들어 왼쪽 페이지에 텍스트, 오른쪽 페이지에 그림이 오는 구성을 계획했다면, 앞표지, 뒷면이 비어 있다는 점을 고려하여 추가 페이지를 삽입해야 합니다. 이는 전체 페이지 수에도 영향을 미치므로 초기 기획 단계에서 고려해야 할 중요한 요소입니다.

4 추가 페이지의 전략적 활용

추가 페이지의 효과적 활용 방안으로는 다음과 같은 내용을 고려할 수 있습니다.

❶ **보호자 안내:** '이 책을 더 재미있게 읽는 방법' 등의 활용 가이드

❷ **저작권 및 출판 정보:** ISBN, 출판사 정보, 인쇄 정보 등 법적 필수 정보

❸ **작가 소개:** 간단한 작가 프로필과 다른 작품 소개로 브랜딩 효과

❹ **시리즈 연결:** 시리즈의 다른 책들에 대한 안내로 연속 구매 유도

이러한 추가 페이지는 단순히 페이지 수를 채우는 것이 아니라 독자에게 추가적인 가치를 제공하는 의미 있는 콘텐츠로 구성해야 합니다.

5 종이책과 전자책 병행 출판 체크리스트

1 기본 규격 확인 단계

효율적인 병행 출판을 위해서는 체계적인 확인 절차가 필요합니다. 다음 항목을 통해 기술적 요구 사항을 빠짐없이 확인할 수 있습니다.

❶ 기본 규격 확인
- 페이지 크기가 출판 플랫폼 규격에 맞는지 확인(7인치×10인치(177.8×254mm))
- 전자책: 최소 24페이지 이상 구성 확인
- 종이책: 최소 72페이지 이상 구성 확인
- 해상도 300DPI 이상 설정 확인

2 재단 여백 및 안전 영역 검증

❶ 재단 여백 및 안전 영역 확인
- 모든 중요 텍스트가 가장자리에서 6.4mm 이상 떨어져 있는지 확인
- 중요한 이미지 요소가 안전 영역 내에 배치되었는지 확인
- 배경 이미지가 재단선까지 확장되었는지 확인

3 구조적 특성 점검

❶ 구조적 특성 확인
- 앞표지 뒷면에 본문 내용이 배치되지 않았는지 확인
- 펼침 페이지 구성이 올바른지 확인
- 추가 페이지가 의미 있는 내용으로 구성되었는지 확인

4 파일 형식 및 품질 최종 검토

❶ 파일 형식 및 품질 확인
- 전자책용 PDF 파일 준비 완료
- 종이책용 고해상도 PDF 파일 준비 완료
- 표지 이미지 별도 JPEG 파일 준비 완료
- 파일 명명 규칙 준수(영문 및 숫자 사용)

5 최종 품질 보증 단계

❶ 최종 품질 확인
- 전체 페이지 오탈자 검토 완료
- 이미지 품질 및 배치 최종 확인
- 색상 일관성 확인
- 폰트 일관성 확인

위의 내용을 단계별로 확인하면 전자책과 종이책 모두에서 전문적인 품질을 보장할 수 있으며, 출판 과정에서 발생할 수 있는 문제들을 예방할 수 있습니다.

Chapter 3
맞춤 크기로 디자인 제작하기

그림책 제작에서 첫 단계는 크기 설정입니다. 초보 작가들이 캔바의 기본 템플릿을 그대로 사용하거나 픽셀 단위로 작업하다가 인쇄 과정에서 크기 불일치나 해상도 문제를 경험합니다. 캔바에서 맞춤 크기 디자인이란, 픽셀에서 밀리미터로 단위를 변경하고 해상도까지 출판 표준에 맞춰 정확히 설정하는 과정입니다. 그러면 화면과 실제 인쇄 결과가 일치하게 됩니다.

올바른 크기로 설정된 캔버스는 재단 여백 계산, 텍스트 크기 조정, 이미지 배치의 기준점이 됩니다. 이 장에서의 단계별 실무 팁을 익혀 보세요.

1 캔바에서 맞춤 크기 디자인 시작하기

1 캔바 대시보드 접근 및 기본 설정

　캔바에서 그림책 제작을 위한 맞춤 크기 디자인을 시작하는 과정은 간단하지만, 각 단계마다 정확한 순서를 따르는 것이 중요합니다. 먼저 캔바 대시보드에 로그인한 후 화면 상단에 위치한 [디자인 만들기] 버튼을 찾습니다. 이 버튼은 일반적으로 보라색 배경에 흰색 텍스트로 표시되며, 화면 오른쪽 상단 모서리에 위치해 있습니다. 모바일 환경에서는 플러스(+) 아이콘으로 표시될 수 있습니다.

01 https://www.canva.com/ko_kr/에 로그인합니다.

캔바의 [맞춤형 크기] 설정 화면

02 [만들기] 또는 [맞춤형 크기] 버튼을 클릭합니다.

2 템플릿 선택 과정에서의 주의 사항

[디자인 만들기] 버튼을 클릭하면 다양한 템플릿 옵션이 나타납니다. 여기서 중요한 점은 기존 템플릿을 선택하지 않는 것입니다. 'Instagram 포스트', 'Facebook 커버' 등의 기존 템플릿들은 소셜미디어나 웹용으로 최적화되어 있어 그림책 제작에는 적합하지 않습니다. 이러한 템플릿들은 픽셀 단위로 설정되어 있고, 크기도 그림책 출판에 맞지 않습니다.

3 사용자 정의 크기 옵션 선택

메뉴에서 [맞춤형 크기] 옵션을 찾아 클릭합니다. [맞춤형 크기]를 선택하면 새로운 창이 열리는데, 여기서 원하는 크기를 직접 입력할 수 있습니다.

[맞춤형 크기] 화면

4 초기 화면 구성 요소 이해

[맞춤형 크기] 설정 창에서는 너비(Width)와 높이(Height) 입력란이 나타납니다. 기본적으로 이 값들은 픽셀(px) 단위로 설정되어 있으며, 일반적으로 1,920×1,080DPI와 같은 화면 해상도 기준값이 표시됩니다. 또한 측정 단위를 변경할 수 있는 드롭다운 메뉴가 있으며, 성급하게 숫자를 입력하지 말고, 반드시 측정 단위(mm)부터 변경해야 합니다.

[맞춤형 크기] 단위 설정 화면

2 측정 단위 변경의 중요성

1 픽셀 단위의 한계와 문제점

캔바의 기본 설정은 픽셀(px) 단위로 되어 있습니다. 픽셀은 디지털 화면에서 사용되는 단위로, 웹 사이트나 소셜 미디어 콘텐츠 제작에는 적합하지만 인쇄물 제작에는 부적합합니다. 픽셀의 가장 큰 문제점은 해상도에 따라 실제 물리적 크기가 달라진다는 것입니다. 예를 들어, 1,000×1,000px 이미지는 72DPI에서는 약 35.3×35.3cm이지만, 300DPI에서는 약 8.5×8.5cm로 크기가 완전히 달라집니다.

2 밀리미터 단위의 장점과 필요성

밀리미터(mm) 단위는 물리적 측정 단위로, 해상도와 관계없이 항상 동일한 크기를 보장합니다. 200×200mm로 설정된 디자인은 어떤 해상도에서 인쇄하더라도 정확히 20×20cm 크기로 출력됩니다. 이는 그림책 제작에서 매우 중요한 요소입니다. 특히 재단 여백을 고려할 때 3.2mm라는 구체적인 수치를 정확히 적용하려면 밀리미터 단위가 필수입니다.

3 단위 변경 실행 과정

측정 단위를 변경하는 과정은 간단합니다. 크기 입력 창에서 단위 선택 드롭다운을 찾아 클릭합니다. 이 드롭다운에서는 보통 다음과 같은 옵션들이 제공됩니다.

- px(픽셀) – 현재 기본 설정
- mm(밀리미터) – 선택해야 할 옵션
- cm(센티미터)
- in(인치)

여기서 'mm (밀리미터)'를 선택합니다. 단위를 변경하는 순간 입력란의 값들이 자동으로 변환되어 표시됩니다. 예를 들어, 1,920px이 약 508mm로 변환되어 표시될 수 있습니다.

4 단위 변경 시 주의할 점

단위 변경 과정에서 주의해야 할 점은 기존 값을 그대로 사용하지 않는 것입니다. 픽셀에서 밀리미터로 변환된 값들은 그림책 제작에 적합하지 않은 크기일 가능성이 높습니다. 따라서 단위 변경 후에는 반드시 우리가 원하는 200×200mm 값으로 다시 설정해야 합니다. 또한 일부 브라우저에서는 단위 변경 후 새로고침이 필요할 수 있으니 만약 값이 제대로 변환되지 않는다면 페이지를 새로고침해 보세요.

3 그림책 크기 입력

1 정확한 수치 입력 방법

단위를 밀리미터로 변경한 후에는 그림책에 최적화된 크기를 입력해야 합니다. 정사각형 (200×200mm)인 경우 재단 사이즈(200mm)의 사방에 블리드(3.2mm)를 추가한 크기로 설정합니다. 너비(Width) 입력란에 '206.4'을 입력하고, 높이(Height) 입력란에도 '206.4'을 입력합니다. 이때 단위(mm)를 함께 입력할 필요는 없습니다. 단순히 '206.4'이라는 숫자만 입력하면 됩니다. 캔바는 이미 단위가 밀리미터로 설정되어 있다는 것을 인식하고 있기 때문입니다.

2 입력 값 검증과 확인

값을 입력한 후에는 정확성을 한 번 더 확인해야 합니다. 세로형 7인치×10인치(177.8×254mm)인 경우 너비와 높이 모두 상, 하 3.2mm 좌우 3.2.mm 씩을 더한 값인 184.2×260.4mm으로 설정되어 있는지 그리고 단위가 mm로 표시되어 있는지 확인합니다. 일부 경우에는 입력 과정에서 실수로 다른 값이 입력되거나 자동 완성 기능으로 인해 의도하지 않은 값이 설정될 수 있습니다. 특히 키보드의 숫자 키와 넘버패드를 혼용할 때 이런 실수가 발생할 수 있습니다.

3 7인치×10인치(177.8×254mm) 선택의 재확인

7인치×10인치(177.8×254mm) 선택하는 이유를 다시 한번 상기해 보면, 이는 계산의 편의성, 레이아웃 균형, 미드저니 이미지 활용도 등 여러 장점을 제공합니다. 만약 다른 크기를 사용하고 싶다면(CTRL 8.5인치×8.5인치(21.59×21.59cm) 이 단계에서 해당 수치를 입력할 수 있습니다. 7인치×10인치 판형은 삽화와 텍스트를 통합적으로 보여주기 위한 충분한 공간 제공. 독자의 시각적 경험을 극대화하기에 적합한 사이즈입니다.

4 디자인 생성 최종 단계

모든 값을 입력했다면 [새 디자인 만들기] 버튼을 클릭합니다. 이 버튼을 클릭하면 캔바가 지정된 크기로 새로운 디자인 캔버스를 생성합니다.

4 : 단위 설정의 중요성과 실무 팁

1 인쇄 업계 표준과의 호환성

밀리미터 단위 사용의 중요성은 인쇄 업계의 표준과 직결됩니다. 전 세계 인쇄소와 출판사들은 밀리미터 또는 인치 단위로 작업하며, 픽셀 단위는 거의 사용하지 않습니다. 따라서 처음부터 밀리미터로 작업하면 나중에 인쇄소와 소통할 때 별도의 변환 과정 없이 바로 사용할 수 있습니다. 또한 재단 여백, 제본 여백 등의 기술적 요구 사항들이 모두 밀리미터 단위로 제시되기 때문에 계산과 적용이 용이합니다.

2 해상도 자동 최적화 기능

캔바는 밀리미터 단위로 설정된 디자인에 대해 자동으로 300DPI 해상도를 적용합니다. 이는 인쇄 품질에 필요한 최소 해상도로, 별도의 설정 없이도 고품질 인쇄가 가능합니다. 반면 픽셀 단위로 작업할 경우 해상도 설정이 모호해져 인쇄 품질이 저하될 수 있습니다. 이는 특히 텍스트의 선명도와 이미지의 디테일에 큰 영향을 미칩니다.

3 재작업 위험 최소화 전략

올바른 단위 설정의 가장 큰 장점은 재작업 위험을 최소화하는 것입니다. 픽셀 단위로 작업하다가 나중에 밀리미터로 변환할 경우, 비율이 맞지 않거나 해상도 문제가 발생할 수 있습니다. 이런 경우 전체 디자인을 다시 조정하거나 심지어 처음부터 다시 만들어야 할 수도 있습니다.

4 효율적인 작업 환경 구축 팁

- ❶ **프로젝트 명명 규칙:** 새로 생성된 디자인의 이름을 '그림책_184.2mm×260.4mm_날짜' 형식으로 설정하여 관리를 용이하게 합니다.
- ❷ **템플릿 저장:** 184.2mm×260.4mmmm 빈 캔버스를 템플릿으로 저장해 두면 다음 프로젝트에서 빠르게 재사용할 수 있습니다.
- ❸ **가이드라인 미리 설정:** 3.2mm 재단 여백을 표시하는 가이드라인을 미리 설정해 두면 모든 작업에서 일관되게 적용할 수 있습니다.
- ❹ **백업 생성:** 중요한 설정이 완료된 후에는 [다른 이름으로 저장] 기능을 사용하여 백업을 생성합니다.

Chapter 4. 미드저니로 만든 이미지 업로드하기

    미드저니에서 생성한 일러스트를 캔바로 가져올 때는 업로드 메뉴에서 파일을 직접 선택하거나, 폴더에서 이미지를 드래그 앤 드롭으로 끌어오거나, 웹 사이트의 이미지를 복사해서 붙여넣기할 수 있습니다.

    업로드된 이미지는 캔바에서 즉시 편집 가능한 상태가 됩니다. 크기 조절, 위치 이동, 투명도 조절 등이 직관적으로 가능하며, 미드저니의 고해상도 품질이 그대로 유지됩니다. 이 장에서는 각 업로드 방식의 장점과 활용 상황을 파악하여 그림책 제작 워크플로를 최적화하는 실무 노하우를 익혀 보겠습니다.

1 이미지 업로드 기본 프로세스

1 미드저니 이미지의 특성과 준비 사항

미드저니에서 생성된 이미지들을 캔바에 업로드하기 전에 이미지의 기본 특성을 이해하는 것이 중요합니다. 미드저니는 일반적으로 1024×1024px 이상의 고해상도 이미지를 생성하며, 파일 형식은 주로 JPEG 또는 PNG입니다. 이러한 고해상도 이미지들은 그림책 인쇄에 필요한 300DPI 기준을 충족하지만, 파일 크기가 상당히 클 수 있어 업로드 시간에 영향을 미칩니다. 따라서 업로드 전에 이미지들을 체계적으로 정리하고, 필요에 따라 파일명을 그림책의 페이지 순서에 맞게 변경하는 것이 좋습니다.

2 캔바의 이미지 지원 형식과 제약 사항

캔바는 JPEG, PNG, SVG, GIF 등 다양한 이미지 형식을 지원하지만, 그림책 제작에는 주로 JPEG와 PNG가 사용됩니다. JPEG는 파일 크기가 작아 업로드 속도가 빠르고, PNG는 투명 배경을 지원하여 레이아웃 작업에 유연성을 제공합니다. 미드저니에서 생성된 이미지는 대부분 JPEG 형식이므로 별도의 변환 없이 바로 사용할 수 있습니다. 단, 캔바의 무료 플랜에서는 5GB, 프로 플랜에서는 1TB의 저장 공간 제한이 있으므로 프로젝트 규모에 따라 적절한 플랜을 선택해야 합니다.

3 업로드 프로세스의 전체 흐름 이해

이미지 업로드의 기본 프로세스는 ❶ 캔바 편집 화면에서 업로드 메뉴 접근, ❷ 업로드 방법 선택(파일 선택, 드래그 앤 드롭, 또는 복사-붙여넣기), ❸ 이미지 파일 선택 및 업로드 실행, ❹ 업로드 완료 확인 및 이미지 사용과 같은 단계로 구성됩니다. 각 단계마다 효율성을 높이는 방법이 있으며, 특히 여러 이미지를 동시에 처리할 때는 일괄 업로드 기능을 활용하는 것이 시간을 절약할 수 있습니다.

이미지 파일 선택 및 업로드 실행 화면

4 업로드 전 체크리스트

효율적인 업로드를 위해서는 사전 준비가 중요합니다. 컴퓨터의 미드저니 이미지 폴더를 정리하고, 그림책에 사용할 이미지들을 별도 폴더로 분류합니다. 파일명을 '페이지01_표지', '페이지02_본문' 등으로 변경하여 순서를 명확히 합니다.

2 업로드 메뉴 접근 및 파일 선택

1 파일 업로드 버튼의 위치와 기능

캔바 편집 화면 좌측 사이드바에서 '업로드 항목'을 찾아야 합니다.

업로드 패널이 열리면 [파일 업로드] 또는 [⋯(가운데점)] 버튼이 표시됩니다. 이 버튼을 클릭하면 컴퓨터의 파일 탐색기(Windows) 또는 Finder(Mac)가 열립니다. 이는 가장 기본적이고 안전한 업로드 방법으로, 특히 처음 캔바를 사용하는 경우에 권장됩니다.

[파일 업로드] 버튼의 위치와 기능 화면

2 파일 탐색기에서의 효율적인 선택 방법

파일 탐색기가 열리면 미리 정리해 둔 미드저니 이미지 폴더로 이동합니다. 여기서 중요한 팁은 다중 선택 기능을 활용하는 것입니다. 여러 이미지를 한 번에 선택하려면 Ctrl(윈도우) 또는 Command(맥)를 누른 상태에서 원하는 이미지들을 하나씩 클릭합니다. 연속된 이미지들을 선택할 때는 첫 번째 이미지를 클릭한 후 Shift를 누른 상태에서 마지막 이미지를 클릭하면 그 사이의 모든 이미지가 선택됩니다.

3 드래그 앤 드롭 및 복사-붙여넣기 방법

1 드래그 앤 드롭의 장점과 실행 방법

드래그 앤 드롭 방법은 직관적이고 빠른 업로드 방식입니다. 이 방법은 특히 실시간 작업 중에 유용합니다. 미드저니에서 새로운 이미지를 생성한 직후 또는 폴더에서 특정 이미지를 빠르게 추가하고 싶을 때 매우 효율적입니다. 드래그 앤 드롭은 파일 탐색기를 별도로 열 필요가 없어 작업 흐름을 방해하지 않으며, 여러 이미지를 동시에 처리할 수 있어 시간을 절약할 수 있습니다.

2 드래그 앤 드롭 실행 방법

드래그 앤 드롭을 실행하려면 먼저 파일 탐색기와 캔바 브라우저를 동시에 볼 수 있도록 화면을 배치합니다. 윈도우에서는 ⊞+좌/우 화살표로 창을 반으로 나눌 수 있고, 맥에서는 [Mission Control]을 활용할 수 있습니다. 파일 탐색기에서 원하는 이미지를 마우스 왼쪽 버튼으로 클릭하고 누른 상태에서 캔바 편집 화면으로 끌어옵니다. 캔바 화면 위에서 마우스 버튼을 놓으면 업로드가 시작됩니다.

복사-붙여넣기 방법은 다른 프로그램에서 작업 중인 이미지를 빠르게 캔바로 가져올 때 특히 유용합니다. 예를 들어, 미드저니 웹 사이트에서 이미지를 마우스 오른쪽 버튼으로 클릭하여 [이미지 복사]를 선택한 후 캔바에서 Ctrl+V(윈도우) 또는 Command+V(맥)를 누르면 바로 업로드됩니다. 이 방법은 파일을 컴퓨터에 저장하지 않고도 직접 캔바로 가져올 수 있어 매우 편리합니다.

3 각 방법의 상황별 활용 전략

상황별 최적 방법을 정리하면 다음과 같습니다.

❶ **계획된 일괄 업로드:** 파일 선택 방법(가장 안정적)

❷ **실시간 작업 중 추가:** 드래그 앤 드롭(가장 빠름)

❸ **웹에서 직접 가져오기:** 복사-붙여넣기(가장 편리함)

❹ **대용량 파일 처리:** 파일 선택 방법(가장 안전함)

각 방법마다 장단점이 있으므로 작업 상황과 개인의 선호도에 따라 적절히 선택하여 사용하는 것이 좋습니다.

4 업로드된 이미지 사용하기

1 업로드 완료 확인과 이미지 품질 검토

이미지 업로드가 완료되면 캔바의 업로드 섹션에 해당 이미지들이 표시됩니다. 업로드된 이미지들은 보통 섬네일 형태로 나타나며, 파일명과 함께 업로드 날짜가 표시됩니다. 각 이미지를 클릭하면 더 큰 크기로 미리볼 수 있어 품질과 세부 사항을 확인할 수 있습니다. 미드저니에서 생성된 고해상도 이미지가 캔바에서도 선명하게 표시되는지 확인하고, 만약 이미지가 흐릿하거나 품질이 저하되었다면 다시 업로드하는 것이 좋습니다.

파일명과 함께 업로드 날짜가 표시된 화면

2 캔버스에 이미지 추가하는 방법

업로드된 이미지를 실제 그림책 디자인에 사용하려면 이미지를 클릭하기만 하면 됩니다. 클릭하면 해당 이미지가 자동으로 캔버스 중앙에 배치됩니다. 이미지가 캔버스보다 크거나 작을 수 있는데, 이는 정상적인 현상입니다. 캔바는 이미지의 원본 크기를 유지하면서 배치하므로 필요에 따라 크기 조절이나 위치 이동을 해야 합니다. 이미지를 선택하면 모서리에 크기 조절 핸들이 나타나며, 이를 드래그하여 원하는 크기로 조정할 수 있습니다.

3 이미지 크기 조절과 배치 최적화

이미지 크기 조절 시에는 비율을 유지하는 것이 중요합니다. 모서리의 핸들을 드래그할 때 Shift를 누른 상태에서 드래그하면 원본 비율이 유지됩니다. 그림책의 세로형 7인치×10인치 (177.8×254mm)의 경우 그림책의 184.2mm×260.4mm 캔버스에 맞춰 이미지를 배치할 때는 3.2mm 재단 여백을 고려해야 합니다. 필요하다면 이미지를 축소하거나 위치를 조정합니다.

4 효율적인 이미지 관리 전략

업로드된 이미지들의 체계적 관리를 위해서는 몇 가지 전략이 필요합니다.

첫째, 폴더 기능을 활용하여 프로젝트별로 이미지를 분류합니다. 캔바 프로 사용자는 업로드 섹션에서 폴더를 만들어 이미지들을 정리할 수 있습니다.

둘째, 즐겨찾기 기능을 사용하여 자주 사용하는 이미지들을 쉽게 접근할 수 있도록 합니다.

셋째, 검색 기능을 활용하여 특정 이미지를 빠르게 찾을 수 있도록 업로드 시 적절한 파일명을 사용합니다.

이러한 관리 전략은 특히 여러 권의 그림책을 제작하거나 시리즈 작업을 할 때 매우 유용합니다.

세로형 7인치×10인치(177.8×254mm)의 경우 그림책의 184.2mm×260.4mm

Chapter 5
디자인 및 레이아웃 구성하기

그림책의 완성도는 아름다운 일러스트뿐만 아니라 텍스트의 배치와 스타일링입니다. 아동용 그림책에서는 큰 글자 크기, 배경과 명확히 구분되는 색상, 'b'와 'd'와 같은 글자가 혼동되지 않는 명확한 글꼴을 사용해야 합니다. 텍스트 배치는 독자의 Z패턴 시선 흐름을 고려하여 전체 그림책에서 일관된 위치와 분량을 유지합니다.

출간용 그림책 제작에서는 재단 여백(Bleed) 적용과 안전 영역 설정이 필수입니다. 캔바에서 가이드라인 설정(Shift+R)으로 모든 텍스트와 이미지, 요소가 배치되어 인쇄 시 문제를 예방할 수 있습니다.

1 텍스트 추가 및 스타일링

1 캔바 텍스트 기능 접근하기

그림책에 텍스트를 추가하는 첫 번째 단계는 캔바의 텍스트 메뉴에 접근하는 것입니다. 좌측 사이드바에서 [텍스트] 메뉴를 클릭하면 다양한 텍스트 옵션이 표시됩니다. 가장 기본적인 [텍스트 추가] 옵션을 선택하거나 미리 정의된 텍스트 스타일 중 하나를 선택할 수 있습니다. 브랜드 키트를 설정한 경우에는 두세 가지의 기본 텍스트 스타일이 제공되어 일관된 디자인을 유지하는 데 도움이 됩니다.

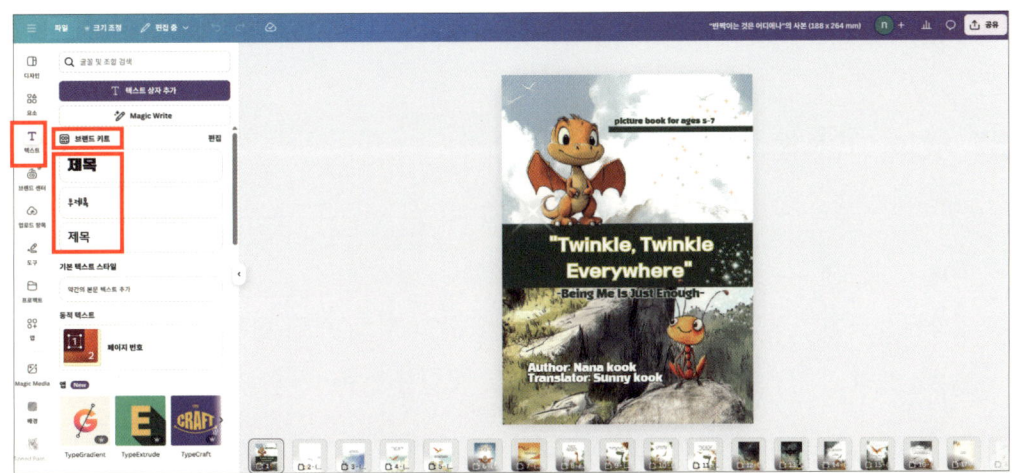

[텍스트 추가] 옵션 선택 화면

2 텍스트 상자 생성과 내용 입력

텍스트 옵션을 선택하면 캔버스에 텍스트 도구 모음이 나타납니다. 이 상자를 클릭하면 텍스트를 입력하거나 편집할 수 있는 상태가 됩니다. 그림책의 텍스트는 보통 간결하고 명확해야 하므로 한 페이지에 너무 많은 내용을 넣지 않도록 주의합니다. 텍스트를 입력한 후에는 상단 도구 모음을 사용하여 글꼴, 크기, 색상, 정렬 등을 조정할 수 있습니다.

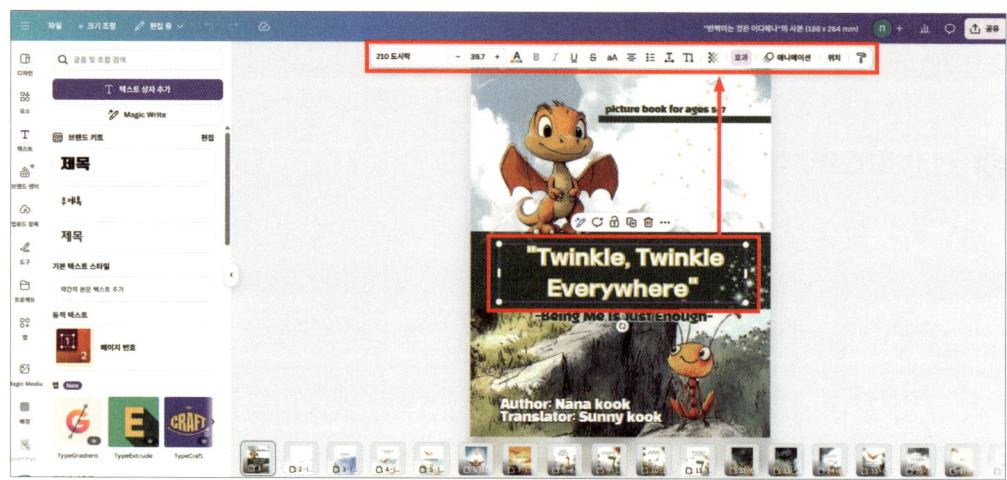

텍스트를 입력한 후에는 상단 도구 모음 화면

3 어린이 그림책을 위한 텍스트 스타일링

어린이 그림책의 경우 가독성을 최우선으로 고려해야 합니다. 충분히 큰 글자 크기(최소 16~18pt)를 선택하고, 배경과 명확히 구분되는 색상을 사용합니다. 글꼴은 장식적인 요소보다는 명확한 형태를 가진 것을 선택하며, 특히 'b'와 'd', 'p'와 'q' 등이 명확히 구분되는 글꼴이 좋습니다. 또한 줄 간격을 적절히 조정하여 텍스트가 답답해 보이지 않도록 합니다.

4 텍스트 색상과 효과 적용

텍스트의 색상 선택은 전체 페이지의 조화를 고려해야 합니다. 배경 이미지와 충분한 대비를 이루면서도 그림책의 전체적인 색상 팔레트와 어우러지는 색상을 선택합니다. 필요한 경우 텍스트에 그림자나 테두리 효과를 추가하여 가독성을 높일 수 있지만, 과도한 효과는 오히려 가독성을 해칠 수 있으므로 절제된 사용이 중요합니다.

2 텍스트 배치 원칙

1 독자 시선 흐름의 기본 이해

그림책에서 텍스트 배치는 독자의 시선 흐름을 고려해야 합니다. 일반적으로 독자의 시선은 왼쪽 상단에서 시작하여 오른쪽 하단으로 이동하는 'Z' 패턴을 따릅니다. 이를 고려하여 중요한 텍스트는 시선이 머무르기 쉬운 위치에 배치하고, 이미지와의 관계에서 자연스러운 읽기 순서를 만들어야 합니다. 특히 어린이 독자의 경우 복잡한 레이아웃보다는 단순하고 명확한 구조를 선호합니다.

독자의 시선 흐름을 고려하여 왼쪽 상단에서 시작한 이미지

2 이미지와 텍스트의 상호 보완적 배치

텍스트는 이미지와 상호 보완적인 위치에 배치해야 합니다. 이미지의 주요 요소를 가리지 않으면서도 내용적으로 연결되는 위치를 찾는 것이 중요합니다. 예를 들어, 캐릭터가 등장하는 이미지에서는 캐릭터의 시선 방향을 고려하여 텍스트를 배치하면 더욱 자연스러운 구성을 만들 수 있습니다. 또한 이미지의 여백 공간을 활용하여 텍스트가 이미지를 방해하지 않도록 합니다.

캐릭터의 시선 방향으로 텍스트의 배치를 고려한 이미지

3 페이지별 일관성 유지

그림책 전체에서 일관된 텍스트 위치를 유지하는 것이 중요합니다. 예를 들어, 모든 페이지에서 텍스트를 하단 중앙에 배치하거나 왼쪽 상단에 배치하는 등의 규칙을 정하고 이를 일관되게 적용합니다. 이러한 일관성은 독자가 자연스럽게 텍스트를 찾을 수 있게 하며, 전체적인 완성도를 높입니다. 단, 특별한 연출이 필요한 페이지에서는 예외적으로 다른 배치를 사용할 수 있습니다.

텍스트를 상단 중앙에 배치한 이미지

4 텍스트 분량 조절 원칙

한 페이지에 너무 많은 텍스트를 넣지 않도록 주의해야 합니다. 그림책의 특성상 이미지가 주가 되고 텍스트는 이를 보완하는 역할을 합니다. 따라서 텍스트는 간결하고 핵심적인 내용만 포함하며, 긴 내용은 여러 페이지로 나누어 배치하는 것이 좋습니다. 특히 어린이 독자의 집중력을 고려하여 한 번에 처리할 수 있는 적절한 분량을 유지합니다.

3 재단 여백 적용 방법

1 3.2mm 안전 영역의 시각적 표시

종이책 제작에서 가장 중요한 재단 여백 3.2mm를 캔바에서 시각적으로 표시하는 방법을 알아보겠습니다. 캔바에서 파일 메뉴로 이동하여 설정을 선택한 후 눈금자 및 가이드 표시 옵션을 활성화합니다. 또는 Shift+R을 사용하면 더 빠르게 눈금자를 표시할 수 있습니다. 눈금자가 표시되면 페이지 경계선에서 정확히 3.2mm 안쪽 지점에 가이드라인을 설정할 수 있습니다.

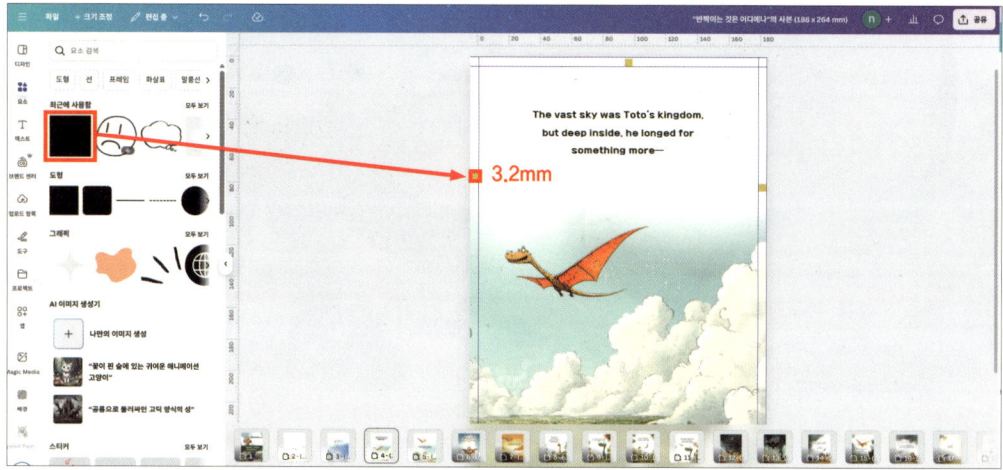

정확한 눈금자의 위치를 설정하기 위해 도형을 이용하여 가이드라인 작성 활용 이미지

2 가이드라인 설정과 활용

가이드라인 설정은 마우스를 눈금자 위에서 클릭하고 드래그하여 원하는 위치로 이동시키는 방식으로 수행합니다. 184.2×260.4mm 페이지에서는 재단선 상하 좌우 각각 6.4mm 지점(즉, 6.4mm, 165mm 지점)에 가이드라인을 설정합니다. 이렇게 설정된 가이드라인들이 만드는 165mm×241.2mm 영역이 바로 안전 영역입니다. 이 가이드라인들은 실제 인쇄물에는 나타나지 않지만 작업 중에는 중요한 기준점 역할을 합니다.

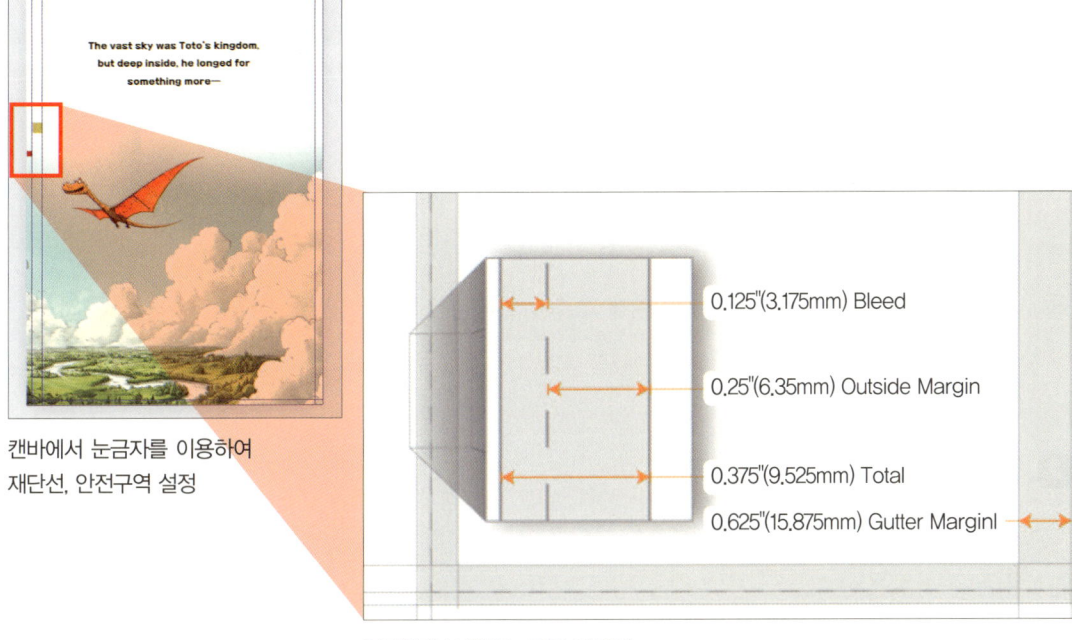

캔바에서 눈금자를 이용하여
재단선, 안전구역 설정

아마존에서 원하는 규격 이미지

3 텍스트와 중요 요소의 안전 영역 배치

모든 텍스트와 중요한 이미지 요소는 반드시 이 안전 영역 내에 배치해야 합니다. 텍스트 상자를 이동할 때 가이드라인에 자동으로 스냅되는 기능을 활용하면 정확한 배치가 쉬워집니다. 특히 페이지 번호, 제목 그리고 캐릭터의 얼굴이나 중요한 디테일 등은 절대로 안전 영역을 벗어나서는 안 됩니다. 재단 과정에서 잘릴 위험이 있기 때문입니다.

4 배경 요소의 확장 처리

반면에 배경 색상이나 패턴 등은 페이지 전체를 덮도록 확장해야 합니다. 재단 후에 여백이 생기지 않도록 배경 요소들은 페이지 경계선까지 완전히 확장되어야 합니다. 이는 재단 과정에서 발생할 수 있는 미세한 오차를 고려한 것으로, 전문적인 인쇄물 제작의 필수 요소입니다.

4 캔바에서의 안전 영역 설정

1 눈금자 기능 활성화 과정

캔바에서 안전 영역을 설정하는 가장 효과적인 방법은 눈금자 기능을 활용하는 것입니다. 먼저 파일 메뉴에서 설정으로 이동하거나 더 간편하게 Shift+R을 사용하여 눈금자를 활성화합니다. 눈금자가 표시되면 페이지의 상단과 좌측에 밀리미터 단위의 측정 기준이 나타납니다. 이 눈금자를 통해 정확한 지점을 찾을 수 있습니다.

2 정확한 안전 영역 계산하기

7인치×10인치(177.8×254mm) 동화책의 아마존 KDP 안전 영역(Live Element Margin)의 경계는 다음과 같습니다.

재단선에서 사방으로 0.25인치(6.4mm)씩 안쪽에 설정해야 합니다.

- 좌측 경계: 6.4mm 지점
- 우측 경계: 171.4mm 지점(177.8mm - 6.4mm)
- 상단 경계: 6.4mm 지점
- 하단 경계: 247.6mm 지점(254mm - 6.4mm)

이 네 지점에 가이드라인을 설정하면 중앙에 165mm×241.2mm 크기의 안전 영역이 만들어집니다. 가이드라인은 눈금자에서 해당 지점을 클릭하고 캔버스로 드래그하여 설정할 수 있습니다.

3 시각적 확인과 검증

가이드라인 설정이 완료되면 시각적으로 확인하는 과정이 필요합니다. 설정된 안전 영역이 정사각형 모양을 이루고 있는지 그리고 페이지 중앙에 정확히 위치하고 있는지 확인합니다. 또한 기존에 배치된 텍스트나 이미지 요소들이 모두 이 안전 영역 내에 있는지 점검합니다.

Chapter 6
폰트 선택 및 활용법

그림책에서 폰트 선택은 독자의 학습 효과와 읽기 경험을 직접 좌우하는 핵심 요소입니다. 어린이 독자를 위해서는 장식적 폰트보다 명확하고 읽기 쉬운 폰트를 선택해야 합니다. UD(Universal Design) 글꼴은 모든 사람이 쉽게 읽을 수 있도록 설계되어 그림책 제작에 매우 유용합니다.

캔바에서는 기본 제공 폰트부터 개인 폰트 업로드까지 다양한 옵션을 활용할 수 있습니다. 가장 중요한 것은 적절한 크기 설정, 폰트 색상과 배경 간의 충분한 대비, 전체 그림책에서 일관된 폰트 스타일을 유지하는 것이 좋습니다.

1 : 어린이 그림책을 위한 폰트 선택 원칙

1 가독성이 최우선 기준

어린이 그림책에서 폰트 선택의 가장 중요한 원칙은 가독성입니다. 아무리 예쁘고 독창적인 폰트라도 읽기 어렵다면 그림책의 목적을 달성할 수 없습니다. 어린이들은 성인에 비해 문자 인식 능력이 아직 발달 중이므로 각 글자의 형태가 명확하고 구별하기 쉬운 폰트를 선택해야 합니다. 특히 한글의 경우 자음과 모음의 조합이 복잡하므로 각 획이 명확하게 구분되는 폰트가 필요합니다.

2 문자 구별성의 중요성

혼동하기 쉬운 문자들의 명확한 구별은 매우 중요합니다. 예를 들어, 'ㅂ'과 'ㅍ', 'ㄱ'과 'ㅋ' 등이 명확히 구분되는지 확인해야 합니다. 영어 폰트의 경우 'b'와 'd', 'p'와 'q', 'l'과 'I'(대문자 i) 등이 쉽게 구별되는지 점검해야 합니다. 이러한 구별성은 특히 읽기 학습 단계의 어린이들에게 매우 중요한 요소입니다.

3 장식성보다 단순함 추구

그림책에서는 과도한 장식이나 복잡한 디테일이 있는 폰트보다 단순하고 깔끔한 폰트가 더 효과적입니다. 장식적인 폰트는 처음에는 매력적으로 보일 수 있지만, 실제 독서 과정에서는 피로감을 증가시키고 집중력을 방해할 수 있습니다. 특히 긴 문장을 읽을 때는 단순한 폰트가 훨씬 편안한 읽기 경험을 제공합니다.

4 연령별 적합성 고려

타깃 독자의 연령에 따라 폰트 선택을 조정해야 합니다. 3~5세 대상의 그림책에서는 더욱 단순하고 큰 폰트가 필요하고, 6~8세 대상에서는 조금 더 정교한 폰트를 사용할 수 있습니다. 하지만 어떤 연령대든 가독성이 최우선 고려 사항임을 잊지 말아야 합니다.

2 가독성 우선 및 UD 글꼴 활용

1 UD 글꼴의 개념

UD(Universal Design) 글꼴은 '모두를 위한 디자인' 철학에 기반하여 개발된 특별한 폰트입니다. 이는 나이, 시력, 인지 능력 등에 관계없이 모든 사람이 쉽게 읽을 수 있도록 설계된 글꼴을 의미합니다. UD 글꼴은 일반적인 폰트에 비해 문자 간 구별성이 뛰어나고, 읽기 피로도가 낮으며, 다양한 크기에서도 안정적인 가독성을 제공합니다.

2 UD 글꼴의 특징과 장점

❶ 적절한 자간과 행간

적절한 자간과 행간 최적화는 UD 글꼴의 또 다른 핵심 특징입니다. 자간(글자 사이의 간격)과 행간(줄 사이의 간격)이 과학적 연구를 바탕으로 최적화되어 있어 독자가 자연스럽게 시선을 이동하며 읽을 수 있도록 돕습니다. 너무 좁은 간격은 답답함을 주고, 너무 넓은 간격은 집중력을 분산시키는데, UD 글꼴은 이러한 균형을 정확히 맞추어 가장 편안한 읽기 경험을 제공합니다.

❷ 안정적인 가독성 제공

안정적인 가독성 제공은 UD 글꼴의 실용적 장점입니다. 작은 크기에서도 명확하게 읽을 수 있고, 큰 크기에서도 형태가 안정적으로 유지되며, 다양한 인쇄 환경이나 화면 해상도에서도 일관된 품질을 보여 줍니다. 이는 그림책이 전자책과 종이책으로 동시 출판될 때 특히 중요한 요소로, 어떤 매체에서 읽더라도 동일한 읽기 경험을 보장합니다.

❸ 시각적 피로 감소

시각적 피로 감소는 UD 글꼴의 가장 실용적인 장점 중 하나입니다. 장시간 읽기에도 눈의 피로를 최소화하도록 설계되어 있어 어린이들이 그림책을 반복해서 읽거나 긴 시간 동안 집중해서 읽을 때도 불편함을 느끼지 않습니다. 이는 문자의 획 굵기, 곡선의 부드러움, 전체적인 균형감 등 미세한 디테일까지 고려한 결과로, 일반 폰트에 비해 현저히 낮은 피로도를 보여줍니다.

❹ 명확한 문자 구별성

UD 글꼴의 가장 큰 특징은 명확한 문자 구별성입니다. 일반적인 폰트에서는 유사한 모양의 글자들을 구별하기 어려운 경우가 많은데, UD 글꼴은 이러한 문제를 해결하기 위해 특별히 설계되었습니다. 예를 들어 한글의 'ㅂ'과 'ㅍ', 'ㄱ'과 'ㅋ' 같은 유사한 자음들이나 영어의 'b'와 'd', 'p'와 'q' 같은 대칭형 문자들을 쉽게 구별할 수 있도록 각 문자의 특징을 더욱 명확하게 표현합니다. 이는 특히 읽기 학습 단계의 어린이들에게 매우 중요한 요소로, 문자 인식 능력 향상에 직접적인 도움을 줍니다.

- 명확한 문자 구별성, 유사한 모양의 글자들을 쉽게 구별할 수 있음
- 적절한 자간과 행간, 문자와 줄 사이의 간격이 최적화되어 있음
- 안정적인 가독성, 다양한 크기와 환경에서 일관된 가독성 제공
- 시각적 피로 감소, 장시간 읽기에도 눈의 피로를 최소화

❸ 한글 UD 글꼴의 활용

한글 UD 글꼴로는 네이버의 '나눔바른글꼴', 서울시의 '서울남산체' 그리고 여러 폰트 회사에서 제공하는 UD 시리즈 등이 있습니다. 이러한 글꼴들은 특히 어린이와 시각 장애인, 노인층의 가독성을 고려하여 설계되었습니다. 그림책 제작에서 이러한 UD 글꼴을 활용하면 더 많은 독자들이 편안하게 책을 읽을 수 있습니다.

❹ UD 글꼴 선택 시 주의할 점

UD 글꼴을 선택할 때는 저작권과 사용 조건을 반드시 확인해야 합니다. 일부 UD 글꼴은 개인 사용은 무료이지만 상업적 출판에는 별도의 라이선스가 필요할 수 있습니다. 또한 모든 UD 글꼴이 동일한 품질을 제공하는 것은 아니므로 실제 사용 전에 다양한 크기와 환경에서 테스트해 보는 것이 중요합니다.

3 캔바에서 폰트 업로드 및 활용법

1 캔바 기본 폰트와 프로 플랜의 차이

캔바는 기본적으로 다양한 폰트를 제공하지만, 그림책 제작에 특화된 폰트는 제한적일 수 있습니다. 무료 플랜에서는 캔바에서 제공하는 기본 폰트만 사용할 수 있지만, 캔바 프로 플랜에서는 개인이 구매한 폰트를 업로드하여 사용할 수 있습니다. 이 기능을 활용하면 더욱 전문적이고 개성 있는 그림책을 만들 수 있습니다.

2 폰트 업로드 과정

캔바 프로 플랜에서 폰트를 업로드하는 과정은 다음과 같습니다.

01 텍스트 요소를 선택하여 텍스트 편집 모드로 진입합니다.

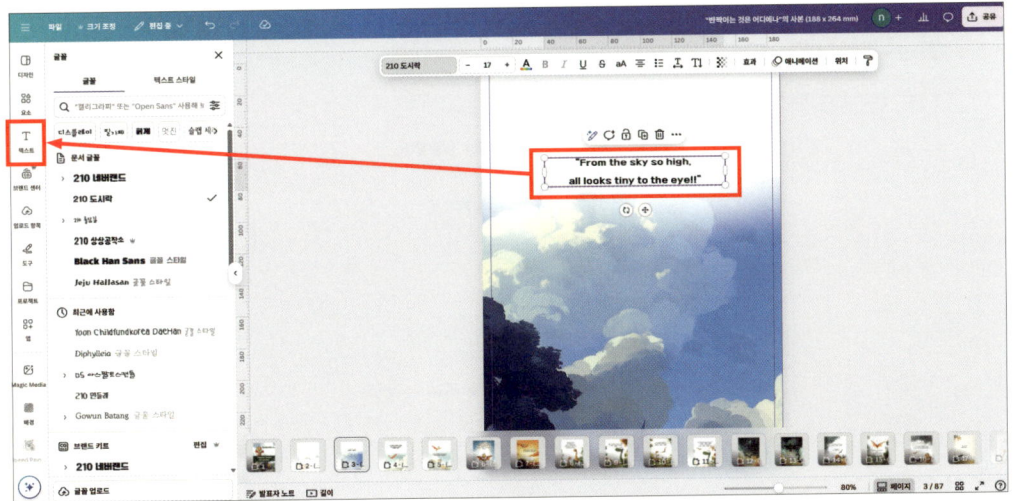

02 메뉴 하단의 [글꼴 업로드] 옵션을 클릭한 후 글꼴 업로드 박스를 클릭합니다.

메뉴 하단의 글꼴 업로드 옵션 선택 방법

03 컴퓨터에서 폰트 사이트에서 다운 받습니다. 이때 폰트를 선택(OTF, TTF, WOFF 형식 지원)합니다.

04 업로드 완료 후 폰트 목록에서 선택 가능

3 업로드 가능한 폰트 형식

캔바에서 지원하는 폰트 파일 형식은 OTF, TTF, WOFF입니다. 대부분의 상용 폰트는 이러한 형식으로 제공되므로 호환성에 문제가 없습니다. 단, 파일 크기가 너무 큰 폰트는 업로드가 제한될 수 있으므로 주의가 필요합니다.

4 업로드된 폰트의 관리와 활용

업로드된 폰트는 해당 캔바 계정에서 계속 사용할 수 있으며, 새로운 프로젝트에서도 자동으로 활용 가능합니다. 여러 권의 그림책을 제작할 때 일관된 폰트 스타일을 유지하기 위해 이 기능을 적극 활용할 수 있습니다. 또한 업로드된 폰트는 다른 사용자와 공유되지 않으므로 독창성을 유지할 수 있습니다.

4 권장 포인트 사이즈

1 어린이 독자를 위한 적절한 크기

그림책에서 폰트 크기는 매우 중요한 요소입니다. 어린이들의 시력과 집중력을 고려할 때 성인 도서보다 훨씬 큰 크기의 폰트를 사용해야 합니다. 이는 단순히 보기 편하게 하는 것뿐만 아니라 읽기 학습 과정에서 문자 인식을 돕는 교육적 효과도 있습니다.

2 본문 텍스트 크기 기준

본문 텍스트는 16~18pt 크기로 설정하는 것이 그림책 제작에서 적합한 선택입니다. 이 크기 기준은 단순한 관습이 아니라 과학적 근거와 실무 경험을 바탕으로 한 최적화된 수치입니다. 먼저 어린이의 평균 시력과 집중력을 고려할 때 성인보다 큰 글자가 필요하며 16~18pt는 5-8세 어린이가 무리 없이 읽을 수 있는 크기입니다. 또한 7인치×10인치(177.8×254mm) 페이지 크기에서 이 정도 크기의 텍스트는 전체 페이지와 조화로운 비율을 이루어 시각적 균형감을 제공합니다. 이는 페이지 크기 대비 약 8~9% 정도의 비율로, 텍스트가 너무 작아 보이지도 않고 너무 커서 압박감을 주지도 않는 적절한 수준입니다.

읽기 피로도를 최소화하는 관점에서도 16~18pt는 과학적으로 검증된 최적 크기입니다. 이보다 작은 크기인 14pt 이하는 어린이들에게 읽기 어려움을 야기할 수 있으며, 특히 장시간 읽기 시 눈의 피로가 급격히 증가합니다. 반대로 20pt 이상의 너무 큰 크기는 페이지 공간을 과도하게 차지하여 그림과 텍스트 간의 균형을 해치고, 한 페이지에 담을 수 있는 내용이 제한되어 스토리텔링에 방해가 됩니다. 또한 다양한 인쇄 환경에서의 안정적인 가독성을 고려할 때 16~18pt는 가정용 프린터부터 전문 인쇄소까지 어떤 환경에서도 선명하게 출력되는 크기입니다. 중요한 점은 이 크기 기준이 7인치×10인치(177.8×254mm) 페이지 크기를 기준으로 한 것이므로 다른 크기의 그림책을 제작할 때는 페이지 크기에 비례하여 조정해야 합니다. 예를 들어 더 큰 페이지에서는 비례적으로 더 큰 폰트를, 더 작은 페이지에서는 상대적으로 작은 폰트를 사용하여 동일한 시각적 비율을 유지해야 합니다 본문 텍스트는 16~18pt 크기로 설정하는 것이 가장 적합합니다. 이 크기는 다음과 같은 근거를 바탕으로 합니다.

❶ 어린이의 평균 시력과 집중력 고려
❷ 7인치×10인치(177.8×254mm) 페이지 크기에서의 적절한 비율
❸ 읽기 피로도를 최소화하는 최적 크기
❹ 다양한 인쇄 환경에서의 안정적인 가독성

3 제목 텍스트 크기 기준

제목이나 강조 텍스트는 24~28pt 크기로 설정합니다. 제목은 독자의 주의를 끌고 페이지의 위계를 명확히 하는 역할을 하므로 본문보다 확실히 큰 크기여야 합니다. 하지만 너무 크면 페이지 전체의 균형을 해치므로 적절한 수준에서 조절해야 합니다.

4 크기 설정 시 고려 사항

폰트 크기를 설정할 때는 다음 사항들을 함께 고려해야 합니다.

- **폰트 종류**: 같은 크기라도 폰트에 따라 실제 크기가 다르게 보일 수 있음
- **배경 색상**: 밝은 배경에서는 조금 작게, 어두운 배경에서는 조금 크게
- **줄 간격**: 폰트 크기에 맞는 적절한 줄 간격 설정(보통 폰트 크기의 1.2~1.5배)
- **페이지 내 다른 요소와의 균형**: 이미지와 텍스트의 조화로운 배치

이러한 기준들을 종합적으로 고려하여 각 페이지에 최적화된 폰트 크기를 설정하는 것이 전문적인 그림책 제작의 핵심입니다.

Chapter 7. 표지 및 뒤표지 만들기

    그림책 표지는 구매 결정에 가장 큰 영향을 미치는 요소입니다. 초보 작가들이 알아야 할 중요한 점은 전자책과 종이책의 표지 제작 방식이 다르다는 것입니다. 전자책은 세로 비율의 앞표지만 필요하지만, 종이책은 앞표지와 뒤표지가 연결된 가로 형태로 제작하되 뒤표지 우측 하단에 바코드 영역을 확보해야 합니다.

    캔바에서 표지를 효율적으로 제작하려면 적절한 크기 설정과 디자인 배치가 핵심입니다. 전자책용은 앞표지를 그대로 활용하고, 종이책용은 별도 가로 사이즈로 배치하되 온라인 서점 섬네일에서도 제목이 선명하게 보이도록 디자인합니다.

1 전자책과 종이책 표지 제작 차이점

1 전자책 표지의 특징과 요구 사항

전자책 표지는 앞표지만 필요하며, 이는 온라인 서점에서 상품 이미지로 사용됩니다. 중요한 특징은 세로 비율이라는 점입니다. 일반적으로 1:1.6 비율을 권장하는데, 이를 밀리미터로 환산하면 약 125×200mm 정도가 됩니다. 하지만 7인치×10인치(177.8×254mm) 184.2mm×260.4mm, 세로형으로 전자책 표지는 디지털 전용이므로 실제 물리적 크기보다는 해상도가 더 중요합니다.

전자책 표지만 예외적으로 픽셀 단위를 사용하는 이유는 다음과 같습니다.

① 전자책은 인쇄되지 않고 화면에서만 표시됨
② 다양한 디바이스와 화면 크기에 맞춰 자동으로 조정됨
③ 온라인 플랫폼에서 픽셀 기준으로 요구 사항을 제시함
④ 파일 용량 최적화가 인쇄 품질보다 중요함

따라서 전자책 표지는 최소 1,600×2,400px 이상으로 제작하되, 종이책과 달리 물리적 크기가 아닌 디지털 해상도 기준으로 작업합니다. 반면 본문과 종이책 표지는 실제 인쇄되므로 반드시 밀리미터 단위를 사용해야 합니다.

2 종이책 표지의 구조적 특성

종이책 표지는 앞표지, 책등, 뒤표지가 연결된 형태로 제작됩니다. 7인치×10인치(177.8×254mm) 종이책의 표지 제작 규격은 흑백 인쇄인지 컬러 인쇄인지에 따라 책등 두께가 달라집니다. 여기서 동화책은 컬러 인쇄이므로 컬러 인쇄기준으로 말씀드리겠습니다. 7인치×10인치(177.8×254mm) 그림책의 경우 표지 전체 크기는 대략 가로 360mm 이상(책 두께 포함)이 됩니다. 이는 실제 책의 두께에 따라 달라지는데, 72페이지 정도의 그림책이라면 책등 두께는 약

4.1mm 정도가 됩니다. 따라서 전체 표지 가로 크기는 뒤표지 너비 + 책등 두께 + 앞표지 너비 (177.8mm(뒤) + 4.1mm(책등) + 177.8mm(앞) = 359.7mm) 정도로 계산할 수 있습니다.

3 디자인 접근 방식의 차이

전자책 표지는 하나의 완결된 이미지로 디자인하지만, 종이책 표지는 세 부분의 조화를 고려해야 합니다. 앞표지는 독자의 시선을 끌어야 하고, 뒤표지는 책에 대한 추가 정보를 제공하며, 책등은 서가에서 책을 찾을 때 중요한 역할을 합니다. 특히 책등에는 제목과 저자명이 세로로 배치되어야 하므로 이를 미리 고려한 디자인이 필요합니다.

4 제작 순서와 효율성 고려

실무적으로는 종이책 표지를 먼저 디자인한 후 앞표지 부분만 별도로 추출하여 전자책 표지로 활용하는 것이 효율적입니다. 이렇게 하면 두 매체 간의 일관성을 유지할 수 있고, 별도의 디자인 작업 없이도 양쪽 형태의 표지를 확보할 수 있습니다. 다만 전자책 표지로 사용할 때는 세로 비율에 맞게 크롭(자르기) 작업이 필요할 수 있습니다.

2 표지 크기 및 바코드 영역 고려 사항

1 전자책 표지 크기 기준

전자책 표지의 최소 권장 크기는 1,600×2,400px입니다. 이는 대부분의 전자책 플랫폼에서 요구하는 최소 해상도를 충족하며, 고해상도 디스플레이에서도 선명하게 표시됩니다. 파일 형식은 JPEG가 일반적이며, 일부 플랫폼에서는 PNG도 지원합니다. 중요한 점은 파일 크기가 너무 크지 않도록 조절하는 것인데, 보통 2MB 이하로 유지하는 것이 좋습니다.

2 종이책 표지 크기 계산 방법

종이책 표지 크기는 책의 실제 크기와 두께를 정확히 계산해야 합니다.

❶ **72페이지 기준으로 7인치×10인치(177.8×254mm)**

품질 기준을 충족하려면 표지에 블리드(bleed)를 적용해야 합니다. 블리드는 이미지나 배경과 같은 인쇄된 항목이 페이지 가장자리까지 닿는 것을 나타내는 인쇄 용어입니다. 블리드를 적용하여 표지 파일의 크기를 조정하려면 표지의 상단, 하단, 바깥쪽 가장자리에 0.125인치 (3.2mm)를 추가하세요.

- **앞표지**: 177.8mm
- **책등**: 페이지 수에 따라 5~10mm(72페이지×0.057mm = 4.1mm)
- **뒤표지**: 177.8mm
- **전체 폭**: 366.1mm(여기에 재단 여백 3.2mm 포함된 사이즈)

높이는 책 크기와 동일한 재단 여백을 포함하여(3.2mm씩 추가) 260.4mm가 됩니다.

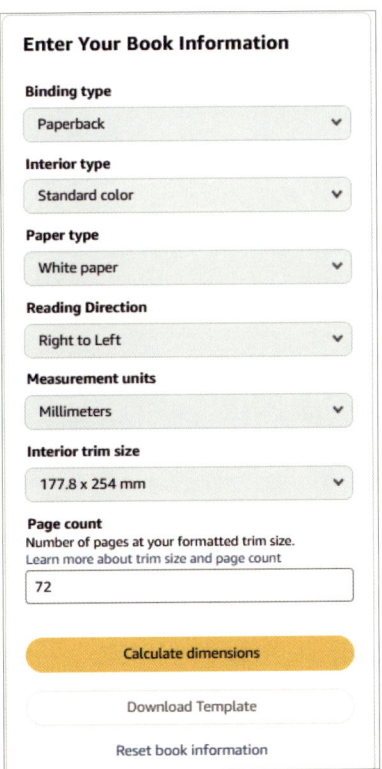

아마존 Print Cover Calculator and Templates 책 정보 입력 화면

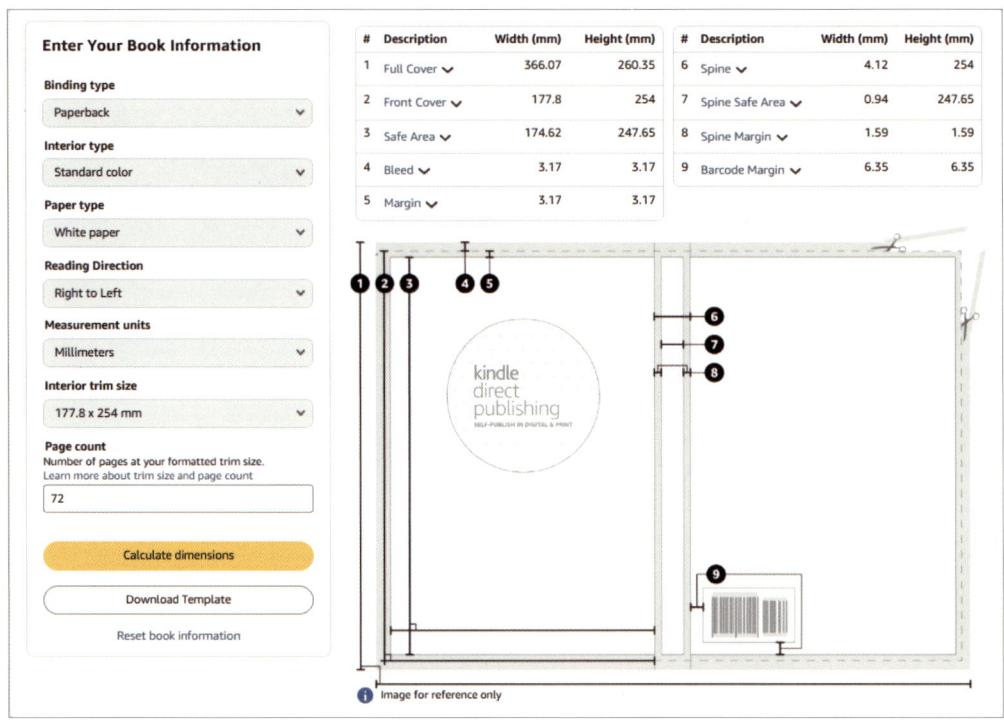

아마존 Print Cover Calculator and Templates 정보 화면

3 바코드 영역 확보의 중요성

뒤표지 우측 하단에는 바코드 영역을 반드시 확보해야 합니다. 표준 바코드 크기는 약 30×20mm이며, 주변에 여백을 고려하면 40×30mm 정도의 공간을 비워 두는 것이 안전합니다. 이 영역에는 텍스트나 중요한 이미지 요소를 배치하지 않아야 하며, 단색 배경이나 단순한 패턴으로 처리하는 것이 좋습니다. 바코드는 출판사나 인쇄소에서 나중에 추가하므로 디자인 단계에서는 영역만 확보해 두면 됩니다.

4 안전 영역과 재단 여백 적용

종이책 표지에도 재단 여백을 적용해야 합니다. 표지의 경우 일반적으로 3.2mm 재단 여백을 사용하므로 중요한 텍스트나 이미지는 가장자리에서 3.2mm 이상 떨어뜨려 배치해야 합니다. 특히 제목이나 저자명 같은 중요한 정보가 재단 과정에서 잘리지 않도록 주의해야 합니다. 배경 이미지나 색상은 재단선을 넘어 확장하여 재단 후에도 여백이 생기지 않도록 처리합니다.

3 : 표지 디자인 배치 방법

1 캔바에서의 통합 작업 접근법

　현재 그림책 본문을 작업하고 있는 캔바 프로젝트 내에서 표지 페이지를 추가하는 것이 가장 효율적인 방법입니다. 이렇게 하면 전체적인 일관성을 유지할 수 있고, 색상 팔레트나 폰트 스타일을 본문과 동일하게 적용할 수 있습니다. 새 페이지를 추가하여 첫 번째 페이지를 앞표지로, 마지막 페이지를 뒤표지로 설정합니다. 이때 페이지 크기는 본문과 동일한 가로: 177.8mm(재단)+3.2mm(좌)+3.2mm(우) = 184.2mm, 세로: 254mm(재단)+3.2mm(상)+3.2mm(하) = 260.4mm를 유지합니다. 캔바에서는 362.9mm × 260.4mm 크기로 디자인 작업을 진행해야 합니다.

　이렇게 설정된 캔버스에서 배경 이미지나 색상은 가장자리까지 확장하여 재단 후에도 흰 여백이 생기지 않도록 처리합니다. 반면, 책 제목, 저자명, 바코드 등 중요한 정보는 재단선에서 최소 3.2mm 이상 안쪽으로 배치하여 잘림 없이 인쇄되도록 합니다.

2 앞표지 디자인 핵심 요소

　앞표지 디자인에서 중요한 것은 시각적 위계를 설정하는 것, 즉 표지에서 정보의 중요도 순서를 시각적으로 구분하여 독자의 시선이 자연스럽게 흐르도록 디자인하는 것을 의미합니다. 제목은 가장 눈에 띄는 위치에 큰 크기로 배치하여 독자가 한눈에 책의 제목을 알 수 있도록 해야 합니다. 저자명은 제목보다는 작지만 여전히 명확하게 읽을 수 있는 크기로 설정하며, 주요 일러스트레이션은 책의 전체적인 분위기와 내용을 대표할 수 있는 이미지를 선택합니다.

　이러한 요소들의 중요도는 일반적으로 제목, 주요 이미지, 저자명 순으로 설정됩니다. 부제목이 있는 경우에는 제목과 자연스럽게 조화를 이루는 위치에 배치하되, 전체적인 균형을 해치지 않도록 주의해야 합니다. 모든 요소들이 서로 경쟁하지 않고 조화롭게 어우러져 독자에게 책의 매력을 효과적으로 전달할 수 있도록 배치하는 것이 핵심입니다.

❶ 앞표지의 포함 요소

- **제목**: 가장 눈에 띄는 위치에 큰 크기로 배치
- **저자명**: 제목보다 작지만 명확히 읽을 수 있는 크기
- **주요 일러스트레이션**: 책의 분위기를 대표하는 이미지
- **부제목**(있는 경우): 제목과 조화를 이루는 위치에 배치

3 뒤표지 디자인 전략

뒤표지는 앞표지와 조화를 이루면서도 독자에게 추가 정보를 제공하는 중요한 역할을 합니다. 핵심적인 요소는 책 소개나 줄거리로, 독자의 흥미를 끌 수 있는 간단하면서도 매력적인 설명을 배치해야 합니다. 저자 소개를 통해 작가에 대한 신뢰도를 높이고, 공신력 있는 추천사가 있다면 독자의 구매 결정에 도움이 됩니다.

시리즈 그림책인 경우 다른 책들에 대한 간단한 안내를 포함하여 연속 구매를 유도할 수 있으며, 무엇보다 중요한 것은 우측 하단에 바코드 영역을 반드시 확보해 두는 것입니다. 뒤표지의 모든 텍스트는 앞표지보다 작은 크기로 설정하되 여전히 읽기 쉽게 정렬하여 배치하며, 전체적으로 정보 전달과 미적 완성도의 균형을 맞추는 것이 중요합니다

뒤표지는 앞표지와 조화를 이루면서도 다른 기능을 수행해야 합니다.

❶ 주요 구성 요소

- **책 소개 또는 줄거리**: 간단하고 흥미로운 설명
- **저자 소개**: 저자에 대한 간단한 정보
- **추천사**(있는 경우): 공신력 있는 추천인의 코멘트
- **시리즈 정보**: 시리즈의 다른 책들에 대한 안내
- **바코드 영역**: 우측 하단에 확보

뒤표지의 텍스트는 앞표지보다 작은 크기를 사용하며, 읽기 쉽게 정렬하여 배치합니다.

4 색상과 이미지의 일관성 유지

표지 디자인에서는 본문과의 일관성이 중요합니다. 본문에서 사용한 주요 색상들을 표지에도 활용하고, 미드저니로 생성한 캐릭터나 배경 요소들을 표지에도 적절히 배치합니다. 이렇게 하면 독자가 표지를 보고 책을 펼쳤을 때 자연스러운 연결감을 느낄 수 있습니다. 또한 폰트 스타일도 본문과 동일하거나 조화로운 스타일을 사용하여 전체적인 통일감을 유지합니다.

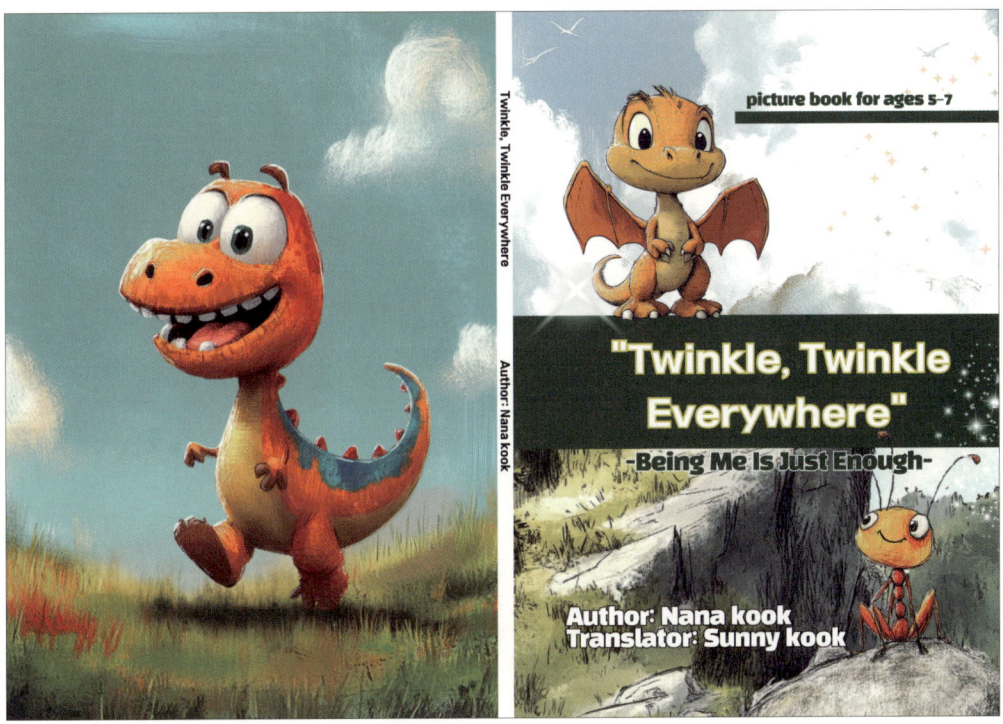

표지 디자인 배치 이미지

Chapter 8

그림책의 본문만 다운로드하기

    그림책 제작 완료 후에는 출판 목적에 따라 본문과 표지를 분리하여 추출해야 합니다. 캔바에서는 원하는 페이지만 선택하여 다운로드할 수 있어 표지를 제외한 본문만 깔끔하게 추출 가능합니다. PDF 인쇄 형식을 선택해야 고품질을 유지할 수 있으며, 전자책용은 RGB, 종이책용은 CMYK 컬러 모드로 설정하는 것이 중요합니다.

    공유 메뉴를 통해 다운로드 옵션 설정이 필요합니다. 페이지 범위 지정 시 앞표지와 뒤표지를 제외하고 본문 페이지만 정확히 선택해야 하며, 출판사나 인쇄소 요구 사항에 맞는 본문 파일을 얻을 수 있습니다.

1. 공유 메뉴 접근 및 다운로드 옵션

1 캔바 공유 메뉴의 위치와 접근

그림책 본문을 다운로드하기 위해서는 먼저 캔바 편집 화면 상단의 [공유] 버튼을 찾아야 합니다. 이 버튼은 일반적으로 화면 우측 상단에 위치하며, 보라색 배경에 흰색 텍스트로 표시됩니다. [공유] 버튼을 클릭하면 다양한 공유 및 내보내기 옵션들이 드롭다운 메뉴로 나타납니다. 여기서 중요한 점은 '공유'라는 이름 때문에 혼동할 수 있지만, 실제로는 파일 다운로드 기능도 이 메뉴에 포함되어 있다는 것입니다.

2 다운로드 옵션 선택

공유 메뉴가 열리면 여러 옵션 중에서 [다운로드] 옵션을 선택합니다. 이 옵션은 메뉴 상단 부근에 위치하며, 다운로드 아이콘(보통 아래쪽 화살표)과 함께 표시됩니다. 다운로드를 클릭하면 새로운 패널이 열리며, 여기서 파일 형식, 품질, 페이지 선택 등 다양한 옵션을 설정할 수 있습니다. 이 단계에서 성급하게 다운로드를 진행하지 말고, 각 설정을 신중히 검토해야 합니다.

[다운로드] 옵션

3 다운로드 패널의 구성 요소

다운로드 패널에서는 파일 형식, 품질 설정, 페이지 선택 등의 옵션을 확인할 수 있습니다. 파일 형식 선택에서는 PDF, JPEG, PNG 등 다양한 옵션이 제공되지만, 그림책 본문의 경우 PDF 형식이 적합합니다. 품질 설정에서는 '표준'과 '인쇄' 옵션 중 '인쇄' 옵션을 선택해야 300DPI 고품질을 확보할 수 있습니다. 페이지 선택 옵션에서는 기본적으로 '모든 페이지'가 선택되어 있지만, 본문만 추출하기 위해서는 이를 수정해야 합니다.

4 다운로드 전 최종 확인 사항

다운로드를 실행하기 전에 모든 설정을 다시 한번 확인해야 합니다. 특히 파일 이름이 적절한지, 저장 위치가 원하는 폴더인지 확인하고, 파일 크기가 예상 범위 내인지도 점검해야 합니다. 그림책 본문의 경우 페이지 수에 따라 파일 크기가 상당할 수 있으므로 충분한 저장 공간이 있는지도 미리 확인하는 것이 좋습니다.

2 PDF 인쇄 형식 선택

1 PDF 형식의 장점과 필요성

그림책 본문 다운로드에서 PDF 형식을 선택하는 이유는 여러 가지가 있습니다.

첫째, PDF는 모든 페이지를 하나의 파일로 관리할 수 있어 편리합니다.

둘째, 폰트와 이미지, 레이아웃이 정확히 보존되어 어떤 컴퓨터에서 열어도 동일한 모습을 유지합니다.

셋째, 대부분의 출판사와 인쇄소에서 PDF 형식을 선호하거나 요구합니다.

넷째, 파일 압축이 효율적이어서 고품질을 유지하면서도 적절한 파일 크기를 보장합니다.

2 PDF 표준과 PDF 인쇄의 차이

캔바에서는 'PDF 표준'과 'PDF 인쇄' 두 가지 옵션을 제공합니다. PDF 표준은 일반적인 화면 보기나 웹 공유에 적합한 72DPI 해상도로 제작되며, 파일 크기가 작다는 장점이 있습니다. 반면 PDF 인쇄는 300DPI 고해상도로 제작되어 실제 인쇄 시에도 선명한 품질을 보장합니다. 그림책 출판을 목적으로 한다면 반드시 [PDF 인쇄] 옵션을 선택해야 하며, 이는 전자책과 종이책 모두에 적용되는 원칙입니다.

3 PDF 인쇄 설정의 기술적 의미

PDF 인쇄 형식을 선택하면 자동으로 여러 최적화가 적용됩니다. 해상도가 300DPI로 설정되어 인쇄 품질을 보장하고, 색상 정보가 보존되며, 폰트가 임베드되어 다른 컴퓨터에서도 동일한 폰트로 표시됩니다. 또한 이미지 압축이 무손실 방식으로 처리되어 품질 저하 없이 적절한 파일 크기를 유지합니다. 이러한 설정들은 전문적인 출판 과정에서 요구되는 기술적 표준을 충족시킵니다.

4 PDF 인쇄 선택 시 주의할 점

PDF 인쇄 형식을 선택할 때는 파일 크기와 다운로드 시간이 증가한다는 점을 고려해야 합니다. 고해상도로 인해 파일 크기가 PDF 표준보다 5~10배 클 수 있으며, 페이지 수가 많을 경우 100MB를 초과할 수도 있습니다. 따라서 다운로드 도중에 브라우저를 종료하거나 다른 작업을 하지 않는 것이 좋습니다.

3 컬러 모드 설정

1 RGB와 CMYK의 기본 개념

RGB와 CMYK는 서로 다른 색상 표현 방식입니다. RGB(Red, Green, Blue)는 빛을 이용한 색상 표현 방식으로, 컴퓨터 모니터, 스마트폰, 태블릿 등 디지털 디스플레이에서 사용됩니다. 반면 CMYK(Cyan, Magenta, Yellow, Black)는 잉크를 이용한 색상 표현 방식으로, 실제 인쇄물에서 사용됩니다. 이 두 방식은 색상을 만드는 원리가 완전히 다르기 때문에 같은 색상이라도 RGB와 CMYK에서 다르게 보일 수 있습니다.

2 출판 목적에 따른 컬러 모드 선택

전자책 출판을 위해서는 RGB 디지털용을 선택해야 합니다. 전자책은 화면에서만 보여지므로 RGB 색상 공간이 가장 적합하며, 더 생생하고 밝은 색상을 표현할 수 있습니다. 아이패드, 킨들, 스마트폰 등 다양한 디바이스에서 최적의 색상으로 표시됩니다. 종이책 출판을 위해서는 CMYK 인쇄용을 선택해야 합니다. 실제 인쇄 과정에서 사용되는 잉크 색상과 일치하므로 화면에서 보는 색상과 인쇄된 색상 간의 차이를 최소화할 수 있습니다.

3 RGB 디지털용의 특징과 장점

RGB 디지털용은 디지털 환경에 최적화되어 있습니다. 더 넓은 색상 영역(Color Gamut)을 지원하여 선명하고 생동감 있는 색상을 표현할 수 있으며, 파일 크기도 상대적으로 작습니다. 전자책 플랫폼에서 요구하는 표준 형식이므로 호환성 문제가 없고, 다양한 디바이스에서 일관된 색상을 보여 줍니다. 특히 미드저니로 생성한 이미지들은 RGB로 만들어지므로 RGB 모드로 출력할 때 원본의 색감을 가장 잘 보존할 수 있습니다.

4 CMYK 인쇄용의 특징과 고려 사항

CMYK 인쇄용은 실제 인쇄 결과를 예측하는 데 도움이 됩니다. 인쇄소에서 사용하는 4색 잉크(청록, 자홍, 노랑, 검정)로 표현 가능한 색상만 사용하므로 인쇄 후 색상 차이를 최소화할 수 있습니다. 다만 RGB에 비해 색상 영역이 제한적이어서 일부 밝고 선명한 색상은 다소 차분하게 변환될 수 있습니다. 이는 인쇄의 물리적 한계이므로 정상적인 현상이며, 전문 인쇄소에서는 이러한 특성을 고려하여 색상 보정을 수행합니다.

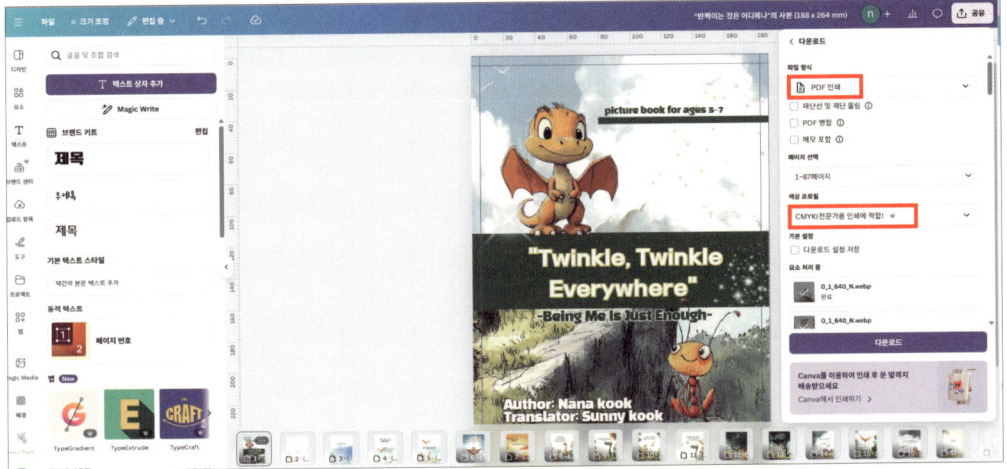

PDF 형식 옵션 화면

4 페이지 범위 지정 및 본문 추출

1 페이지 선택 옵션 접근

본문만 추출하기 위해서는 페이지 범위를 지정해야 합니다. 다운로드 패널에서 기본적으로 [모든 페이지]가 선택되어 있는데, 이 옵션을 클릭하면 개별 페이지를 선택할 수 있는 패널이 나타납니다. 여기서 전체 프로젝트의 모든 페이지를 섬네일로 확인할 수 있으며, 각 페이지 옆에 체크 박스가 있어 원하는 페이지만 선택할 수 있습니다.

2 표지 페이지 제외 과정

앞표지와 뒤표지에 해당하는 페이지의 체크를 해제해야 합니다. 일반적으로 첫 번째 페이지가 앞표지이고 마지막 페이지가 뒤표지인 경우가 많지만, 프로젝트 구성에 따라 다를 수 있으므로 섬네일을 보고 정확히 확인해야 합니다. 표지 페이지들의 체크 박스를 클릭하여 선택을 해제하면, 해당 페이지들이 다운로드에서 제외됩니다.

3 본문 페이지 확인 및 선택

본문에 해당하는 모든 페이지가 선택되어 있는지 확인해야 합니다. 표지를 제외한 나머지 페이지들이 모두 체크되어 있는지 점검하고, 혹시 누락된 페이지가 있다면 해당 체크 박스를 클릭하여 선택에 추가합니다. 페이지 순서도 함께 확인하여 스토리의 흐름이 올바른지 검토하는 것이 좋습니다. 잘못된 순서로 되어 있다면 캔바에서 페이지 순서를 먼저 조정한 후 다시 다운로드해야 합니다.

4 최종 다운로드 실행

모든 설정이 완료되면 [완료] 버튼을 클릭하여 페이지 선택을 마무리하고, 다운로드 패널로 돌아갑니다. 여기서 최종적으로 선택된 페이지 수와 예상 파일 크기를 확인할 수 있습니다. 모든 설정이 올바른지 마지막으로 점검한 후 [다운로드] 버튼을 클릭하여 본문 파일 생성을 시작합니다. 다운로드 진행 상황은 화면에 표시되며, 완료되면 파일이 컴퓨터의 기본 다운로드 폴더에 저장됩니다.

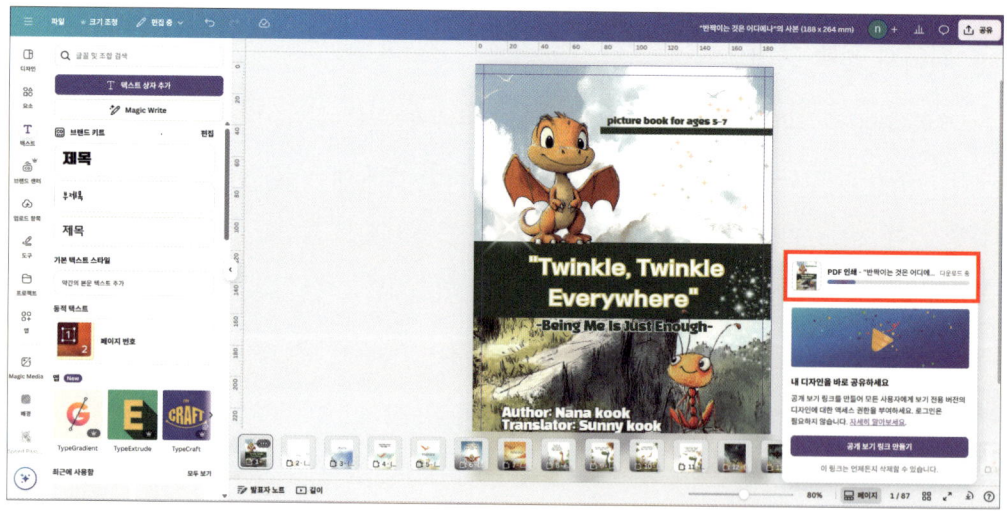

최종 다운로드 화면

Chapter 9 표지 및 뒤표지 데이터 다운로드하기

표지와 뒤표지는 JPEG 형식으로 다운로드해야 합니다. 표지 이미지는 출판 플랫폼의 상품 이미지나 마케팅 자료로 활용되며, 특히 전자책의 앞표지는 온라인 서점에서 독자들이 가장 먼저 보는 요소이므로 고품질 JPEG 파일로 준비합니다.

캔바에서는 개별 페이지를 선택하여 앞표지와 뒤표지를 각각 다운로드할 수 있습니다. 파일명은 'front_cover.jpg', 'back_cover.jpg'와 같이 간단한 영문 파일명을 사용하는 것이 좋습니다.

1 JPEG 형식으로 표지 이미지 추출

1 JPEG 형식 선택 이유와 특징

표지 이미지를 JPEG 형식으로 추출하는 이유는 다음과 같습니다.

첫째, 대부분의 출판 플랫폼에서 표지 이미지로 JPEG 형식을 선호하거나 요구합니다.

둘째, JPEG는 그림책 일러스트레이션을 효과적으로 압축하여 파일 크기가 적절해 웹 업로드나 이메일 전송에 유리합니다.

셋째, 거의 모든 디바이스와 프로그램에서 지원하므로 호환성이 뛰어납니다.

2 JPEG vs PDF 구분과 품질 고려 사항

표지는 JPEG, 본문은 PDF로 구분하는 이유는 용도가 다르기 때문입니다. PDF는 여러 페이지와 정확한 레이아웃 보존에 적합하고, JPEG는 단일 이미지로 다양한 용도 활용에 실용적입니다. 캔바의 JPEG 출력은 300DPI를 지원하여 인쇄 품질에도 적합하며, 온라인용은 중간 품질, 인쇄용은 최고 품질로 설정하면 됩니다. JPEG는 투명 배경을 지원하지 않지만 일반적인 그림책 표지에서는 문제가 되지 않습니다.

2 개별 페이지 선택 및 다운로드

1 개별 페이지 다운로드 방법

앞표지와 뒤표지를 각각 개별적으로 다운로드하는 것이 가장 효율적입니다. 개별 다운로드 시 파일 이름을 즉시 확인할 수 있고, 압축 해제 과정이 불필요하며, 필요에 따라 특정 표지만 다시 다운로드할 수 있습니다.

앞표지 jpg 파일

2 단계별 다운로드 과정(앞표지, 뒤표지)

캔바에서 [공유] – [다운로드] 메뉴로 이동한 후 파일 형식을 JPEG로 선택합니다. [페이지 선택]을 클릭하여 모든 페이지 체크를 해제한 후 원하는 표지 페이지만 선택합니다. 앞표지는 일반적으로 첫 번째 페이지, 뒤표지는 마지막 페이지에 위치하지만, 프로젝트 구성에 따라 다를 수 있으므로 섬네일을 확인하여 정확한 페이지를 선택해야 합니다.

뒤표지 jpg 파일

Chapter 10
텍스트 및 이미지 편집에 유용한 팁

그림책의 기본 요소가 준비되었다면 전문적인 완성도를 위한 정밀한 편집과 정렬 작업이 필요합니다. 이 장에서는 작업 효율성을 높이고 미세한 위치 조정을 통해 완성도를 극대화하는 실무 기법들을 다룹니다. 캔바의 눈금자와 정렬 도구를 활용한 정밀 작업은 '대충 맞춘' 수준을 넘어 '정확히 측정된' 전문적 품질로 향상시키는 핵심 과정입니다.

페이지 복제를 통한 일관성 유지, 다중 객체의 한 번 정렬, 가이드라인 활용 검증 등 실용적 기법들을 익힐 수 있습니다.

1. 눈금자를 사용하여 위치 정렬하기

1 위치 정렬의 중요성

페이지마다 텍스트나 이미지의 위치가 제각각 다르면 아마추어처럼 보입니다. 예를 들어 한 페이지에서는 텍스트가 하단에서 20mm 위치에 있고, 다른 페이지에서는 25mm 위치에 있다면 약간 어긋나 보입니다. 이렇게 페이지를 넘길 때마다 위치가 어긋나 있으면, 독자는 불쾌함을 느끼게 됩니다. 특히 그림책처럼 여러 페이지를 연속으로 보는 출판물에서는 이러한 일관성이 전문성을 좌우하는 핵심 요소입니다.

2 캔바 눈금자 기능 활성화

캔바에서 눈금자 기능을 활성화하는 과정은 간단합니다. 캔바 편집 화면에서 상단 메뉴의 [파일]을 클릭한 후 [설정]을 선택하고, [눈금자 및 안내선 표시] 옵션을 클릭하면 됩니다. 이 기능을 활성화하면 페이지 상단과 좌측에 밀리미터 단위의 눈금자가 나타나며, 이를 통해 정확한 위치를 측정하고 정밀한 가이드라인을 설정할 수 있습니다. 또는 단축키 Shift + R 을 눌러서 눈금자를 표시합니다.

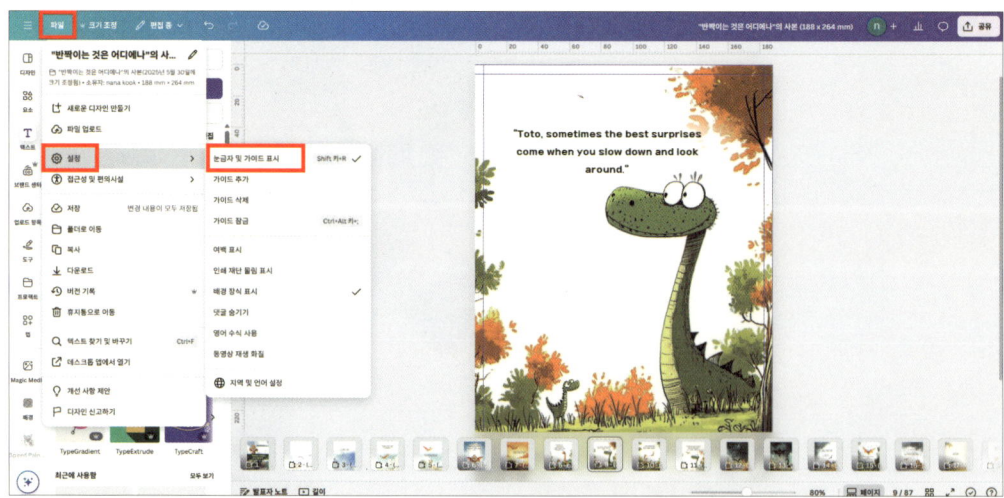

캔바 눈금자 활성화 방법 설명 화면

❶ 캔바 편집 화면에서 [파일] 클릭

❷ [설정] 선택

❸ [눈금자 및 안내선 표시] 클릭

이렇게 하면 페이지 상단과 좌측에 눈금자가 나타납니다. 이 눈금자를 통해 정확한 위치를 측정하고 가이드라인을 설정할 수 있습니다.

3 가이드라인 생성과 활용

가이드라인 생성은 간단합니다. 위쪽 눈금자에서 원하는 지점으로 커서를 올려놓고 마우스 왼쪽 버튼을 누른 채 아래쪽으로 끌어내린 후 원하는 위치에서 손을 떼면 가이드라인이 고정됩니다.

가이드라인 활용법은 여러 종류의 텍스트를 체계적으로 정렬할 수 있습니다. 제목용, 본문용, 페이지 번호용 가이드라인을 각각 다른 높이에 설정하여 모든 페이지에서 동일한 위치에 요소들을 배치할 수 있어 일관된 레이아웃을 유지하면서도 다양한 정보를 체계적으로 정리할 수 있습니다.

❶ **가이드라인을 만드는 방법**
- 정렬하고 싶은 요소(예 큰 알파벳의 아랫부분)의 위치를 정합니다.
- 위쪽 눈금자에서 커서를 올려놓습니다.
- 마우스 왼쪽 버튼을 누른 채 아래쪽으로 끌어내립니다.
- 원하는 위치에서 손을 뗍니다.

예를 들어, 영어 이름을 특정 위치에, 일본어를 다른 위치에, 발음을 또 다른 위치에 맞추고 싶다면 각각의 가이드라인을 설정할 수 있습니다.

가이드라인 설정 이미지

4 모든 페이지에 일관된 적용

가이드라인의 가장 큰 장점은 한 번 설정하면 프로젝트의 모든 페이지에 동일하게 적용된다는 것입니다. 새로운 페이지 작업 시 항상 같은 위치에 요소들을 배치할 수 있어 독자가 페이지를 넘길 때마다 자연스럽게 시선을 이동할 수 있는 일관된 구조를 만들 수 있습니다.

❶ 실무 활용

- 제목 위치를 위한 가이드라인
- 본문 텍스트 시작 위치를 위한 가이드라인
- 캐릭터 이미지 배치를 위한 가이드라인
- 페이지 번호 위치를 위한 가이드라인

실무에서는 제목 위치, 본문 텍스트 시작점, 캐릭터 이미지 배치, 페이지 번호 위치를 위한 가이드라인을 각각 설정합니다.

이제 캔바를 활용한 그림책 제작의 전체 워크플로우를 완료했습니다. 7인치×10인치(177.8×254mm) 크기 설정, 3.2mm 재단 여백 적용, RGB/CMYK 컬러 모드 선택, 정밀한 정렬,

영문 파일명 사용 등 핵심 포인트들을 모두 익혔으며, 이제 전자책과 종이책 모두에 적합한 완성도 높은 그림책을 제작할 수 있는 실력을 갖추었습니다.

Part **5**　Day 4

킨들 다이렉트 퍼블리싱(KDP) 마스터하기

AI로 제작한 그림책이 완성되었다면, 이제 전 세계 독자들에게 선보일 차례입니다. 킨들 다이렉트 퍼블리싱(KDP)은 아마존에서 제공하는 셀프 퍼블리싱 플랫폼으로, 개인 작가도 전문 출판사와 동일한 수준의 전자책과 종이책을 출간할 수 있게 해 주는 혁신적인 서비스입니다. 과거에는 출판사를 통해서만 가능했던 책 출간이 이제는 클릭 몇 번으로 가능해진 것이죠. 특히 그림책의 경우 시각적 요소가 중요한데, KDP는 고품질 컬러 인쇄와 다양한 크기 옵션을 제공하여 AI로 생성한 일러스트레이션이 종이 위에서도 생생하게 구현될 수 있도록 지원합니다.

하지만 단순히 파일을 업로드하는 것만으로는 성공적인 출간이 어렵습니다. KDP 시스템을 제대로 활용하려면 계정 설정부터 메타데이터 최적화, 가격 전략 그리고 페이퍼백 제작의 기술적 요소까지 체계적으로 이해해야 합니다. 특히 한국 작가들이 놓치기 쉬운 세무 정보 설정, 키워드 최적화 그리고 POD(주문형 인쇄) 시스템의 특성을 정확히 파악하는 것이 중요합니다. 이 장에서는 KDP의 모든 기능을 단계별로 마스터하여 여러분의 AI 그림책이 아마존 마켓플레이스에서 최대한의 가시성을 확보하고 지속적인 판매로 이어질 수 있도록 실전 중심의 가이드를 제공합니다.

anime style, Side profile shot, person with flowing brown hair mid-stride, determined expression, dynamic walking pose with coat billowing, wearing trench coat and ankle boots with badge collection, urban street background, motion blur effect, cinematic framing, painterly style --ar 9:16 --v 7

Chapter 1 킨들 다이렉트 퍼블리싱 계정 생성 가이드

아마존 킨들 다이렉트 퍼블리싱(KDP) 계정 생성은 여러분의 AI 그림책이 전 세계 독자들과 만나는 첫 번째 관문입니다. 많은 초보 작가들이 계정 생성을 단순한 회원 가입 정도로 생각하지만, 실제로는 향후 수익 정산, 세무 처리 그리고 출판 권한까지 결정되는 중요한 과정입니다.

올바른 계정 설정은 단순히 기술적인 문제가 아니라 작가로서의 전문성과 신뢰성을 보여주는 첫 번째 단계입니다. KDP는 전 세계 수백만 명의 작가가 사용하는 플랫폼이므로 정확하고 완전한 정보 입력은 아마존의 알고리즘 시스템에서 더 나은 노출 기회를 얻는 데도 도움이 됩니다. 이번 섹션에서는 계정 생성의 각 단계를 세밀하게 분석하여 여러분이 자신감을 가지고 출판 여정을 시작할 수 있도록 안내하겠습니다.

1 전 세계 작가들의 플랫폼, KDP

1 KDP 웹 사이트 초기 설정

KDP 계정 생성의 첫 번째 단계는 kdp.amazon.com에 직접 접속하는 것입니다. 검색 엔진을 통한 접속보다 주소를 직접 입력하는 것을 권장하며, 비공식 사이트나 중간 페이지 이동을 방지할 수 있습니다.

메인 페이지에서 'Sign in'(기존 아마존 계정) 또는 'Sign up'(신규 계정)을 선택합니다. KDP 계정은 일반 아마존 계정과 연동되지만 별도의 출판 전용 정보를 추가로 입력해야 합니다. 계정 생성 전에 쿠키와 자바스크립트를 허용하고 팝업 차단 기능을 해제하며, 안정적인 인터넷 연결 상태에서 진행해야 정보 손실을 방지할 수 있습니다

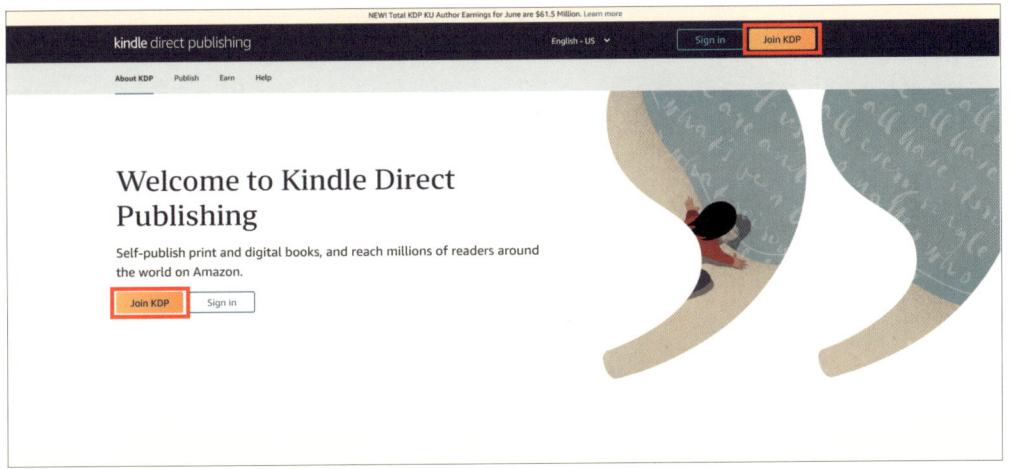

KDP(Kindle Direct Publishing) 홈 화면

2 계정 로그인 또는 신규 생성 프로세스

기존 아마존 계정이 있는 경우, [Sign in] 버튼을 클릭하여 로그인 페이지로 이동합니다. 여기서 평소 아마존 쇼핑에서 사용하던 이메일 주소와 비밀번호를 입력하면 됩니다. 로그인 후에는 출판 관련 추가 정보를 입력하는 단계로 자동으로 이동하게 됩니다. 이때 2단계 인증

이 설정되어 있다면 휴대폰으로 전송된 인증 번호를 입력해야 합니다.

아마존 계정이 없는 경우에는 [Sign up] 버튼을 클릭하여 신규 계정 생성을 진행합니다. 이메일 주소 입력 시에는 향후 출판 관련 중요한 알림을 받을 주소이므로 정기적으로 확인하는 이메일을 사용하는 것이 중요합니다. 비밀번호는 아마존의 보안 정책에 따라 대 소문자, 숫자, 특수 문자를 포함한 복합적인 조합으로 설정해야 합니다.

계정 생성 과정에서 이메일 인증 단계가 있습니다. 입력한 이메일 주소로 인증 링크가 전송되므로 이메일함을 확인하고 링크를 클릭하여 인증을 완료해야 합니다. 간혹 이메일이 스팸함으로 분류될 수 있으므로 받은 편지함에 메일이 보이지 않는다면 스팸함도 확인해 보시기 바랍니다. 인증이 완료되면 본격적인 출판 계정 설정 단계로 이동합니다.

3 계정 정보 섹션 접근 및 설정

로그인 후 KDP 대시보드에 접속하면, 화면 상단 우측에 [Account] 링크가 있습니다. 이를 클릭하면 계정 정보 관리 페이지로 이동할 수 있습니다. 신규 계정의 경우 "Complete your account information(계정 정보 완성하기)"라는 노란색 알림 배너가 표시되는데, 이는 출판을 위해 필요한 추가 정보를 입력하라는 의미입니다.

계정 정보 섹션은 여러 탭으로 구성되어 있습니다. 'Author/Publisher Information'에서는 저자 및 출판사 정보를, 'Payment Information'에서는 인세 수령을 위한 금융 정보를, 'Tax Information'에서는 세무 관련 정보를 입력합니다. 각 섹션은 서로 연관되어 있으므로 순서대로 차근차근 완료하는 것이 중요합니다.

특히 한국 사용자의 경우, 시간대 설정을 'Seoul(GMT+9)'로 변경하는 것을 권장합니다. 이는 판매 리포트의 시간 기준과 관련이 있어 나중에 판매 현황을 분석할 때 혼란을 방지할 수 있습니다. 또한 언어 설정은 영어로 유지하는 것이 좋은데, 한국어로 변경할 경우 일부 고급 기능이 제한될 수 있기 때문입니다.

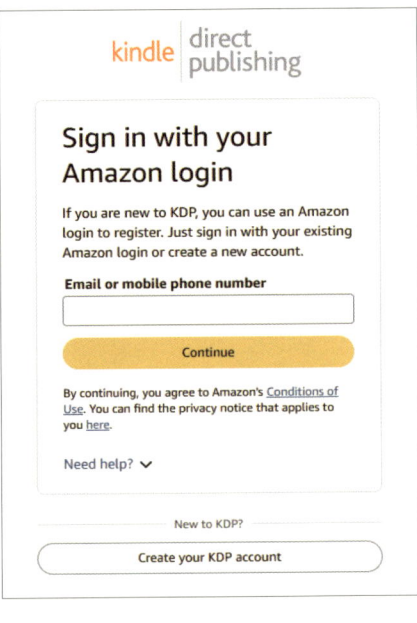

계정 정보 섹션 화면

4 개인 신원 정보 입력 요령

개인 신원 정보 입력은 KDP 계정 설정에서 중요한 단계 중 하나입니다. 여기서 입력하는 정보는 세무 처리와 인세 지급에 직접적으로 영향을 미칩니다. 'Legal Name' 필드에는 여권이나 주민등록증에 표기된 정확한 이름을 입력해야 합니다.

주소 정보 입력 시에는 영문 주소를 사용해야 합니다. 한국 주소를 영문으로 변환할 때는 우체국의 영문 주소 서비스를 이용하거나 국제 우편 표기 방식을 따라야 합니다. 예를 들어 '서울특별시 강남구 테헤란로 123'은 '123, Teheran-ro, Gangnam-gu, Seoul, Republic of Korea'로 표기합니다. 우편번호는 한국의 5자리 우편번호를 그대로 입력하면 됩니다.

전화번호 입력 시에는 국가 코드 '+82'를 포함해야 합니다. 한국 휴대폰 번호가 010-1234-5678인 경우, '+82-10-1234-5678'로 입력합니다. 입력한 전화번호는 2단계 인증과 긴급 연락 시 사용되므로 현재 사용 중인 번호를 입력해야 합니다.

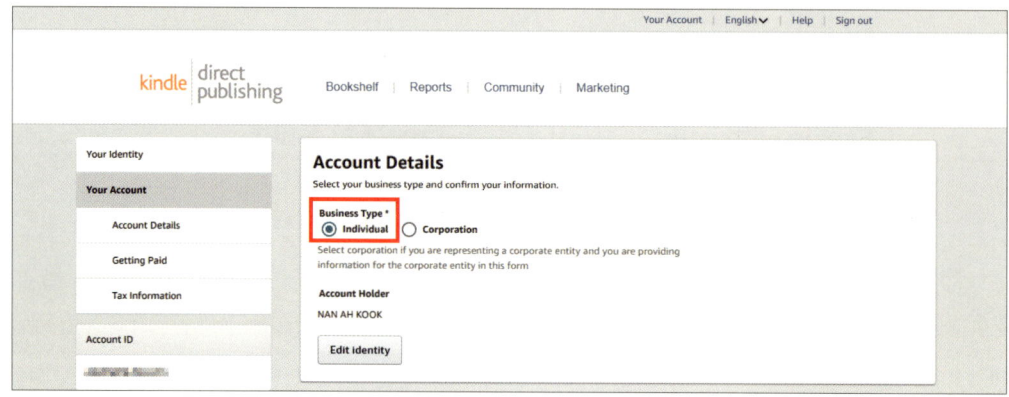

저자 및 출판사 정보 입력 이미지

5 계정 유형 선택 전략(개인 vs. 법인)

KDP에서는 [Individual](개인)과 [Company](법인) 계정 중 선택할 수 있습니다. 개인 계정은 설정이 간단하고 주민 등록 번호와 개인 정보만으로 가능하며, 소규모 출판 활동에 적합합니다. 다만 연간 일정 금액 이상 수익 시 종합 소득세 신고 대상이 될 수 있습니다.

법인 계정은 사업자 등록증 등 서류가 필요하지만, 사업 확장성과 세무 혜택 면에서 유리하며 여러 작가 협업이나 시리즈 출간에 적합합니다. 개인당 하나의 계정만 허용되지만 법인 계정은 별도 운영 가능합니다. 계정 유형 변경이 복잡하므로 신중한 초기 결정이 중요하며, 확실하지 않다면 개인 계정으로 시작 후 필요시 법인 계정을 별도 생성하는 것이 좋습니다.

Chapter 2
한국 작가를 위한 금융 정보 설정하기

　KDP 계정 생성 후 가장 중요한 단계는 금융 정보 설정입니다. 아마존은 미국 기반 플랫폼이므로 BIC 코드, SWIFT 코드 등 국내 금융 거래에서는 접하기 어려운 전문 용어가 등장합니다.

　정확한 금융 정보 입력이 아마존 인세 송금의 필수 조건입니다. 한국 주요 은행들은 각각 고유한 BIC 코드를 가지고 있으며, 국제 송금을 위한 식별 코드와 세무 정보까지 정확히 입력해야 합니다. 카카오뱅크, 신한은행 등 주요 은행별 정확한 코드 정보와 세무 입력 주의 사항을 안내합니다.

1 국제 은행 거래의 은행 식별 코드, BIC

1 주요 한국 은행의 BIC 코드

BIC(Bank Identifier Code) 코드는 국제 은행 간 거래에서 각 은행을 식별하는 고유한 코드입니다. SWIFT 코드라고도 불리며, 아마존에서 한국의 은행 계좌로 인세를 송금할 때 반드시 필요한 정보입니다. 한국의 주요 은행들은 모두 고유한 BIC 코드를 보유하고 있으며, 이를 정확히 입력하지 않으면 송금이 불가능하거나 지연될 수 있습니다.

국민은행의 BIC 코드는 'CZNBKRSE'이며, 이는 가장 많은 KDP 사용자들이 이용하는 은행 중 하나입니다. 신한은행은 'SHBKKRSE', 우리은행은 'HVBKKRSE'를 사용합니다. 하나은행의 경우 'KOEXKRSE'이며, 농협은행은 'NACFKRSE'입니다. 기업은행은 'IBKOKRSE'를 사용하고, 최근 많은 사용자가 늘어난 카카오뱅크는 'CITIKRSX'를 사용합니다.

❶ 주요 한국 은행의 BIC 코드
- **카카오뱅크**: CITIKRSX
- **국민은행**: CZNBKRSE
- **신한은행**: SHBKKRSE
- **우리은행**: HVBKKRSE
- **하나은행**: KOEXKRSE
- **농협은행**: NACFKRSE
- **IBK기업은행**: IBKOKRSE

이러한 코드들은 절대 추측이나 유사한 코드로 입력해서는 안 됩니다. 각 은행의 공식 홈페이지나 고객센터를 통해 확인하거나, 인터넷 뱅킹 서비스의 '해외송금' 섹션에서 정확한 코드를 확인할 수 있습니다. 또한 BIC 코드는 대소문자를 구분하지 않지만, 정확한 8자리 또는 11자리 형태로 입력해야 합니다. 일반적으로 한국 은행들은 8자리 코드를 사용하며, 이는 본점을 의미하는 기본 코드입니다.

2 카카오뱅크 금융기관 코드 정보

카카오뱅크는 최근 많은 젊은 작가가 선호하는 인터넷 전용 은행입니다. KDP 금융 정보 설정 시 필요한 카카오뱅크의 주요 정보는 다음과 같습니다. 금융 기관 코드는 '089'이며, 이는 한국은행에서 공식적으로 부여한 카카오뱅크의 고유 식별 번호입니다. SWIFT/BIC 코드는 'CITIKRSX'를 사용하며, 이는 카카오뱅크가 국제 거래에서 사용하는 공식 코드입니다.

은행명은 영문으로 'Kakao Bank'로 표기하며, 공식 영문 주소는 '231, Pangyoyeok-ro, Bundang-gu, Seongnam-si, Gyeonggi-do, Republic of Korea'입니다. 이 주소는 KDP에서 은행 정보를 입력할 때 '은행 주소' 란에 정확히 입력해야 하는 정보입니다. 특히 카카오뱅크는 실제 오프라인 지점이 없는 인터넷 전용 은행이므로 반드시 이 본점 주소를 사용해야 합니다.

카카오뱅크 사용자들이 주의해야 할 점은 계좌번호 입력 형식입니다. 카카오뱅크의 계좌번호는 보통 '3333-XX-XXXXXXX' 형태로 구성되어 있는데, KDP에 입력할 때는 하이픈(-)을 제거하고 숫자만 입력해야 합니다. 또한 카카오뱅크는 상대적으로 신생 은행이므로 간혹 아마존 시스템에서 은행명을 인식하지 못하는 경우가 있습니다. 이럴 때는 고객 센터에 문의하거나 다른 주요 은행 계좌를 추가로 등록하는 것을 고려해 볼 수 있습니다.

❶ 카카오뱅크의 은행 코드 정보

- **금융 기관 코드**(Bank Code): 089
- **SWIFT 코드**: CITIKRSX
- **은행명**(영문): Kakao Bank
- **은행 주소**(영문): 231, Pangyoyeok-ro, Bundang-gu, Seongnam-si, Gyeonggi-do, Republic of Korea

3 신한은행 기본 정보 및 설정법

신한은행은 한국의 대표적인 시중 은행 중 하나로, 많은 KDP 사용자들이 이용하고 있습니다. 신한은행의 기본 정보를 정확히 입력하는 것은 원활한 인세 수령을 위해 필수적입니다.

신한은행의 BIC/SWIFT 코드는 'SHBKKRSE'이며, 이는 국제 표준에 따라 8자리로 구성된 코드입니다. 금융 기관 코드는 '088'을 사용하며, 이는 한국은행에서 공식적으로 부여한 신한은행의 고유 번호입니다.

은행명은 영문으로 'Shinhan Bank'로 표기해야 하며, 공식 영문 주소는 '20, Sejong-daero 9-gil, Jung-gu, Seoul, 04513, Korea'입니다. 이 주소는 신한은행 본점의 주소이므로 어느 지점의 계좌를 사용하든 관계없이 동일하게 입력하면 됩니다. 특히 신한은행은 해외 송금 업무에 오랜 경험이 있어 아마존과의 거래에서 안정적인 서비스를 제공합니다.

신한은행 계좌 정보를 입력할 때 주의할 점은 계좌번호 형식입니다. 신한은행의 계좌번호는 보통 'XXX-XX-XXXXXX' 형태로 구성되어 있지만, KDP에 입력할 때는 하이픈을 제거하고 숫자만 입력해야 합니다. 또한 신한은행은 USD 외화 계좌도 제공하므로 환전 수수료를 절약하고 싶다면 USD 계좌를 개설하여 등록하는 것도 좋은 방법입니다. 이 경우 아마존에서 직접 USD로 송금받을 수 있어 환전 과정에서 발생하는 수수료와 환율 손실을 최소화할 수 있습니다.

❶ 신한은행의 기본 정보
- 은행명(영문): Shinhan Bank
- 금융 기관 코드(Bank Code): 088
- BIC/SWIFT 코드: SHBKKRSE
- 은행 주소(영문): 20, Sejong-daero 9-gil, Jung-gu, Seoul, 04513, Korea

❹ 세무 정보 입력 시 주의할 점

KDP에서 금융 정보를 설정할 때는 기본적인 은행 정보 외에도 세무 관련 정보를 입력해야 합니다. 이는 아마존이 미국 기업이기 때문에 미국 세법에 따라 필요한 절차입니다. 한국 거주자의 경우 '해외 거주자'로 분류되어 별도의 세무 양식을 작성해야 합니다.

세무 정보 입력 시 중요한 것은 정확한 개인 정보 입력입니다. 이름은 신분증과 동일하게 입력하고, 주소는 실제 거주지를 영문으로 정확히 기재해야 합니다. 잘못된 정보를 입력하면 인세 지급에 문제가 생길 수 있으므로 신중하게 작성해야 합니다.

또한 거주 국가를 'Korea, Republic of'로 정확히 선택하는 것이 중요합니다. 이를 통해 한국 거주자임을 증명할 수 있으며, 향후 세무 처리 시 필요한 기준이 됩니다. 개인 정보가 변경되면 즉시 KDP에서 수정해야 하므로 이사나 개명 등이 있을 때는 잊지 말고 업데이트해야 합니다.

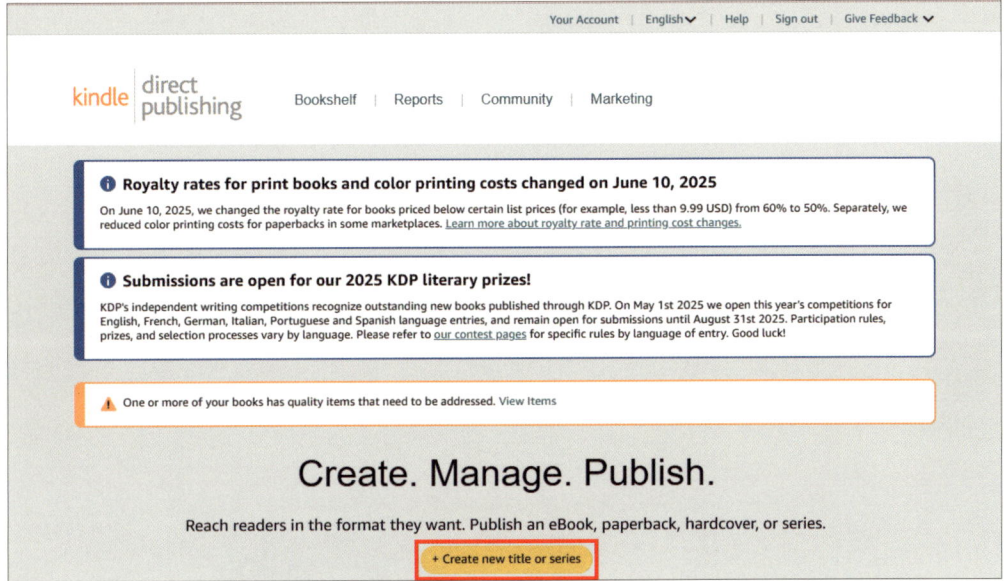

성공적으로 작성된 KDP 계정 이미지(kindle directig publishing)

Chapter 3
KDP에서 그림책 출판 과정 최적화하기

    KDP 그림책 출판은 단순한 파일 업로드가 아닌 전략적 접근이 필요합니다. 그림책은 제목과 부제목만으로 독자의 관심을 끌어야 하며, 내용 소개를 통해 부모와 아이들이 선택해야 하는 이유를 명확히 전달해야 합니다.

    KDP의 3단계 프로세스를 완전히 이해하고 각 단계마다 최선의 선택을 하는 것이 핵심입니다. 첫 번째 도서 정보 입력에서는 제목, 시리즈 정보, 챗GPT 활용 내용 소개 작성, 두 번째 콘텐츠 업로드에서는 고품질 파일 준비, 세 번째 가격 설정에서는 경쟁력 있는 가격 책정이 필요합니다.

1. 전자책 출판 메뉴 접근 방법

KDP 계정 로그인 후 대시보드에서 상단의 [bookshelf] 버튼을 클릭하면 새로운 킨들 도서 출판 절차가 시작됩니다. 전자책(Kindle eBook), 페이퍼백(Paperback), 하드커버(Hardcover), 시리즈 페이지(Series page) 등 다양한 출판 옵션이 표시됩니다.

초보 작가들이 주의해야 할 점은 전자책 출판을 먼저 완료한 후 페이퍼백 출판을 진행하는 것이 일반적인 순서입니다. 전자책은 제작 과정이 상대적으로 간단하고, 출판 승인도 빠르게 이루어지기 때문에 첫 출판 경험을 쌓기에 적합합니다. 또한 전자책이 먼저 출간되면 독자들의 반응을 확인한 후 페이퍼백 출판 여부를 결정할 수 있어 더욱 효율적입니다.

메뉴 접근 시 언어 설정에 대해서도 신중하게 고려해야 합니다. 첨부 파일에 따르면 언어 설정은 기본값으로 유지해도 무방하다고 되어 있습니다. 이는 KDP 인터페이스의 사용 언어를 의미하는 것으로, 실제 그림책의 내용 언어와는 별개입니다. 한국어 그림책을 출간하더라도 KDP 인터페이스는 영어로 사용하는 것이 시스템 안정성과 기능 활용 면에서 유리할 수 있습니다.

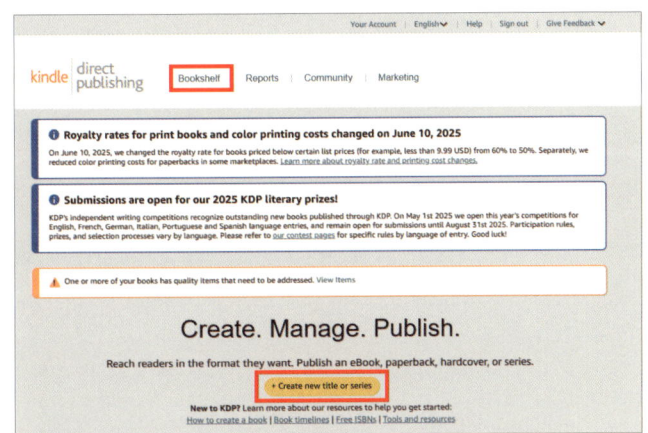

성공적으로 작성된 KDP 계정 이미지(kindle directig publishing)

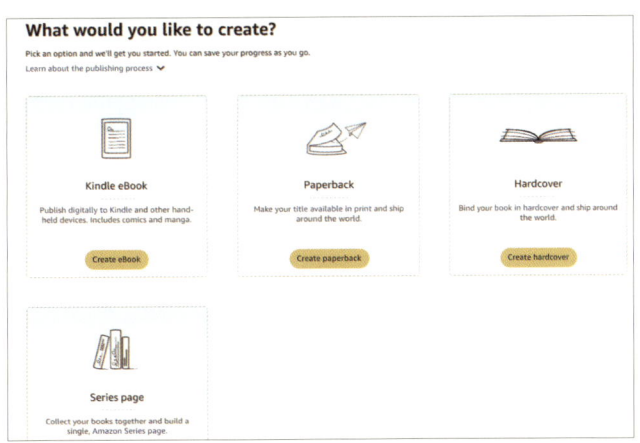

KDP 책 종류 선택 후 등록 화면

2. 도서 정보 입력 3단계 프로세스

KDP의 출판 과정은 크게 세 단계로 구성됩니다. 도서 정보 입력, 콘텐츠 업로드, 가격 설정입니다. 이 중 첫 번째 단계인 도서 정보 입력이 가장 중요하며, 여기서 입력하는 메타데이터가 독자들이 여러분의 그림책을 발견하는 주요 경로가 됩니다. 각 단계는 순차적으로 진행되며, 이전 단계를 완료하지 않으면 다음 단계로 넘어갈 수 없습니다.

도서 정보 입력 단계에서는 제목, 부제목, 저자명, 시리즈 정보, 도서 설명, 키워드, 카테고리 등을 입력합니다. 이러한 정보들은 아마존의 검색 시스템에서 독자들에게 여러분의 책을 노출시키는 데이터가 됩니다. 따라서 단순히 기본적인 정보를 입력하는 것이 아니라 독자의 검색 패턴과 관심사를 고려한 전략적 입력이 필요합니다.

콘텐츠 업로드 단계에서는 실제 그림책 파일과 표지 이미지를 업로드합니다. 이 단계에서는 파일의 품질과 형식이 중요하며, 그림책의 경우 이미지 해상도와 색상 재현이 중요한 요소입니다. 가격 설정 단계에서는 판매 가격과 판매 지역을 결정하게 되며, 이는 수익성과 경쟁력에 직접적인 영향을 미칩니다. 각 단계를 체계적으로 준비하고 진행하면 전문적인 품질의 그림책 출간이 가능합니다.

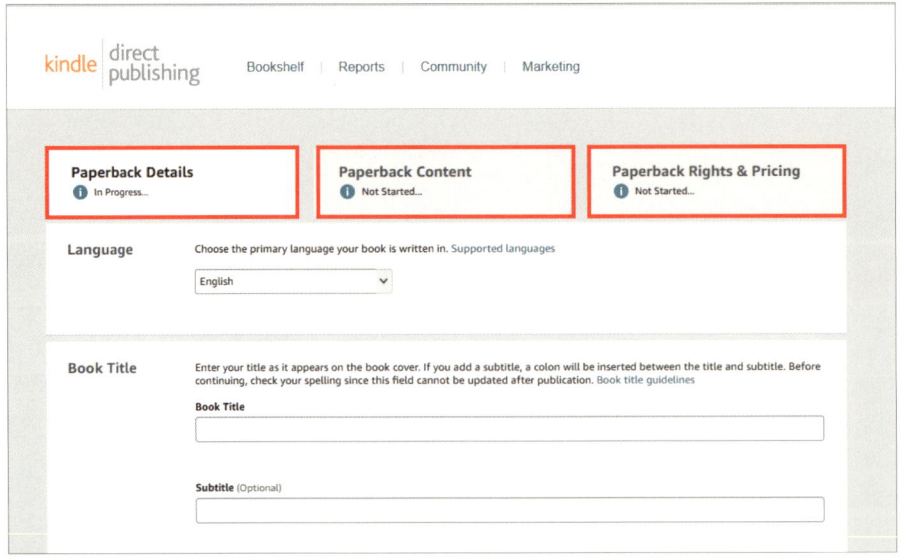

도서 정보 입력 3단계 프로세스 화면

3 효과적인 도서 제목과 부제목 설정 기법

1 효과적인 도서 제목 설정

제목과 부제목은 독자들이 여러분의 그림책을 발견하는 주요 경로입니다. 효과적인 제목 작성을 위해서는 핵심 키워드를 포함한 간결하고 명확한 제목을 사용해야 합니다. 예시로 "Twinkle, Twinkle Everywhere"는 감성적이면서도 기억하기 쉬운 제목의 좋은 사례입니다. 또한 대상 연령대를 제목에 포함시키면 검색 노출에 도움이 된다고 명시되어 있습니다.

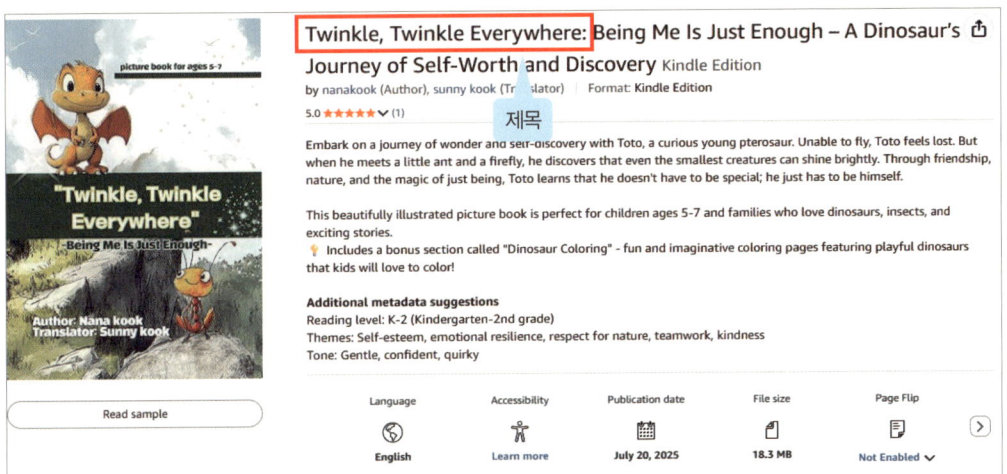

책이 판매되는 화면의 제목 위치

2 효과적인 도서 부제목 설정

부제목은 제목을 보완하고 추가 키워드를 포함할 수 있는 중요한 기회입니다. 첨부 파일의 예시인 "일하는 탈것, 일하는 자동차"와 같이 책의 주제와 내용을 구체적으로 설명하는 부제목을 사용하면 독자들이 책의 내용을 쉽게 이해할 수 있습니다. 부제목에는 교육적 가치나 특별한 특징을 강조하는 내용을 포함할 수 있어 부모들이 자녀를 위한 책을 선택할 때 중요한 판단 기준이 됩니다.

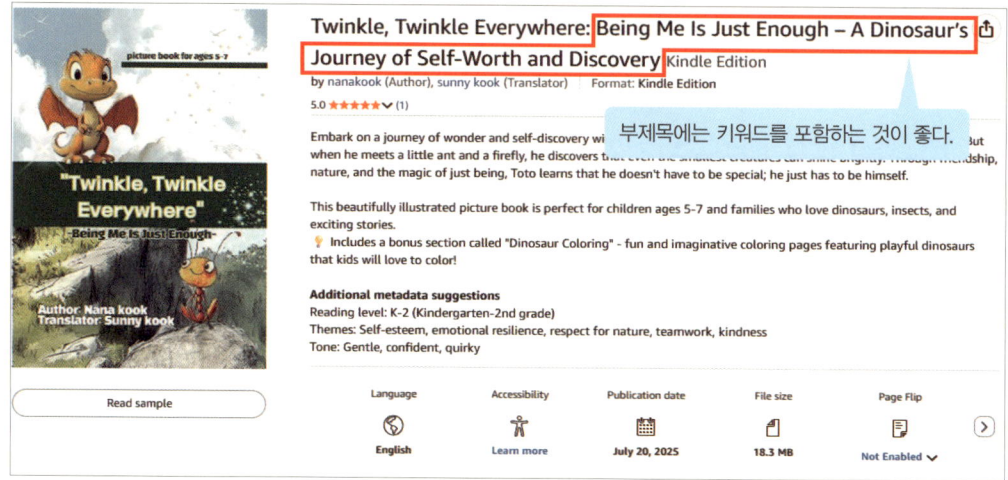

책이 판매되는 화면의 부제목 위치

    제목과 부제목 설정 시 주의할 점은 지나치게 길거나 복잡한 표현을 피하는 것입니다. 아마존의 검색 시스템에서 효과적으로 인식될 수 있도록 핵심 키워드를 앞쪽에 배치하고, 독자들이 쉽게 기억할 수 있는 간결한 형태로 구성해야 합니다. 또한 시리즈로 출간할 계획이 있다면 첫 권부터 일관된 제목 구조를 사용하여 브랜드 인지도를 높이는 것이 중요합니다.

4 시리즈와 판 정보 관리 전략

    시리즈와 판 정보 관리는 장기적인 출판 전략에서 중요한 요소입니다. 시리즈로 출판하거나 개정판을 준비할 때 알아야 할 사항들이 구체적으로 제시되어 있습니다. 시리즈 설정의 경우 여러 그림책을 시리즈로 묶어 출판할 때 활용하며, 첨부 파일의 예시인 "두근두근 영어 그림책 시리즈"와 같이 명확하고 일관된 시리즈명을 사용해야 합니다. 첫 출판이라면 시리즈 설정을 생략해도 무방하다고 되어 있습니다.

    판 정보(Edition Number)에 대해서는 초판 출판 시에는 기본값을 유지하고, 내용을 대폭 수정했을 때만 "제2판" 등으로 변경하라고 명시되어 있습니다. 이는 독자들의 혼란을 방지하고 일관된 버전 관리를 위한 중요한 지침입니다. 단순한 오탈자 수정이나 표지 디자인 변경 정도로는 판 번호를 변경할 필요가 없다는 점을 기억해야 합니다.

저자 정보에 대해서는 본명 또는 필명(펜네임)을 사용할 수 있으며, 공동 저자가 있는 경우 추가할 수 있다고 되어 있습니다. 특히 중요한 점은 일관된 저자명을 사용하면 향후 작품들이 모두 연결된다는 것입니다. 이는 작가로서의 브랜드 구축과 독자층 형성에 매우 중요한 요소이므로 초기부터 신중하게 저자명을 결정하고 일관성 있게 사용해야 합니다.

5 챗GPT 활용 내용 소개 작성법

아마존 상품 페이지에 표시되는 내용 소개는 판매에 직접적인 영향을 미치므로 전문적이고 매력적인 내용으로 작성해야 합니다. 기본 구조는 2~3개 문단으로 구성하여 가독성을 높이되, 첫 문단에서는 책의 주요 내용과 특징을 간략히 소개하고, 중간 문단에서는 교육적 가치와 독자가 얻을 수 있는 이점을, 마지막 문단에서는 저작권 및 연령 적합성 안내를 포함하라고 되어 있습니다.

실제 챗GPT 활용 과정을 보면, 다음과 같은 정보를 제공해야 합니다. 언어 선택(영어/한국어), 주요 타깃 독자(5~7세 어린이 등), 카테고리(아동 〉 동화), 중점 키워드('자존감', '우정', '자기 발견', '자연', '공룡', '곤충', '빛나는 존재' 등). 이러한 정보를 바탕으로 챗GPT가 생성한 결과물 예시도 구체적으로 제시되어 있습니다.

- **언어 선택**: 등록 언어가 영어
- **주요 타깃 독자**: 예를 들어, 5~7세 어린이, 초등학생, 유아, 부모님
- **카테고리**: KDP에서 책을 분류할 때 아동
- **동화 중점 키워드**: '자존감', '우정', '자기 발견', '자연', '공룡', '곤충', '빛나는 존재'

실제 생성된 챗GPT의 내용을 보면 "Book Description Meet Toto, a young pterosaur who feels like just another creature in a big world. Wishing he could shine as brightly as the twinkling lights around him, Toto sets off on a gentle journey of self-discovery. Along the way, he befriends a colony of playful ants and encounters the magic of fireflies illuminating the night. Through these tiny friends and the wonders of nature, Toto learns about friendship and the special spark he's had"로 시작하는 매력적인 스토리 소개가 있습니다.

이와 함께 키워드(self-esteem, dinosaur story, children's nature book 등), 추천 연령대(5~7 years), 카테고리(Children's Books 〉 Literature & Fiction 〉 Fairy Tales, Folk Tales & Myths) 등이 체계적으로 제시되어 있어 이를 그대로 활용하면 전문적인 도서 메타데이터를 완성할 수 있습니다.

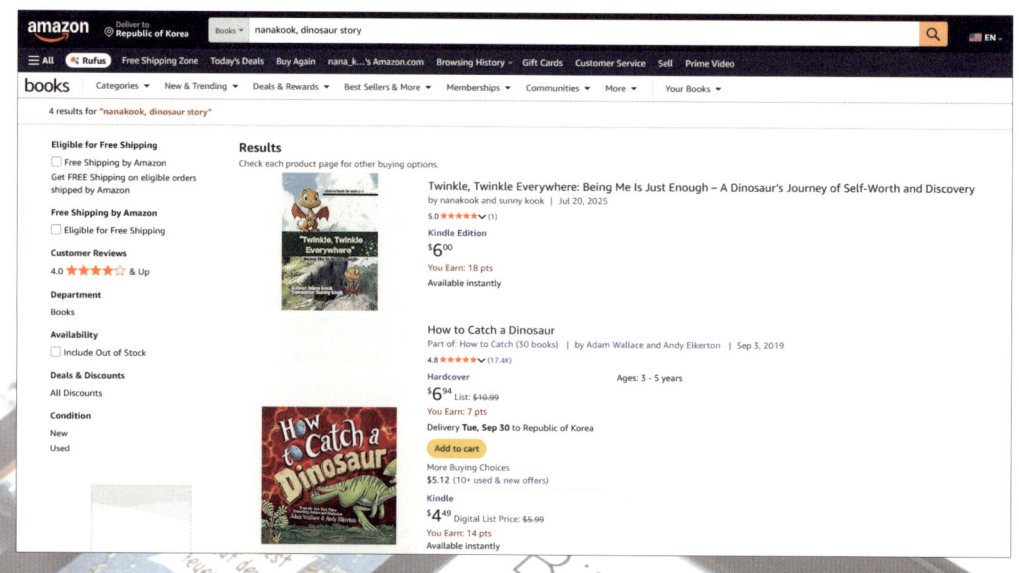

Chapter 4 카테고리 및 키워드 최적화 전략

아마존 KDP에서 그림책 성공의 핵심은 독자들이 작품을 발견할 수 있도록 하는 것입니다. 카테고리와 키워드 설정은 필수적인 마케팅 도구가 됩니다. 카테고리는 아마존 내 분류 체계로 검색 노출에 결정적 영향을 미치며, 키워드는 독자들의 실제 검색어와 책을 연결하는 다리 역할을 합니다.

카테고리 3개와 키워드 7개를 전략적으로 선택하는 것이 중요합니다. 키워드는 핵심 주제부터 연령대, 형식, 제작 방식까지 다양한 측면을 고려해야 하며, 구글 검색 제안과 아마존 자동 완성 기능을 활용한 체계적인 연구가 필요합니다.

1. 최적의 카테고리 선택 방법론

1 아마존 카테고리 시스템 이해하기

아마존 카테고리는 '킨들 도서' → '그림책' → '자동차'와 같은 계층적 3단계 구조입니다. 그림책은 '그림책·아동서' → '읽을거리' 등 전용 카테고리가 존재하므로 자신의 그림책 내용과 가장 밀접한 카테고리를 정확히 파악해야 합니다. 첫 번째 카테고리는 아마존 추천 알고리즘에서 가장 중요하게 고려되므로 신중한 선택이 필요합니다.

2 경쟁 분석과 최적 카테고리 선택

각 카테고리의 베스트셀러 목록을 분석하여 상위 도서들의 판매량, 리뷰 수, 출간 일자를 확인해야 합니다. 큰 카테고리는 독자가 많지만 경쟁이 치열하고, 작은 카테고리는 독자도 적고 경쟁도 치열하지 않습니다. 시장 규모와 노출 기회의 균형점을 찾아 구체적인 하위 카테고리를 선택하는 것이 더 높은 노출 기회를 제공합니다.

2. 추가 카테고리 설정 기법

1 2차 카테고리 전략적 활용법

두 번째 카테고리는 보완적인 카테고리를 선택해야 합니다. 2차 카테고리의 목적은 1차 카테고리와 다른 관점에서 책을 찾는 독자들에게 노출되는 것입니다. 예를 들어, 1차 카테고리가 주제 중심이었다면, 2차 카테고리는 교육적 가치나 연령대를 중심으로 선택할 수 있습니다. 예시인 '교육·학습 참고서' → '유아 교육'이 이러한 전략의 좋은 사례입니다.

2 3차 카테고리 보완 선택 기법

3차 카테고리는 1차, 2차 카테고리에서 커버하지 못한 독자층을 대상으로 선택해야 합니다.

예시로 '그림책·아동서' → '읽을거리'는 독서 목적이나 형식에 중점을 둔 카테고리입니다. 3차 카테고리를 통해 다양한 검색 의도를 가진 독자들에게 노출될 수 있습니다.

3 교육적 가치 강조 카테고리 설정

그림책은 교육적 가치가 중요한 요소이므로 추가 카테고리 중 하나는 교육적 측면을 강조하는 카테고리를 선택하는 것이 효과적입니다. 첨부 파일에서 언급된 바와 같이, 그림책의 교육적 가치에 맞는 카테고리를 고려해야 합니다. 이는 교육에 관심이 높은 부모들에게 어필할 수 있는 중요한 전략입니다.

4 연령대별 카테고리 매칭 전략

그림책의 특성상 연령대별 카테고리 매칭이 중요합니다. 첨부 파일에서 제시된 연령대 키워드(유아, 0세, 1세, 2세)와 연계하여 해당 연령대에 카테고리를 선택해야 합니다. 이를 통해 특정 연령대의 자녀를 둔 부모들에게 노출될 수 있습니다.

5 계절성 카테고리 활용 방안

일부 그림책은 계절성을 가지고 있어 특정 시기에 더 많은 관심을 받을 수 있습니다. 이러한 경우 계절에 따라 카테고리를 조정하거나 계절성을 고려한 카테고리를 추가로 선택할 수 있습니다. 예를 들어, 겨울 관련 그림책의 경우 겨울 시즌에는 계절 관련 카테고리를 활용하고, 평상시에는 더 일반적인 카테고리를 사용할 수 있습니다.

3 카테고리 조합 전략

1 3단계 카테고리 조합 원칙

총 3개의 카테고리를 선택할 수 있으므로 이를 전략적으로 조합하는 것이 중요합니다. 1차 카테고리는 정확성을, 2차와 3차 카테고리는 보완성을 추구하는 것이 기본 원칙입니다. 각 카테고리는 서로 다른 독자층을 대상으로 하되, 전체적으로 책의 정체성과 일관성을 유지해야 합니다.

2 경쟁 회피 카테고리 선택법

광범위한 카테고리는 경쟁이 심할 수 있습니다. 이를 위해 각 카테고리의 경쟁 강도를 분석하고, 자신의 책이 경쟁할 수 있는 수준의 카테고리를 선택해야 합니다.

3 장기적 브랜딩을 위한 카테고리 전략

단일 작품뿐만 아니라 장기적인 브랜딩을 고려한 카테고리 전략이 필요합니다. 시리즈 출간을 계획하고 있다면, 일관된 카테고리 전략을 통해 브랜드 인지도를 높이고, 독자들이 시리즈를 쉽게 발견할 수 있도록 해야 합니다.

4 검색 키워드 연구 및 최적화

1 키워드 연구 도구 활용법

❶ 구글 검색 제안 기능 활용

구글 검색 제안 기능은 실제 사용자들이 자주 검색하는 용어를 보여 주는 유용한 도구입니다. 그림책 관련 키워드를 입력했을 때 나타나는 자동 완성 제안들을 분석하여 실제 부모들이 사용하는 검색어를 파악할 수 있습니다. 이를 통해 보다 실용적이고 효과적인 키워드를 선정할 수 있습니다.

❷ 아마존 자동 완성 기능 분석

아마존 자동 완성 기능은 아마존 내에서 실제로 검색되는 용어들을 보여 주므로 KDP 키워드 선정에 직접적으로 활용할 수 있습니다. 아마존 검색창에 그림책 관련 키워드를 입력하여 나타나는 자동 완성 제안들을 분석하고, 이를 키워드 선정에 반영해야 합니다.

❸ 경쟁작 키워드 분석 방법

성공적인 경쟁작들이 어떤 키워드를 사용하고 있는지 분석하는 것도 중요합니다. 비슷한 주제나 대상 독자를 가진 그림책들의 제목, 부제목, 설명을 분석하여 효과적인 키워드 패턴을 파악할 수 있습니다. 하지만 단순히 모방하는 것이 아니라 자신의 책만의 독특한 키워드를 발굴하는 것이 중요합니다.

❹ 트렌드 키워드 발굴 기법

키워드 트렌드는 계속 변화하므로 최신 트렌드를 파악하고 반영하는 것이 중요합니다. 특히 그림책 분야에서는 교육 트렌드, 육아 트렌드, 기술 트렌드 등이 키워드에 영향을 미칠 수 있습니다. 'AI 그림책, 미드저니' 등이 이러한 트렌드 키워드의 예시입니다.

2 키워드 유형별 선정 전략

❶ 주제 관련 핵심 키워드(말하는 자동차, 일하는 탈것)

주제 관련 핵심 키워드는 책의 내용을 직접적으로 표현하는 중요한 키워드입니다. '말하는 자동차, 탈것'과 같은 키워드는 해당 주제에 관심이 있는 독자들이 직접 검색할 가능성이 높은 용어들입니다. 이러한 키워드를 선정할 때는 정확성과 검색량을 동시에 고려해야 합니다.

❷ 구체적 내용 키워드(소방차, 불도저, 로켓)

구체적인 내용 키워드는 책에 등장하는 특정 요소들을 나타내는 키워드입니다. 예시인 '소방차, 불도저, 로켓' 등은 해당 요소에 특별한 관심이 있는 독자들을 대상으로 합니다. 이러한 키워드는 높은 전환율을 기대할 수 있습니다.

❸ 연령대 키워드(유아, 0세, 1세, 2세)

연령대 키워드는 그림책의 특성상 매우 중요한 키워드입니다. 제시된 '유아, 0세, 1세, 2세' 등의 키워드는 부모들이 자녀의 연령에 맞는 책을 찾을 때 사용하는 대표적인 검색어입니다. 이러한 키워드를 포함함으로써 특정 연령대의 자녀를 둔 부모들에게 정확하게 노출될 수 있습니다.

❹ 형식 키워드(그림책, 킨들 그림책)

형식 키워드는 책의 형태나 플랫폼을 나타내는 키워드입니다. '그림책, 킨들 그림책' 등의 키워드는 특정 형식의 책을 찾는 독자들을 대상으로 합니다. 특히 '킨들 그림책'은 전자책 형태의 그림책을 찾는 독자들에게 어필할 수 있습니다.

❺ 제작 방식 키워드(AI 그림책, 미드저니)

제작 방식 키워드는 최신 트렌드를 반영한 혁신적인 키워드입니다. 'AI 그림책, 미드저니' 등의 키워드는 AI 기술에 관심이 있는 독자들이나 새로운 형태의 콘텐츠를 찾는 독자들을 대상으로 합니다. 이러한 키워드는 차별화된 포지셔닝을 위해 활용할 수 있습니다.

3 키워드 개수 제한 활용법

최대 7개의 키워드를 입력할 수 있습니다. 이 제한된 기회를 최대한 활용하기 위해서는 각 키워드가 서로 다른 역할을 하도록 전략적으로 배분해야 합니다. 예를 들어, 주제 키워드 2개, 연령대 키워드 2개, 형식 키워드 2개, 트렌드 키워드 1개로 구성할 수 있습니다.

5 효과적인 키워드 입력 형식

❶ 기본 입력 규칙 준수

키워드 간 쉼표로 구분하고, 각 키워드는 가급적 1~3단어로 구성하며, 과도하게 긴 문장은 피해야 합니다. 예를 들면 '일하는 자동차, 소방차, 유아 그림책, 킨들 그림책, AI 그림책, 0세, 교통수단'을 들 수 있습니다.

❷ 키워드 최적화 체크리스트

효과적인 키워드 입력을 위한 내용은 다음과 같습니다. 첫째, 책의 실제 내용과 관련성이 있는 키워드만 사용하기, 둘째, 동일하거나 매우 유사한 키워드 중복 피하기, 셋째, 검색량과 경쟁 강도를 고려한 균형 잡힌 키워드 선택하기, 넷째, 대상 독자가 실제로 사용할 만한 용어 선정하기입니다.

3 키워드 성과 모니터링

키워드를 설정한 후에는 KDP의 통계 기능을 활용하여 각 키워드의 성과를 추적해야 합니다. 어떤 키워드를 통해 독자들이 유입되는지, 실제 구매로 이어지는 키워드는 무엇인지 분석하여 지속적으로 키워드 전략을 개선할 수 있습니다. 필요에 따라 효과가 낮은 키워드를 더 효과적인 키워드로 교체하는 것도 중요합니다.

Chapter 5
페이퍼백 개념과 아마존 POD 시스템 이해

　페이퍼백은 전자책에 이어 종이책 출간을 고려하는 그림책 작가들에게 매력적인 선택지입니다. 페이퍼백의 특징으로는 유연한 표지와 부드러운 책등을 가진 구체적인 제본 방식을 들 수 있습니다.

　아마존의 POD(Print-On-Demand, 주문형 인쇄) 시스템은 주문 즉시 실시간 인쇄가 이루어져 초기 투자나 재고 부담 없이 전문적 품질의 종이책 출간이 가능합니다. 인쇄 비용은 판매 후 인세에서 공제되어 작가의 재정 리스크를 최소화하며, 필요한 수량만 생산하여 환경 지속 가능성도 보장합니다.

1 페이퍼백의 전문적 정의와 특성

1 페이퍼백의 전문적 정의와 특성

❶ 페이퍼백의 출판 산업적 정의

그림책 작가로서 여러분이 만든 디지털 작품을 실제 손으로 만질 수 있는 책으로 만드는 과정에서 이해해야 할 개념이 바로 '페이퍼백'입니다. 페이퍼백은 단순히 '종이로 만든 책'이라는 의미가 아닙니다. 출판 산업에서 사용하는 전문 용어로, 표지가 유연한 종이 재질로 제작되어 책등이 구부러질 수 있는 특별한 제본 방식을 의미합니다.

페이퍼백이라는 용어는 두 가지 핵심 요소로 구성됩니다. '페이퍼(Paper)'는 책의 표지 재질이 유연한 종이로 제작됨을 의미하고, '백(Back)'은 책등이 유연하여 구부러질 수 있는 특성을 나타냅니다. 이는 단순한 제본 방식이 아니라 독자의 편의성과 제작 효율성을 모두 고려한 출판 기술입니다.

❷ 페이퍼백의 구조적 특성과 장점

페이퍼백의 가장 큰 특징은 유연성입니다. 마치 잡지처럼 표지를 접거나 말 수 있어서 하드커버 책처럼 단단한 보드지를 사용하지 않습니다. 또한 하드커버에서 볼 수 있는 별도의 북재킷(겉표지 보호용 종이)이 없이 인쇄된 표지가 책의 본체와 직접 결합된 일체형 구조를 가집니다.

이러한 구조적 특성으로 인해 페이퍼백은 여러 가지 장점을 제공합니다.

첫째, 하드커버보다 가벼워 휴대성이 뛰어납니다.

둘째, 제작 공정이 간소화되어 비용 효율성이 높습니다.

셋째, 유연한 표지로 인해 독자가 편안한 자세로 책을 읽을 수 있습니다.

넷째, 대량 운송 시 부피를 줄일 수 있어 물류 비용도 절약됩니다.

페이퍼백의 유연성은 특히 어린이 도서에서 안전성 측면에서도 장점이 됩니다. 하드커버의 날카로운 모서리와 달리 페이퍼백은 부드러운 표지로 인해 아이들이 다칠 위험이 적습니다.

❸ 그림책 출판에서의 페이퍼백 활용 전략

그림책은 반복적으로 읽히는 특성이 있어 내구성보다는 접근성이 더 중요합니다. 페이퍼백은 아이들이 자유롭게 책장을 넘기고, 필요시 접어서 보관할 수 있는 편의성을 제공합니다. 부모의 입장에서도 여러 권의 그림책을 구매할 때 경제적 부담이 적어 구매 결정이 쉬워집니다.

2 : 하드커버와의 구조적 차이점 분석

1 표지 구조의 근본적 차이점

페이퍼백과 하드커버의 차이를 이해하는 것은 출판 전략을 세우는 데 매우 중요합니다. 하드커버와의 비교에서 가장 두드러진 특징은 북커버의 유무입니다. 하드커버는 단단한 표지 위에 북재킷이라는 추가 레이어가 존재하는 반면, 페이퍼백은 인쇄된 표지가 책의 본체와 직접 결합된 형태를 취합니다.

이를 쉽게 비유하면, 하드커버는 '스마트폰에 케이스를 씌운 것'과 같습니다. 두꺼운 보드지로 만든 단단한 표지(케이스) 위에 북재킷이라는 추가 종이 레이어(보호 필름)가 씌워진 구조입니다. 반면 페이퍼백은 하나의 큰 스티커를 책 전체에 감싼 것과 같은 단일 표면 구조를 가집니다. 앞표지, 책등, 뒤표지가 하나의 연속된 평면으로 구성되어 있어 디자인할 때도 이 세 영역을 하나의 통합된 레이아웃으로 고려해야 합니다.

2 제작 공정과 재질의 구조적 분석

구체적인 구조적 차이점들을 분석해 보면 다음과 같습니다. 표지 재질에서 하드커버는 두꺼운 보드지에 천이나 종이를 감싸는 형태인 반면, 페이퍼백은 두꺼운 종이를 직접 표지로 사용합니다. 제본 방식에서도 하드커버는 실제본이나 접착 제본을 사용하여 더 견고하지만, 페이퍼백은 주로 접착 제본을 사용하여 더 간단합니다.

내구성 측면에서는 하드커버가 더 오래 보존되지만, 페이퍼백은 일상적인 사용에 충분한 내구성을 제공하면서도 더 경제적입니다. 이러한 구조적 차이는 제작 과정, 비용 그리고 최종 사용자 경험에 큰 영향을 미칩니다. 하드커버는 여러 단계의 복잡한 제작 공정을 거쳐야 하지만, 페이퍼백은 상대적으로 간소화된 공정을 통해 빠르고 효율적으로 제작할 수 있습니다.

3 그림책 제작에서의 전략적 선택 기준

그림책 제작자의 관점에서 보면, 페이퍼백은 특히 어린이 독자들에게 적합한 선택입니다. 무게가 가벼워 아이들이 스스로 들고 읽기 쉽고, 떨어뜨려도 하드커버만큼 위험하지 않으며, 가격이 저렴해 부모들이 구매하기에 부담이 적습니다. 또한 POD 시스템과 결합했을 때 초기 투자 비용을 최소화할 수 있어 신진 작가들에게 매우 실용적인 선택입니다.

하드커버와 페이퍼백의 선택은 단순히 제작 비용의 문제가 아니라 타깃 독자층과 사용 환경을 고려한 전략적 결정입니다. 그림책의 경우 반복적으로 읽히고, 아이들이 직접 다루며, 여러 권을 함께 구매하는 경우가 많으므로 페이퍼백의 장점이 더욱 부각됩니다. 특히 시리즈 그림책의 경우 페이퍼백으로 출간하면 부모들이 전체 시리즈를 구매하는 데 경제적 부담을 줄일 수 있습니다.

3 : 아마존 POD 시스템 작동 원리

1 POD 시스템의 혁신적 특징

아마존 KDP는 페이퍼백 출판에 있어 POD(Print-On-Demand, 주문형 인쇄) 시스템을 도입했습니다. 이는 주문 기반 생산으로 독자의 주문이 발생한 시점에 실시간으로 책이 인쇄되는 방식이며, 재고 부담 제거로 사전 인쇄 및 보관에 따른 재고 비용과 위험 요소를 제거합니다.

아마존의 POD 시스템은 마치 '주문 즉시 요리하는 레스토랑'과 같은 개념입니다. 전통적인 출판 방식이 '도시락 가게'처럼 미리 많은 양을 준비해 두고 파는 방식이었다면, POD는 주문이 들어오는 순간 그 자리에서 바로 요리(인쇄)해서 제공하는 방식입니다. 이는 개인 작가에게는 꿈과 같은 시스템입니다. 과거에는 수백만 원의 초기 투자가 필요했던 종이책 출판이 이제는 초기 비용 없이 가능해졌기 때문입니다.

2 POD 시스템의 단계별 작동 과정

POD 시스템의 작동 과정을 단계별로 설명하면 다음과 같습니다.

첫 번째 단계는 독자 주문입니다. 독자가 아마존에서 페이퍼백을 주문하면 시스템이 자동으로 주문을 감지하고 인쇄 대기열에 추가합니다.

두 번째 단계는 파일 전송입니다. 작가가 업로드한 원고 파일과 표지 파일이 자동으로 인쇄 시설로 전송됩니다.

세 번째 단계는 실시간 인쇄로, 고해상도 디지털 인쇄 장비를 통해 주문된 책이 즉시 인쇄됩니다.

네 번째 단계는 자동 제본으로, 인쇄된 페이지들이 자동화된 제본 장비를 통해 완성된 책 형태로 조립됩니다.

다섯 번째 단계는 품질 검사로, 완성된 책이 품질 기준을 만족하는지 자동 검사 시스템을 거칩니다.

마지막 단계는 포장 및 배송으로, 검사를 통과한 책이 즉시 포장되어 독자에게 발송됩니다. 이 전체 과정이 보통 24~48시간 내에 완료되어 빠른 배송이 가능합니다.

POD 시스템의 또 다른 장점은 재고 관리가 불필요하다는 점입니다. 전통적인 출판에서는 팔리지 않은 책들이 창고에 쌓여 손실이 발생할 수 있지만, POD는 주문량 만큼만 생산하므로 이런 위험이 전혀 없습니다.

3 POD 시스템의 작가 친화적 특징

독자가 아마존에서 여러분의 그림책을 주문하면, 그 순간 아마존의 인쇄 시설에서 해당 책이 실시간으로 인쇄됩니다. 이 과정은 완전히 자동화되어 있어 저자가 별도로 개입할 필요가 없습니다. 주문부터 인쇄, 제본, 포장, 배송까지 모든 과정이 아마존의 물류 시스템 내에서 완결됩니다.

POD 시스템은 특히 그림책 작가들에게 혁신적인 기회를 제공합니다. 출판 장벽 완화로 초기 생산 비용 없이 출판이 가능하여 진입 장벽을 대폭 낮추었고, 환경적 지속 가능성 측면에서 필요한 수량만 생산하여 자원 낭비를 최소화합니다. 또한 글로벌 배송 네트워크를 통해 전 세계 독자들에게 동시에 작품을 선보일 수 있는 기회를 제공합니다.

4 POD 시스템의 경제적 구조

1 아마존 KDP 인쇄 비용 구조의 핵심 요소

POD 시스템의 경제적 구조를 이해하면 여러분의 그림책 가격 설정에 큰 도움이 됩니다. 이를 '카페 운영'에 비유해 보겠습니다. 커피 한 잔을 만들 때 기본 설정 비용(머신 가동비, 컵 등)과 재료비(원두, 우유 등)가 있듯이 아마존 KDP의 페이퍼백 출판 비용 구조는 다음 요인에 기반하여 정밀하게 계산됩니다.

고정 비용(Fixed Cost)은 책의 기본 인쇄 설정에 관련된 비용이고, 페이지당 비용(Per-Page Cost)은 책의 분량에 비례하여 증가하는 가변 비용입니다. 잉크 유형에 따라 흑백 또는 컬러 인쇄의 비용 차이가 있으며, 트림 사이즈는 일반 사이즈(6"x9" 등)와 대형 사이즈(6.12" 이상 너비 또는 9" 이상 높이)로 구분됩니다. 또한 판매 마켓플레이스별로 책이 판매되는 지역(amazon.com, amazon.co.jp 등)에 따른 차별화된 비용 구조를 가지고 있습니다.

2 실제 비용 계산 예시와 최소 판매가 산정

구체적인 계산 예시를 보면, 미국 아마존에서 판매되는 300페이지 분량의 흑백 일반 사이즈 페이퍼백의 인쇄 비용은 고정 비용 1.00USD + (300페이지×0.012USD(페이지당 비용)) = 4.60USD입니다. 이러한 인쇄 비용을 기반으로 최소 판매가는 4.60USD÷0.6(60%(인세 비율)) = 7.67USD가 됩니다.

❶ 그림책 실제 계산 예시

20페이지 분량의 컬러 그림책을 프리미엄 컬러로 인쇄할 경우(미국 기준):

- 기본 설정 비용은 0.85달러
- 페이지별 재료비, 20페이지 × 0.07 = 1.40달러
- 총 인쇄 비용, 0.85 + 1.40 = 2.25달러
- 인세 계산은 책을 9.99달러로 판매한다면, (9.99 − 2.25달러) × 0.6 = 4.64달러가 여러분의 인세

가격 설정 시 단순히 최소 판매가만 고려하지 말고, 경쟁 도서의 가격대와 독자들의 구매력을 함께 고려하세요. 그림책 시장에서는 8.99~12.99달러 범위가 일반적입니다.

3 그림책 특성을 고려한 비용 최적화 전략

그림책 작가들이 할 비용 요소들을 정리하면 다음과 같습니다. 7인치×10인치(177.8 × 254mm)는 인쇄업계에서 널리 사용되는 표준 규격 중 하나입니다. 이 규격은 대부분의 인쇄 기계에 최적화되어 있어, 재단 시 종이 낭비가 적고, 별도의 맞춤 설정이 필요 없어 인쇄 단가를 낮출 수 있습니다. 컬러 인쇄는 그림책의 특성상 필수적이므로 흑백 인쇄보다 높은 비용이 발생합니다.

마켓플레이스별로 인쇄 비용이 다르므로 주요 판매 지역을 고려하여 가격을 책정해야 합니다. 예를 들어, 동일한 책이라도 미국, 유럽, 일본 시장에서 인쇄 비용이 다를 수 있어 각 지역별로 최적의 가격 전략을 세워야 합니다. 또한 시리즈 그림책을 계획하고 있다면, 전체 시리즈의 일관된 가격 정책을 미리 수립하여 독자들에게 예측 가능한 구매 경험을 제공하는 것이 중요합니다.

5. 출판 품질 옵션과 전략적 선택 가이드

1 아마존 KDP 품질 옵션의 체계적 분류

아마존 KDP의 페이퍼백 출판 시스템은 다양한 품질 옵션을 제공하여 작가가 자신의 작품과 예산에 맞는 최적의 선택을 할 수 있도록 지원합니다. 이를 '프린터 설정'에 비유하면 이해하기 쉽습니다. 집에서 문서를 인쇄할 때 일반 모드, 고품질 모드를 선택하는 것처럼, 아마존도 여러 옵션을 제공합니다.

잉크 및 용지 조합으로는 흑백 잉크+크림색 용지(50~61파운드/74~90GSM), 흑백 잉크+백색 용지(50~61파운드/74~90GSM), 프리미엄 컬러 잉크+백색 용지(60~71파운드/88~105GSM), 표준 컬러 잉크+백색 용지(50~61파운드/74~90GSM) 등이 있습니다. 각 옵션은 서로 다른 비용과 품질 수준을 제공하므로 그림책의 특성과 타깃 독자를 고려하여 선택해야 합니다.

2 잉크 유형과 용지 특성의 상세 분석

예시로 제시된 프리미엄 컬러 잉크+백색 용지(60~71파운드/88~105GSM) 선택에 대한 상세한 분석을 해 보겠습니다. 표준 컬러 잉크는 일반적인 컬러 프린팅으로 사진 품질 수준은 아니지만 그림책, 아동 도서, 간단한 삽화가 포함된 책 등에 적합하며, 저렴하고 경제적인 컬러 인쇄 방식입니다. 백색 용지는 순백색에 가까운 흰 종이로 색감이 선명하게 표현되는 장점이 있어 컬러 일러스트가 포함된 책에 적합합니다.

❶ 잉크 유형별 특성
- **흑백 인쇄**: 가장 경제적이지만 그림책에는 부적합
- **표준 컬러**: 경제적이지만 색감이 다소 흐릿할 수 있음(집 프린터 수준)
- **프리미엄 컬러**: 비용이 높지만 훨씬 선명하고 생생한 색감 제공(사진관 인화 수준)

❷ 용지 선택 기준
- **크림색 용지**: 따뜻한 느낌이지만 컬러 그림책에는 색상 왜곡 가능

- **백색 용지**: 색상 표현이 더 정확하여 컬러 그림책에 권장(마치 흰 캔버스 위에 그림을 그리는 것과 같음)

3 표지 마감과 그림책 특성을 고려한 최적 선택

용지 두께에 대한 설명에서 50~61파운드/74~90GSM 범위는 일반적인 컬러 그림책이나 퍼즐북, 저연령 도서에 잘 어울리는 두께와 품질을 가집니다. 표지 마감 옵션으로는 광택(Glossy) 마감과 무광(Matte) 마감이 있는데, 광택 마감은 빛을 반사하여 색상이 더 선명하게 보이며 교과서나 아동서 등에 적합하고, 무광 마감은 반사가 적고 세련된 질감으로 소설이나 문학 작품에 주로 사용됩니다.

그림책 작가를 위한 선택 가이드로는 다음을 권장합니다. 컬러 옵션에서는 그림책의 특성상 컬러 인쇄가 필수이므로 예산에 따라 표준 컬러 또는 프리미엄 컬러를 선택할 수 있습니다. 용지 선택에서는 컬러 재현이 중요한 그림책의 경우 백색 용지가 더 적합합니다. 표지 마감에서는 어린이가 주 독자인 그림책의 경우 색상이 선명하게 보이는 광택 마감을 권장합니다.

어린이용 그림책의 경우, 내구성과 시각적 효과를 고려하여 프리미엄 컬러＋백색 용지＋광택 마감 조합을 권장합니다. 비용은 높지만 품질 차이가 확연히 나타나며, 부모들이 재구매할 가능성이 높아집니다.

Chapter 6. 페이퍼백 출판의 기술적 기초

페이퍼백 출판에서 첫 단계는 정확한 표지 템플릿을 확보하는 것입니다. 전자책과 달리 페이퍼백은 앞표지, 책등, 뒤표지가 하나의 연속된 평면으로 구성되며, 본문 페이지 수에 따라 책등 너비가 달라지는 복잡한 구조를 가집니다. 또한 인쇄 재단 과정의 오차를 고려한 블리드 영역과 중요 요소를 보호하는 안전 영역을 정확히 설정해야 합니다.

아마존 KDP는 표지 템플릿 시스템을 제공합니다. 입력된 책 사양에 따라 정확한 표지 치수를 자동 계산하고, 안전 영역과 재단선을 명시한 시각적 가이드라인을 제공합니다.

1 페이퍼백 표지의 구조적 특성 이해

1 전자책과 페이퍼백 표지의 근본적 차이점

그림책 작가로서 여러분이 디지털 화면에서 보던 작품을 실제 손으로 만질 수 있는 책으로 만들려면, 표지 제작에 대한 새로운 관점이 필요합니다. 전자책은 단순히 정사각형 이미지 하나면 충분하지만, 페이퍼백은 마치 선물 포장지처럼 책 전체를 감싸는 하나의 큰 표면이 필요합니다. 전자책 표지가 단순히 온라인 서점 진열용 2D 이미지만을 요구하는 반면, 페이퍼백은 앞표지, 책등, 뒤표지가 하나의 연속된 평면으로 구성된 복합적 구조를 가집니다.

이러한 구조적 차이는 단순한 디자인 작업을 넘어서 정확한 기술적 사양을 요구하는 인쇄 제작물의 특성을 가집니다. 페이퍼백 표지를 디자인할 때는 펼쳐진 상태에서 작업하되, 접혔을 때의 모습도 항상 염두에 두어야 합니다. 특히 그림책의 경우 앞표지에서 뒤표지까지 이어지는 파노라마 디자인을 고려할 수 있으며, 이는 스마트폰 케이스를 씌우는 것과 같은 원리로 책의 모든 면을 하나의 디자인으로 감싸는 개념입니다.

2 책 페이지 수에 따른 동적 구조 변화

페이퍼백 표지의 독특한 특징은 가변적 치수입니다. 여러분의 그림책이 20페이지인지 40페이지인지에 따라 책등의 두께가 달라지고, 이에 따라 전체 표지 크기도 변화합니다. 이는 마치 여행 가방의 크기가 짐의 양에 따라 달라지는 것과 같은 원리입니다. 본문 페이지 수에 비례하여 책등 너비가 변화하는 동적 구조를 가지므로 20페이지 그림책의 책등은 약 1.5mm, 40페이지 그림책의 책등은 약 3mm 정도의 두께를 가지게 됩니다.

이 차이는 전체 표지 디자인에 직접적인 영향을 미치므로 페이지 수가 확정된 후에 표지 작업을 시작해야 합니다. 그림책의 경우 보통 페이지 수가 적어 책등이 매우 얇기 때문에 책등에는 복잡한 디자인보다는 단순한 제목과 저자명만 배치하는 것이 좋습니다. 또한 재단 과정에서 발생할 수 있는 오차를 고려한 재단 여백과 중요 텍스트와 그래픽 요소를 보호하는 핵심 콘텐츠 보호 구역을 설정해야 합니다.

3 인쇄 제작물로서의 기술적 요구 사항

페이퍼백 표지는 통합형 단일 표면으로 구성되어 있어 앞표지, 책등, 뒤표지가 하나의 연속된 평면을 이룹니다. 이러한 구조는 디자인 측면에서 창의적인 가능성을 제공하지만, 동시에 기술적 정확성을 요구하는 복잡한 특성을 가집니다. 각 영역은 서로 다른 기능을 하면서도 전체적인 통일성을 유지해야 하므로 디자인 계획 단계에서부터 세심한 고려가 필요합니다.

정밀한 재단 여백 영역과 중요 텍스트와 그래픽 요소의 배치를 위한 핵심 콘텐츠 보호 구역을 설정하는 것은 최종 인쇄 품질을 결정하는 핵심 요소입니다. 이러한 구조적 복잡성으로 인해 페이퍼백 표지는 단순히 디자인 요소만이 아닌 기술적 사양을 충족시켜야 하는 인쇄 제작물의 특성을 가지며, 이는 전문적인 템플릿 시스템의 필요성을 더욱 부각시킵니다.

1 확인 체크리스트

- 최종 제본 크기(책 크기) 확정
- 정확한 페이지 수 계산
- 재단 여백 확보
- 핵심 콘텐츠 보호 구역 설정
- 인쇄용 색상 설정(CMYK) 적용

2 KDP 표지 템플릿 시스템 분석

1 아마존 KDP 템플릿 시스템의 혁신성

과거 페이퍼백 표지를 제작하려면 전문 디자이너의 도움이 필수였습니다. 복잡한 계산과 측정이 필요했기 때문입니다. 하지만 아마존 KDP는 이러한 기술적 장벽을 허물고, 개인 작가도 전문가 수준의 표지를 만들 수 있도록 정교한 템플릿 시스템을 제공합니다. 이 시스템은 마치 맞춤형 재단사와 같은 역할을 하며, 여러분의 책 사양을 입력하면 그에 맞는 치수의 표지 패턴을 자동으로 생성해 줍니다.

아마존 KDP 시스템의 가장 큰 혁신은 저자와 디자이너가 표지 규격을 확보할 수 있도록 템플릿 시스템을 제공한다는 점입니다. 이는 수작업으로 계산할 때 발생할 수 있는 오류를 완전히 제거하고, 일관된 품질을 보장하는 중요한 기술적 혁신입니다.

2 동적 계산 알고리즘의 작동 원리

KDP 시스템의 핵심은 동적 계산 알고리즘입니다. 여러분이 입력한 책 크기, 페이지 수, 용지 종류 등의 정보를 바탕으로 실시간으로 표지 치수를 계산합니다. 이는 마치 GPS가 목적지까지의 최적 경로를 계산하는 것과 같은 원리로, 입력된 책 사양에 따라 표지 치수를 자동 계산하는 시스템입니다. 시스템은 입력된 최종 제본 크기에 따른 앞표지와 뒤표지 크기, 페이지 수와 용지 두께를 고려한 책등 너비 계산, 재단 과정의 오차를 고려한 재단 여백 추가, 디자인 배치를 위한 핵심 콘텐츠 보호 구역 설정 등의 요소들을 종합적으로 고려합니다.

템플릿을 다운로드하기 전에 책의 모든 사양을 확정하는 것이 중요합니다. 나중에 페이지 수나 크기가 변경되면 새로운 템플릿을 다시 받아야 하므로 초기 설정이 전체 작업 효율성에 직접적인 영향을 미칩니다. 이러한 동적 계산 시스템은 각 책의 고유한 특성을 반영하여 최적화된 템플릿을 제공함으로써 표준화된 품질을 보장하는 동시에 개별 작품의 특성을 존중하는 균형잡힌 접근을 가능하게 합니다.

❶ 확인 체크리스트
- 템플릿을 다운로드하기 전에 책의 모든 사양을 정확히 확정
- 나중에 페이지 수나 크기가 변경되면 새로운 템플릿을 다시 받아야 함

3 시각적 가이드라인과 품질 보장 시스템

KDP 템플릿 시스템은 단순한 치수 계산을 넘어서 시각적 가이드라인과 품질 보장 메커니즘을 제공합니다. 템플릿에는 핵심 콘텐츠 보호 구역, 재단선, 책등 위치를 명확히 표시하는 시각적 가이드라인이 포함되어 있어 마치 요리 레시피의 단계별 사진처럼 어디에 무엇을 배치해야 하는지 안내합니다. 이러한 가이드라인은 초보자도 전문가 수준의 정확성을 달성할 수 있도록 돕는 중요한 도구입니다.

PDF 템플릿을 통해 최종 인쇄물의 품질을 보장합니다.

❶ 확인 체크리스트
- 책 사양 정보 정확히 입력
- KDP 템플릿 다운로드 완료
- 디자인 소프트웨어 호환성 확인
- 가이드라인 레이어 표시 설정

3 : 표지 템플릿 획득 프로세스 단계별 가이드

1 KDP 헬프 센터 접근 및 내비게이션

정확한 KDP 템플릿 획득은 성공적인 페이퍼백 출판의 첫 번째 관문입니다. 잘못된 템플릿을 사용하면 인쇄 과정에서 오류가 발생하거나 최악의 경우 출판 자체가 거부될 수 있으므로 공식적인 경로를 통해 KDP 템플릿을 확보하는 것이 중요합니다. KDP 사이트에 로그인한 후 상단 메뉴의 도움말 섹션을 클릭하고, 페이퍼백 포맷 항목을 선택한 다음, 표지 파일의 포맷 섹션에서 표지 템플릿 다운로드 링크를 클릭하는 순서로 진행됩니다.

브라우저 북마크에 템플릿 다운로드 페이지를 저장해 두면 나중에 다른 책을 출간할 때 빠르게 접근할 수 있어 작업 효율성을 높일 수 있습니다. 이러한 체계적인 접근 방식은 작업의 정확성을 보장하고, 향후 추가적인 출판 프로젝트에서도 일관된 품질을 유지하는 데 도움이 됩니다.

2 표지 계산 도구 파라미터 설정

KDP 템플릿 다운로드 페이지에서 정보 입력은 최종 결과물의 품질을 결정하는 핵심 단계입니다. 출판 형식은 페이퍼백을 선택하고, 내부 인쇄 사양은 그림책의 특성을 고려하여 프리미엄 컬러를 권장합니다. 용지 유형은 컬러 인쇄에 백색을 선택하고, 독서 방향은 한국어 그림책의 특성에 맞춰 왼쪽에서 오른쪽으로 설정합니다. 측정 단위는 국제 표준을 준수하여 밀리미터를 선택하는 것이 좋습니다.

각 옵션은 인쇄 품질, 비용 그리고 독자의 사용 편의성에 영향을 미치므로 그림책의 특성과 타깃 독자를 고려하여 신중하게 선택해야 합니다. 모든 필수 항목을 입력하고, 그림책 특성에 맞는 옵션을 선택하며, 단위의 통일성을 확인하는 것이 템플릿 생성의 핵심입니다.

❶ 확인 체크리스트
- **출판 형식**: 페이퍼백 선택
- **내부 인쇄 사양**: 그림책의 경우 프리미엄 컬러 권장
- **용지 유형**: 컬러 인쇄에 최적화된 백색 선택
- **독서 방향**: 한국어 그림책의 경우 왼쪽에서 오른쪽
- **측정 단위**: 밀리미터(mm) 선택(국제 표준 준수)

3 정밀한 책 치수 설정과 템플릿 생성

최종 단계에서는 책 치수를 입력하고 템플릿을 생성합니다. 최종 제본 크기를 입력할 때는 그림책에 적합한 크기를 선택하며, 7인치×10인치(177.8×254mm) 세로형의 크기로 72페이지 형태가 일반적으로 인기가 높습니다. 페이지 수를 입력할 때는 표지를 제외한 본문 페이지만 계산하며, 일반적으로 그림책은 4의 배수로 페이지를 구성하므로 이를 고려하여 페이지 수를 입력해야 합니다. [사이즈 계산] 버튼을 클릭하여 치수를 계산한 후 [템플릿 다운로드] 버튼을 통해 ZIP 파일 형태의 템플릿을 획득합니다.

압축 해제를 통해 최종 PDF 템플릿 파일을 추출하는 과정에서는 파일의 무결성을 확인하고, 모든 가이드라인이 올바르게 표시되는지 검토해야 합니다. 페이지 수 계산에서 중요한 점은 표지를 제외한 본문 페이지만 계산한다는 것이며, 이는 최종 인쇄 비용과 책등 두께 계산에 직접적인 영향을 미칩니다.

❶ 확인 체크리스트
- **최종 제본 크기 입력**(예 7인치×10인치(177.8×254mm) 세로형)

- 정확한 페이지 수 입력(예 72페이지)
- [사이즈 계산] 버튼 클릭으로 정확한 치수 계산
- [템플릿 다운로드] 버튼으로 ZIP 파일 형태의 템플릿 획득
- 압축 해제를 통한 최종 PDF 템플릿 파일 추출

4 템플릿의 기술적 구조 분석

1 전체 규격과 비례 관계 이해

템플릿의 기술적 구조를 이해하면 디자인 과정에서 발생할 수 있는 오류를 미리 방지할 수 있고, 각 영역의 의미를 파악하여 디자인을 만들 수 있습니다. 예를 들어 7인치×10인치 (177.8×254mm) 세로형의 크기로 72페이지 그림책 템플릿의 경우, 전체 규격은 366.1mm× 260.4mm로 재단 여백이 포함된 크기입니다. 이러한 비례 관계는 앞표지 177.8mm, 책등 약 4.1mm, 뒤표지 177.8mm에 각 면마다 3.2mm씩의 재단 여백이 추가되어 계산됩니다.

이는 마치 액자를 만들 때 그림보다 조금 더 큰 프레임이 필요한 것과 같은 원리로, 오차를 보상하기 위한 안전 장치입니다. 전체 규격의 계산 방식을 이해하면 다양한 크기의 책을 출간할 때 각각의 템플릿 특성을 예측할 수 있으며, 이는 디자인 계획 단계에서 유용한 정보가 됩니다.

2 구역별 분할 구조의 상세 분석

템플릿은 여러 섹션으로 나뉘어 있습니다. 왼쪽 섹션인 뒤표지 영역은 184.2×260.4mm 크기로 책 소개, 저자 정보, 바코드 공간으로 활용됩니다. 중앙 섹션인 책등 영역은 페이지 수에 따라 변동하는 4.1×260.4mm 크기로 책 제목과 저자명을 세로로 배치하는 공간입니다. 오른쪽 섹션인 앞표지 영역은 184×260.4mm 크기로 메인 제목과 주요 일러스트레이션을 배치하는 시각적 공간입니다.

각 섹션을 별도의 레이어로 작업하면 수정이 용이하며, 특히 책등 부분은 따로 관리하여 다른

영역과 간섭하지 않도록 주의해야 합니다. 이러한 구역별 분할 구조는 단순한 공간 배치를 넘어서 각 영역의 기능적 역할과 시각적 중요도를 반영합니다. 뒤표지는 주로 정보 전달의 역할을, 앞표지는 시각적 임팩트와 첫인상 형성의 역할을, 책등은 진열 상황에서의 식별 역할을 담당하므로 각 영역의 특성에 맞는 디자인 접근이 필요합니다.

❶ 확인 체크리스트

- **핵심 콘텐츠 보호 구역**: 중요 텍스트와 로고 배치 영역
- **재단 여백 경계선**: 3.2mm 여백으로 절단 과정의 오차 허용
- **책등 핵심 보호 구역**: 책등 콘텐츠 배치 전용 구역
- **바코드 여백**: ISBN 바코드 자동 배치를 위한 예약 영역
- 모든 중요 텍스트가 핵심 콘텐츠 보호 구역 내 배치
- 배경 이미지가 재단 여백까지 확장
- 바코드 영역에 디자인 요소 배치 금지
- 책등 영역의 텍스트 가독성 확인

5 : 재단 여백 및 핵심 콘텐츠 보호 구역 설정 방법

❶ 재단 여백의 기술적 원리와 실무적 중요성

재단 여백은 인쇄 후 재단 과정에서 발생할 수 있는 미세한 오차를 보상하기 위한 추가 여백으로, 마치 요리할 때 재료를 조금 더 준비하는 것과 같은 안전 장치 역할을 합니다. 정확히 필요한 만큼만 준비하면 부족할 수 있지만, 조금 더 준비하면 안전하다는 원리입니다. KDP에서는 표준적으로 3.2mm의 재단 여백을 요구하며, 이는 책의 모든 가장자리에 추가되어 재단 과정에서 약간의 위치 오차가 발생해도 흰 여백이 노출되지 않도록 보장합니다.

재단 여백의 설정은 인쇄 과정에서 의도하지 않은 흰 테두리가 나타나거나 중요한 디자인 요소가 잘려 나가는 문제가 발생할 수 있습니다. 특히 그림책의 경우 시각적 완성도가 중요하므로 재단 여백의 설정은 전문적인 품질을 달성하기 위한 필수 조건입니다.

2 핵심 콘텐츠 보호 구역 설정 전략

핵심 콘텐츠 보호 구역은 재단 여백에서 안쪽으로 약 6.4mm 정도 들어간 영역으로, 이 영역 내에 모든 텍스트, 로고, 일러스트레이션을 배치해야 합니다. 그림책의 경우 제목은 앞표지 상단 1/3 지점에, 저자명은 앞표지 하단에, 주요 캐릭터는 중앙 영역에 배치하되 제목과 겹치지 않게 조정해야 합니다. 뒤표지 텍스트는 바코드 영역을 고려하여 상단 2/3 지점에 배치하는 것이 효과적입니다.

이러한 보호 구역의 활용은 단순한 공간 배치를 넘어서 독자의 시각적 경험을 최적화합니다. 특히 그림책의 경우 텍스트와 일러스트레이션의 조화가 매우 중요하므로 보호 구역 내에서의 효과적인 레이아웃 계획이 작품의 완성도를 좌우합니다.

❶ 그림책 특화 확인 체크리스트

- **제목**: 앞표지 상단 1/3 지점에 배치
- **저자명**: 앞표지 하단에 배치
- **주요 캐릭터**: 중앙 영역에 배치하되 제목과 겹치지 않게 조정
- **뒤표지 텍스트**: 바코드 영역을 고려하여 상단 2/3 지점에 배치

3 디자인 소프트웨어에서의 실무 적용

디자인 소프트웨어에서의 실무 적용을 위해서는 캔버스 크기를 전체 템플릿 크기로 설정하고, 해상도를 300DPI 이상으로 설정하며, 인쇄용 색상 설정인 CMYK를 적용해야 합니다. 템플릿 가이드라인을 별도 레이어로 불러와서 작업하면 각 구역의 경계를 파악할 수 있으며, 이는 정확한 디자인 배치를 위한 필수적인 과정입니다. 모든 텍스트가 핵심 콘텐츠 보호 구역 내에 배치되었는지 확인하고, 배경 이미지가 재단 여백까지 확장되었는지 검토해야 합니다.

최종 검증 과정에서는 바코드 영역이 비어 있는지 확인하고, 최종 저장 시 고품질 PDF 형식으로 출력해야 합니다.

❶ 확인 체크리스트

- 캔버스 크기를 전체 템플릿 크기로 설정

- 해상도 300DPI 이상으로 설정
- 인쇄용 색상 설정(CMYK) 적용
- 템플릿 가이드라인을 별도 레이어로 불러오기
- 모든 텍스트가 핵심 콘텐츠 보호 구역 내 배치 확인
- 배경 이미지가 재단 여백까지 확장 확인
- 바코드 영역 비어 있음 확인
- 최종 저장 시 고품질 PDF 형식으로 출력

7인치×10인치(177.8×254mm), 72페이지 예시로 설명하면 아래 표와 같습니다.

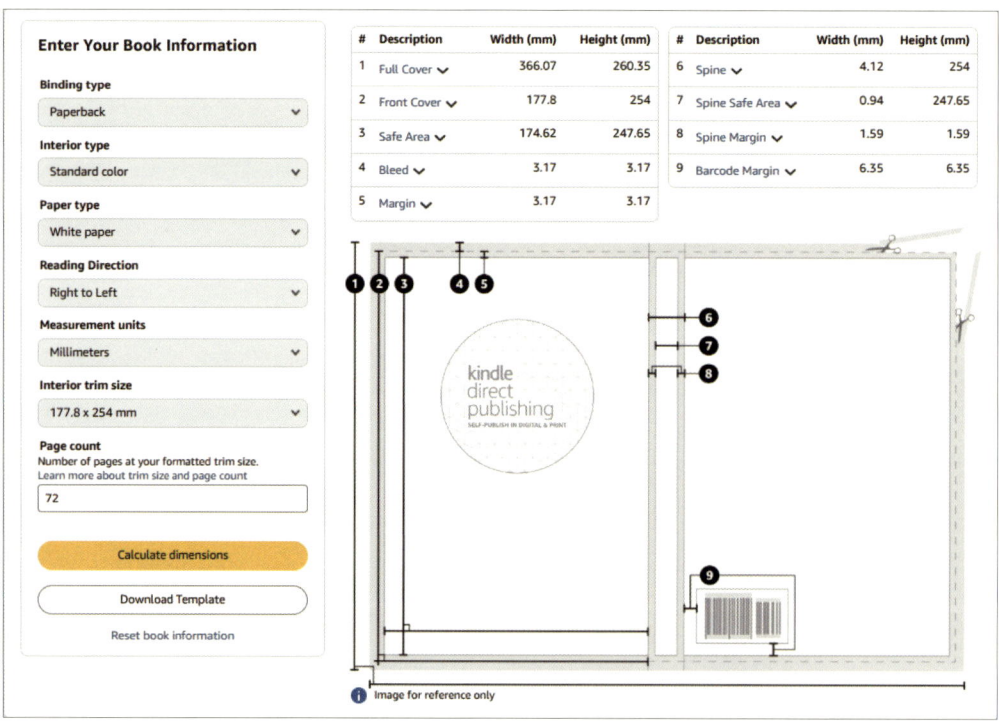

Prompt Memo

Part **6** Day 5

KDP 페이퍼백 출판 실습 및 최적화

Day 4 에서 학습한 KDP 계정 설정, 페이퍼백의 개념, 표지 템플릿 준비 등의 이론적 기초를 바탕으로, Day 5는 실제 아마존 KDP 플랫폼에서 페이퍼백 출판의 모든 단계를 직접 실습하는 실무 중심의 과정입니다. 전자책 출판 이후의 단계인 물리적 형태의 페이퍼백 버전을 독자에게 제공하기 위해, KDP 대시보드에서 새로운 페이퍼백 프로젝트를 생성하고 기존 전자책과 연계하여 최종 출간 승인까지의 전체 프로세스를 체계적으로 진행합니다.

이 과정에서는 단순히 이론을 적용하는 것을 넘어서 실제 플랫폼에서 요구하는 구체적인 입력 값들과 업로드 과정, 품질 검수 절차를 직접 경험하면서 출판의 품질과 효율성을 동시에 높일 수 있는 최적화 방법을 학습하게 됩니다. 특히 ISBN 발급, 인쇄 옵션 선택, 원고와 표지 파일 업로드, AI 생성 콘텐츠 표기, 북 프리뷰를 통한 품질 검수, 가격 설정 및 인세 계산, 그리고 저자용 교정본 주문을 통한 최종 품질 확인까지의 모든 단계를 실습하면서 POD(주문형 인쇄) 시스템의 실제 작동 원리를 이해하고 성공적인 페이퍼백 출판을 위한 실무적 노하우를 습득할 수 있습니다.

DAY 5

anime style High angle overhead shot, person with tousled brown hair sitting cross-legged on floor, looking up with curious expression, wearing vintage band t-shirt and plaid skirt with patches, scattered art supplies around, bird's eye perspective, soft top lighting, artistic illustration --ar 9:16 --v 7

Chapter 1
KDP 페이퍼백 프로젝트 생성 실습

KDP(Kindle Direct Publishing) 페이퍼백 제작은 자가 출판 성공의 첫걸음입니다. 카테고리 설정은 단순한 분류를 넘어 독자 발견성을 높이고, 아마존 검색 알고리즘에서 상위 노출을 결정하는 중요한 요소입니다.

이 장에서는 KDP 대시보드 접속부터 프로젝트 생성, 장르별 최적 카테고리 매칭까지 전 과정을 실제 화면과 함께 단계별로 진행합니다. 베스트셀러 분석 데이터를 활용한 실무 중심 가이드로, 출판 초보자도 전문가 수준의 종이책 기획 능력을 체계적으로 습득할 수 있습니다.

1 종이책 페이퍼백 제작 시 카테고리 설정이 중요

페이퍼백 프로젝트 생성에서 주의해야 할 부분은 그림책에 맞는 카테고리 재설정입니다. 전자책에서 사용했던 카테고리가 페이퍼백에도 최적인 것은 아니므로 '도서' → '그림책 및 읽을거리' → '동화, 문학' 경로나 교육적 내용이 강한 경우 '교육' → '유아교육' → '보육' 또는 '가정 교육' 경로를 선택하여 독자들이 쉽게 찾을 수 있도록 해야 합니다. 복수 카테고리를 활용하면 검색 노출 기회를 더욱 늘릴 수 있으며, 이는 초보 작가도 쉽게 적용할 수 있는 마케팅 전략입니다.

1 대시보드에서 페이퍼백 프로젝트 시작

KDP 계정에 로그인한 후 가장 먼저 해야 할 일은 대시보드의 '책장(Bookshelf)' 섹션으로 이동하는 것입니다. 여기서 [페이퍼백 생성] 옵션 버튼을 찾아 클릭하면 새로운 페이퍼백 프로젝트가 시작됩니다. 이 버튼은 일반적으로 화면 상단이나 기존 도서 목록 근처에 위치하며, 클릭하면 페이퍼백 전용 출판 프로세스가 시작됩니다.

프로젝트 생성 시 주의할 점은 기존 전자책과 연계할지 여부를 결정하는 것입니다. 만약 이미 같은 내용의 전자책을 출간한 상태라면, 해당 전자책과 연계하여 페이퍼백 프로젝트를 생성하는 것이 훨씬 효율적입니다. 이렇게 하면 책 제목, 저자명, 출판사명, 책 설명 등의 기본 정보가 자동으로 복사되어 시간을 절약할 수 있습니다.

❶ 대시보드의 '책장(Bookshelf)' 섹션으로 이동

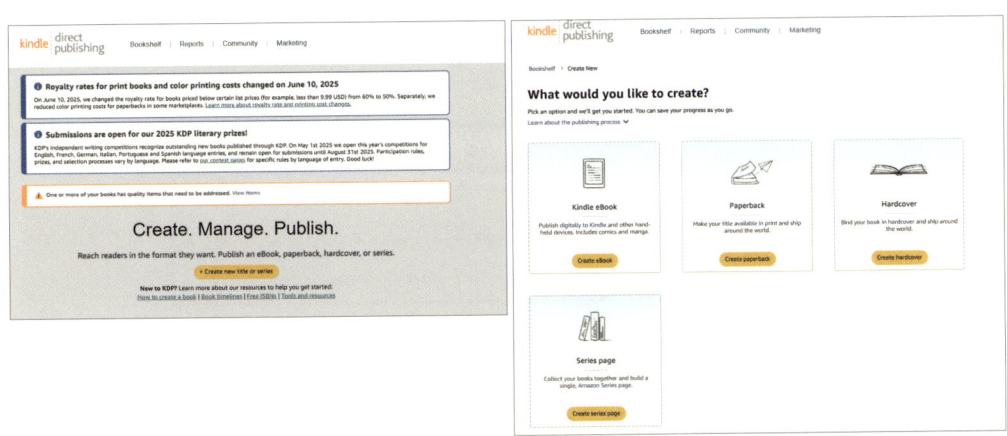

❷ 제목, 부제목 작성

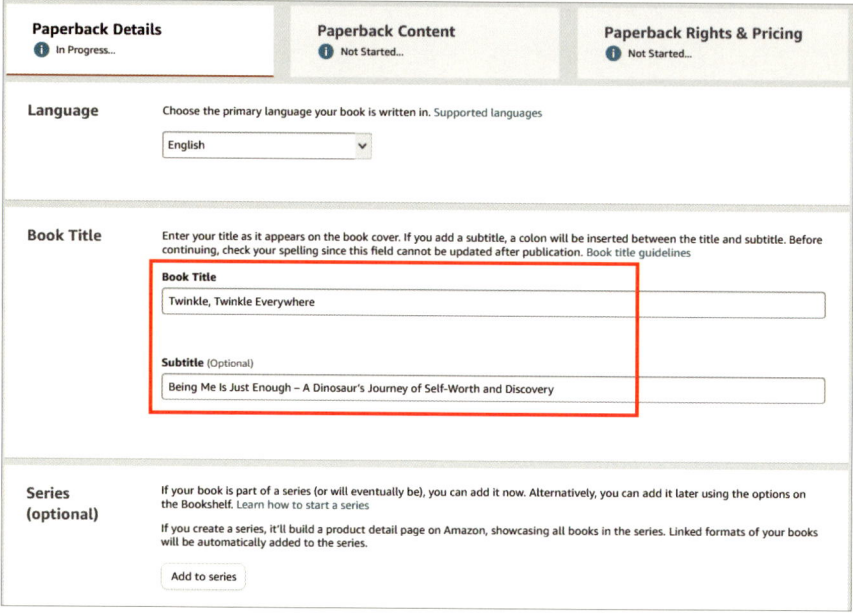

❸ 저자, 공저 입력

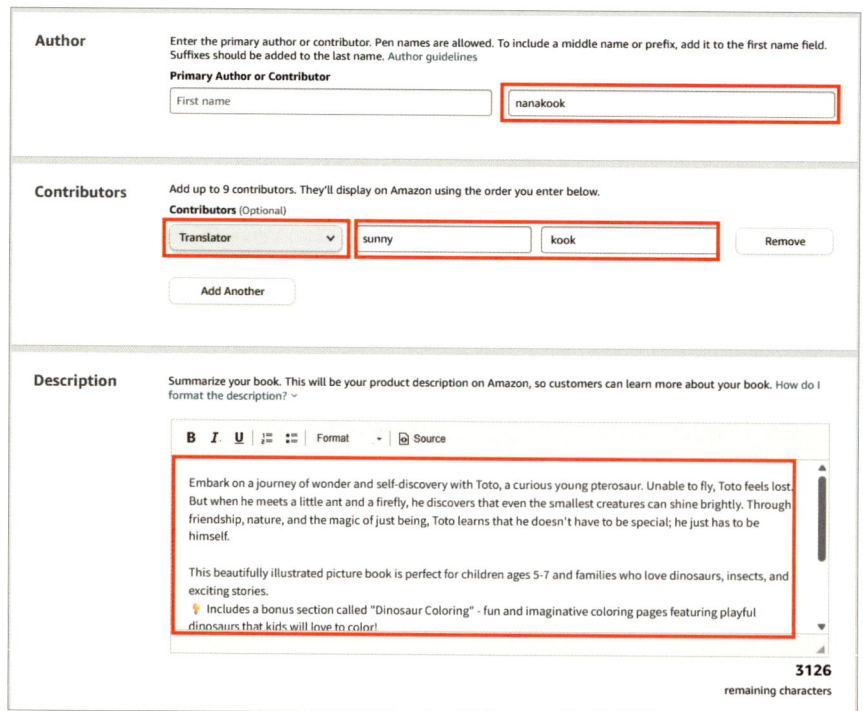

❹ 게시권(Publishing Rights)

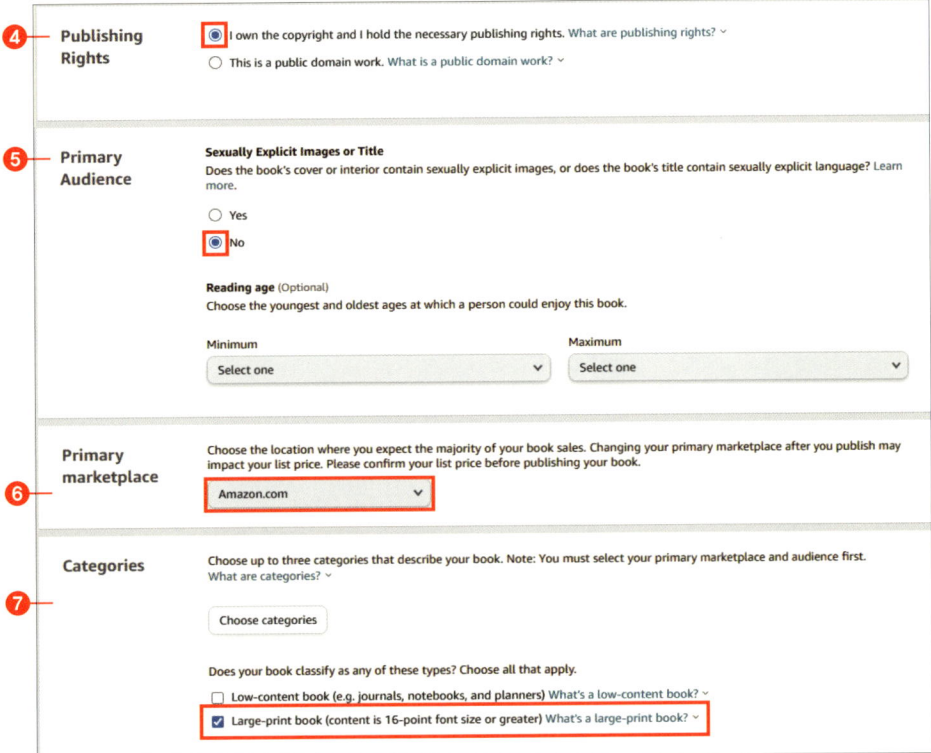

- 출판권(Publishing Rights) **선택된 옵션**: 본인은 저작권을 소유하고 있으며 필요한 게시권을 보유하고 있습니다(I own the copyright and I hold necessary publishing rights).

- 이것은 퍼블릭 도메인 저작물입니다(This is a public domain work).

❺ 주요 독자층(Primary Audience)

- 성적으로 노골적인 이미지 또는 제목(Sexually Explicit Images or Title)

- 책의 표지나 내지에 성적으로 노골적인 이미지가 포함되어 있거나 책 제목에 성적으로 노골적인 언어가 포함되어 있습니까?(Does the book's cover or interior contain sexually explicit images, or does the book's title contain sexually explicit language?)

- 선택된 옵션: 아니요(No)

- 독서 연령(선택 사항)(Reading age(Optional))

- 이 책을 즐길 수 있는 가장 어린 나이와 가장 많은 나이를 선택하세요(Choose the youngest and oldest ages at which a person could enjoy this book).

❻ 주요 마켓플레이스(Primary marketplace)

- 주요 도서 판매가 예상되는 위치를 선택하세요. 게시 후 주요 마켓플레이스를 변경하면 정가에 영향을 미칠 수 있습니다. 책을 출판하기 전에 정가를 확인하십시오(Choose the location where you expect the majority of your book sales. Changing your primary marketplace after you publish may impact your list price. Please confirm your list price before publishing your book).

❼ 카테고리(Categories)

- 귀하의 책을 설명하는 카테고리를 최대 3개까지 선택하세요(Choose up to three categories that describe your book).
- 귀하의 타이틀의 현재 카테고리(Your title's current categories)
- 도서 〉 아동 도서 〉 동화, 민화 및 신화 〉 용, 유니콘 및 신화(Books 〉 Children's Books 〉 Fairy Tales, Folk Tales & Myths 〉 Dragons, Unicorns & Mythical)
- 귀하의 책이 다음 유형 중 하나로 분류됩니까? 해당하는 모든 항목을 선택하세요.(Does your book classify as any of these types? Choose all that apply.)
- 콘텐츠가 적은 책(예 저널, 노트북, 플래너)(Low-content book(e.g. journals, notebooks, and planners))
- 선택된 옵션: 큰 활자 책(내용은 16포인트 글꼴 크기 이상)(Large-print book(content is 16-point font size or greater))

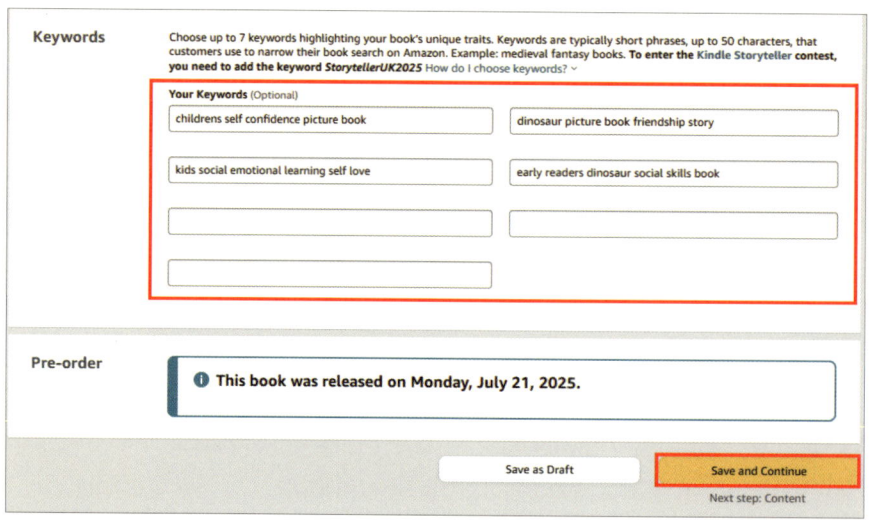

❽ 키워드(Keywords)

책의 고유한 특징을 강조하는 키워드를 최대 7개까지 선택하세요. 키워드는 일반적으로 50자 이하의 짧은 문구로 고객이 아마존에서 책 검색 범위를 좁히는 데 사용합니다.(**예** 중세 판타지 소설) Kindle 스토리텔러 콘테스트에 참가하려면 StorytellerUK2025 키워드를 추가해야 합니다(Choose up to 7 keywords highlighting your book's unique traits. Keywords are typically short phrases, up to 50 characters, that customers use to narrow their book search on Amazon. Example: medieval fantasy books. To enter the Kindle Storyteller contest, you need to add the keyword StorytellerUK2025).

내 키워드(선택 사항)(Your Keywords (Optional))
- 자존감(self-esteem)
- 어린이 동화책(children's story book)
- 공룡 이야기(dinosaur story)
- 동물 우정(animal friendship)
- 반딧불이와 개미(fireflies and ants)
- 5~7세용 그림책(picture book ages 5~7)
- 자기 발견(self-discovery)

❾ 출판일(Publication Date)

출판일은 책이 원래 언제 출판되었는지 독자에게 알려줍니다. 이전에 책을 출판한 적이 없다면 첫 번째 옵션을 선택하세요.(The publication date tells readers when the book was originally published. If your book has not been published before, select the first option.)

- **선택됨**: 출판일과 출시일이 동일합니다.(Publication date and release date are the same)
- **내 책은 이전에 출판되었습니다.**(My book was previously published)

❿ 출시일(Release Date)

아마존에서 책을 판매할 시기를 선택하세요. 출시일 옵션에 대해 자세히 알아보세요.(Choose when to make your book available on Amazon. Learn more about release date options)

- **선택됨**: 지금 바로 판매용으로 내 책을 출시합니다.(Release my book for sale now)

- 출판을 위해 제출한 후 활성화되기까지 최대 72시간이 걸릴 수 있습니다. 이 시간 동안에는 책을 수정할 수 없습니다. 출시 일정에 대해 자세히 알아보세요.(After you submit for publication, it can take up to 72 hours to go live. During this time, edits cannot be made to your book. Learn more about release timelines)
- 내 책의 출시를 예약합니다.(Schedule my book's release)

2 기존 전자책과 연계한 메타데이터 상속

기존 전자책과 연계하여 페이퍼백 프로젝트를 생성하면, 이전에 입력했던 메타데이터가 자동으로 적용됩니다. 여기에는 도서 제목, 부제목, 저자명, 출판사명, 도서 설명문, 키워드, 기본 카테고리 등이 포함됩니다. 이는 유용한 기능이지만, 정보가 페이퍼백에 그대로 적용되는 것은 아니므로 각 항목을 다시 한번 검토해야 합니다.

특히 주의해야 할 부분은 도서 설명문입니다. 전자책용으로 작성된 설명문에는 "디지털 기기에서 읽기 편리한" 같은 표현이 포함되어 있을 수 있는데, 이런 내용은 페이퍼백에는 적합하지 않으므로 수정이 필요합니다. 반대로 "실제 책장에서 보관하기 좋은" 같은 페이퍼백만의 장점을 강조하는 내용으로 변경하는 것이 좋습니다.

또한 키워드도 재검토가 필요합니다. 전자책에서 사용한 "킨들", "이북" 같은 키워드는 페이퍼백에는 적합하지 않으므로 "페이퍼백", "종이책", "실물책" 같은 키워드로 교체하거나 추가해야 합니다.

3 그림책에 적합한 카테고리 재설정

페이퍼백 프로젝트에서 중요한 단계 중 하나는 그림책에 적합한 카테고리를 선택하는 것입니다. 전자책에서 사용했던 카테고리가 페이퍼백에도 최적인 것은 아니므로 특성을 고려하여 다시 설정해야 합니다. 그림책의 경우 일반적으로 '도서' → '그림책 및 읽을거리' → '동화, 문학' 경로를 선택하는 것이 기본입니다.

만약 그림책에 교육적 내용이 강하다면, '교육' → '유아 교육' → '보육' 또는 '가정 교육' 카테고리를 선택할 수 있습니다. 예를 들어, 알파벳이나 숫자를 가르치는 그림책이라면 교육 카테고리가 더 적합할 수 있습니다. 공룡이나 동물을 주제로 한 그림책이라면 '과학' 카테고리도 추가로 고려해 볼 수 있습니다.

KDP에서는 최대 3개의 카테고리를 선택할 수 있으므로 복수 카테고리를 전략적으로 활용하여 검색 노출 기회를 극대화해야 합니다. 예를 들어, 자존감을 주제로 한 그림책이라면 '그림책 및 읽을거리', '유아 교육', '자기 계발' 카테고리를 모두 선택하여 다양한 검색 경로에서 독자들과 만날 수 있도록 합니다.

❶ 카테고리

아래 드롭다운 메뉴에서 카테고리 및 하위 카테고리를 선택하여 책의 주제를 가장 정확하게 설명하는 최대 3개의 카테고리 배치를 찾으세요. 귀하의 책은 아마존 스토어의 이러한 위치에 표시됩니다.

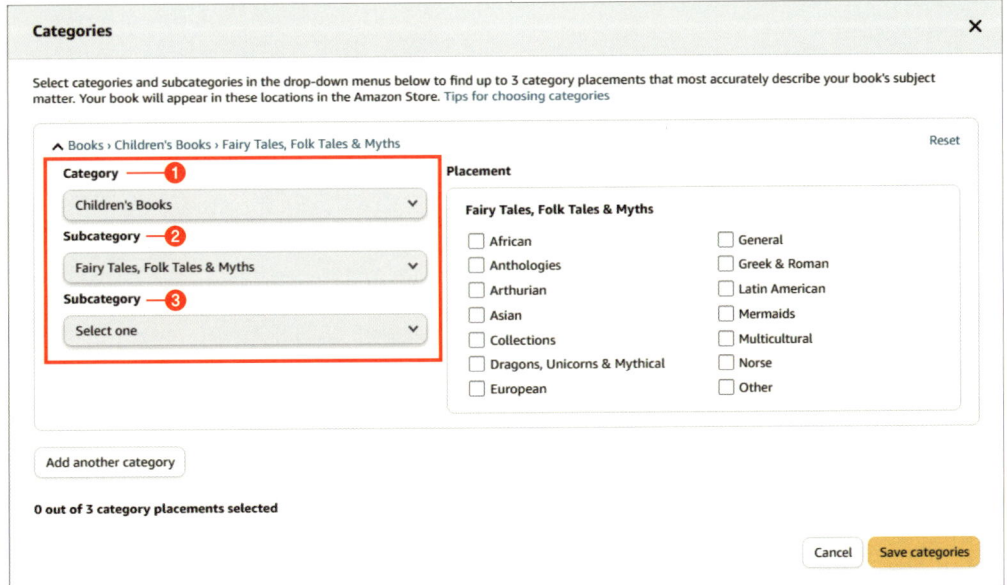

❶ **카테고리**: 아동 도서
❷ **하위 카테고리**: 동화, 민화 및 신화
❸ **하위 카테고리**: 하나 선택

4 프로젝트 초기 설정 완료

카테고리 설정을 완료한 후에는 페이퍼백 프로젝트의 기본 정보를 최종적으로 점검하고 완료해야 합니다. 이 단계에서는 제목과 부제목이 그림책의 내용과 대상 연령에 적합한지, 저자 정보가 정확한지, 선택한 카테고리들이 책의 성격을 잘 반영하는지 확인합니다. 특히 시리즈로 출간할 계획이 있다면, 시리즈명의 일관성도 점검해야 합니다.

또한 이 단계에서는 페이퍼백 특유의 정보들을 추가로 입력해야 합니다. 예를 들어, 페이퍼백은 크기가 중요하므로 적절한 책 크기를 선택해야 하며, 컬러 인쇄 여부, 용지 종류, 표지 마감 방식(광택 또는 무광) 등도 미리 결정해 두어야 합니다.

프로젝트 초기 설정이 완료되면, 시스템에서 자동으로 다음 단계로 넘어갈 수 있는 버튼이 활성화됩니다. 이때 모든 정보가 정확히 입력되었는지 한 번 더 확인한 후 다음 단계로 진행해야 합니다.

5 다음 단계 진행 준비

프로젝트 초기 설정이 완료되면, 본격적인 콘텐츠 등록 단계로 넘어가기 위한 준비를 해야 합니다. 이 단계에서는 실제로 업로드할 파일들이 준비되어 있는지 확인하고, KDP의 요구사항에 맞는 형식과 품질을 갖추고 있는지 점검해야 합니다. 특히 그림책의 경우 이미지 해상도와 색상 품질이 매우 중요하므로 원고 파일과 표지 파일이 모두 300DPI 이상의 고해상도로 준비되어 있는지 확인해야 합니다.

다음 단계에서 필요한 주요 파일들을 미리 정리해 두면 작업이 훨씬 수월해집니다. 원고 파일(PDF 형식 권장), 표지 파일(앞표지, 책등, 뒤표지를 포함한 단일 PDF) 그리고 필요한 경우 저자 사진이나 추가 이미지 등을 모두 한 폴더에 정리해 두는 것이 좋습니다.

또한 이 단계에서는 ISBN 발급에 대한 준비도 필요합니다. KDP에서는 무료 ISBN을 제공하지만, 이는 아마존에서만 사용할 수 있는 제한이 있습니다. 만약 다른 플랫폼에서도 판매할 계획이라면 별도의 ISBN을 구매해야 하는지 미리 결정해 두어야 합니다.

마지막으로 AI 생성 콘텐츠 사용 여부에 대한 정보도 미리 정리해 두어야 합니다. 최근 KDP에서는 AI로 생성된 텍스트나 이미지 사용 여부를 명확히 신고하도록 요구하고 있으므로 작업 과정에서 AI 도구를 사용한 부분이 있다면 구체적으로 기록해 두는 것이 중요합니다.

Chapter 2 페이퍼백 콘텐츠 등록 실습

　페이퍼백 프로젝트 생성을 완료한 후 가장 중요한 단계는 실제 책의 내용과 관련된 콘텐츠를 등록하는 것입니다. 이 과정에서는 책이 실제로 인쇄되고 독자들에게 전달되기 위한 모든 기술적 요소들을 정확히 설정해야 합니다.

　ISBN 발급부터 인쇄 옵션 선택, 원고 파일과 표지 파일 업로드, AI 생성 콘텐츠 정보 입력까지 모든 과정은 서로 연결되어 있습니다. 특히 그림책의 경우 컬러 인쇄 설정과 이미지 품질 관리가 중요하며, 파일 규격과 인쇄 옵션을 정확히 일치시키는 것이 성공적인 출판의 열쇠입니다.

1 파일 규격과 인쇄 옵션 일치하도록 설정

이 단계에서 초보 작가들이 많이 실수하는 부분은 파일 규격과 인쇄 옵션의 불일치입니다. 예를 들어 177.8×254mm 크기로 설정했는데 실제 원고 파일은 다른 크기로 제작되었거나 블리드(Bleed, 재단 여백) 설정을 했음에도 불구하고 파일에는 블리드가 포함되지 않은 경우가 있습니다. 이런 문제들을 사전에 방지하기 위해서는 각 단계별로 체크리스트를 활용하고, KDP에서 제공하는 미리 보기 기능을 적극 활용해야 합니다. 또한 최근에는 AI 도구 사용에 대한 정확한 신고가 의무화되었으므로 작업 과정에서 사용한 AI 도구들에 대해 명확하게 기록하고 정확히 입력하는 것이 중요합니다.

1 무료 KDP ISBN 발급 실습

ISBN(국제 표준 도서 번호)은 페이퍼백 출판에 필수적인 요소로, 전 세계적으로 책을 고유하게 식별하는 번호입니다. 다행히 KDP에서는 [무료 KDP ISBN 받기] 옵션을 제공하여 별도의 비용 없이 ISBN을 발급받을 수 있습니다. 이 옵션을 선택하면 시스템에서 자동으로 고유한 ISBN을 생성하여 여러분의 책에 할당합니다.

무료 KDP ISBN을 사용할 때 주의할 점은 이 ISBN이 아마존 플랫폼에서만 사용 가능하다는 것입니다. 만약 나중에 다른 출판사나 플랫폼에서도 같은 책을 판매하고 싶다면 별도의 ISBN을 구매해야 합니다. 하지만 처음 출판을 시작하는 작가라면 무료 ISBN으로 시작하여 판매 상황을 지켜본 후 필요에 따라 별도 ISBN을 구매하는 것이 경제적입니다.

ISBN 발급 과정은 매우 간단합니다. 콘텐츠 등록 페이지에서 ISBN 섹션을 찾아 [무료 KDP ISBN 받기] 버튼을 클릭하면 됩니다. 시스템에서 자동으로 13자리 ISBN 번호를 생성하여 화면에 표시하며, 이 번호는 책의 바코드에도 자동으로 포함됩니다. 발급된 ISBN은 변경할 수 없으므로 잘 기록해 두어야 합니다.

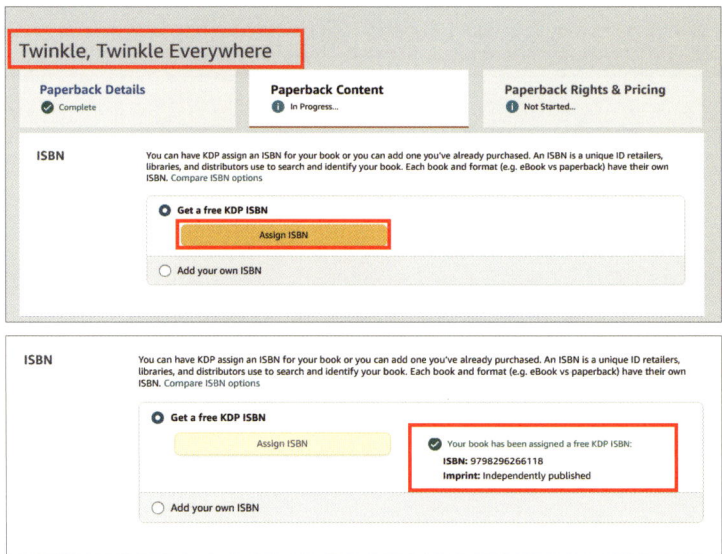

2 Print Options 설정(컬러 잉크, 백색 용지, 177.8×254mm, 블리드, 광택)

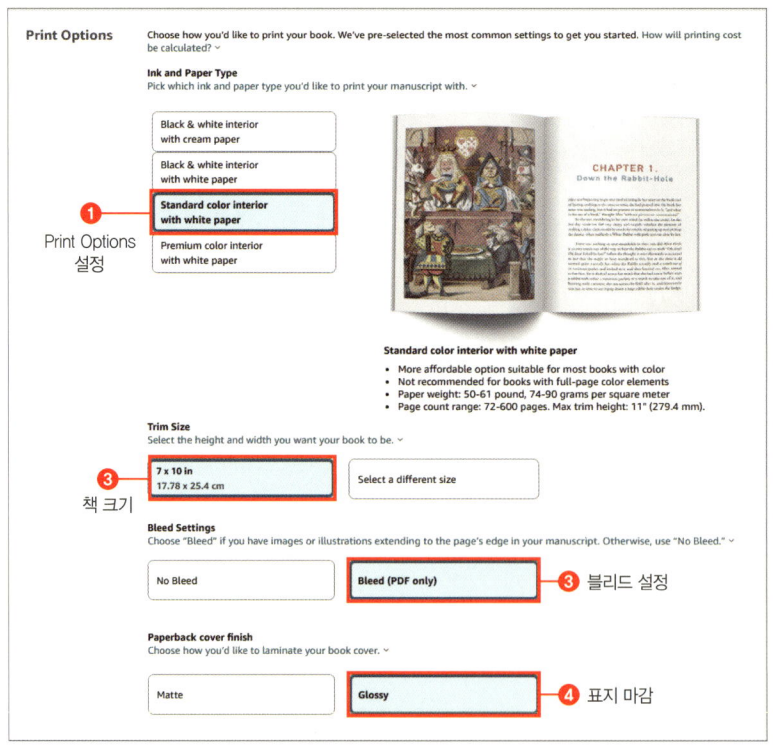

Print Options 설정

❶ Print Options 설정

Print Options 설정은 페이퍼백의 최종 품질을 결정하는 핵심 단계입니다. 그림책의 경우 시각적 요소가 중요하므로 '표준 컬러 잉크＋백색 용지' 조합을 선택해야 합니다. 백색 용지는 색상 재현이 뛰어나고 밝고 선명한 느낌을 주어 어린이 독자들에게 적합합니다. 크림색 용지는 눈의 피로를 덜어 주지만 그림책의 생생한 색감을 표현하는 데는 백색 용지가 더 유리합니다.

❷ 책 크기

책 크기는 '177.8×254mm'를 선택했습니다. 이 크기는 대략 B5 용지 크기로 어린이들이 읽기에 적당하며, 그림을 충분히 크게 표현할 수 있습니다. 너무 작으면 그림의 디테일이 잘 보이지 않고, 너무 크면 어린이들이 다루기 어려워집니다. 또한 이 크기는 책장에 보관하기에도 적당한 크기입니다.

❸ 블리드 설정

블리드(Bleed) 설정은 반드시 선택해야 하는 중요한 옵션입니다. 블리드는 인쇄 후 재단 과정에서 발생할 수 있는 미세한 오차를 보정하기 위해 페이지 가장자리에 추가로 포함시키는 여백입니다. 이 옵션을 선택하지 않으면 재단 과정에서 페이지 가장자리에 흰색 여백이 생길 수 있습니다. 블리드 설정은 PDF 파일에만 적용되므로 원고 파일도 반드시 PDF 형식으로 준비해야 합니다.

❹ 표지 마감

표지 마감은 [광택(Glossy)] 옵션을 선택하는 것이 그림책에 적합합니다. 광택 마감은 빛을 반사하여 색상이 더 선명하게 보이며, 특히 교과서나 아동서에 적합합니다. 무광 마감은 세련된 느낌을 주지만 그림책의 생생한 색감을 표현하는 데는 광택 마감이 더 효과적입니다. 또한 광택 마감은 표지가 더 튼튼해지고 오염에도 강한 장점이 있습니다.

❺ 원고 파일 업로드

원고 파일(Manuscript) 업로드는 신중하게 진행해야 하는 단계입니다. 업로드할 파일은 앞서 설정한 트림 크기(177.8×254mm)와 블리드 설정에 정확히 일치해야 합니다. KDP에서 지원하는 파일 형식은 PDF, DOC/X, HTML, RTF이지만, 그림책의 경우 레이아웃과 이미지 품질을 정확히 유지하기 위해 PDF 형식을 강력히 권장합니다.

파일 업로드 전에 반드시 원고 파일 체크리스트를 검토해야 합니다. 이 체크리스트에는 페이지 크기, 여백, 이미지 해상도, 글꼴 포함 여부, 블리드 설정 등의 항목이 포함되어 있습니다. 특히 그림책의 경우 모든 이미지가 300DPI 이상의 해상도를 가져야 하며, 사용된 글꼴이 파일에 포함되어 있어야 합니다. 만약 이런 요구 사항을 충족하지 않으면 인쇄 품질이 떨어지거나 파일이 거부될 수 있습니다.

업로드 과정에서는 파일 크기에도 주의해야 합니다. 그림책은 이미지가 많아 파일 크기가 클 수 있는데, KDP의 파일 크기 제한을 초과하지 않도록 적절히 최적화해야 합니다. 너무 많이 압축하면 이미지 품질이 떨어지고, 너무 적게 압축하면 업로드가 실패할 수 있으므로 적절한 균형을 찾는 것이 중요합니다.

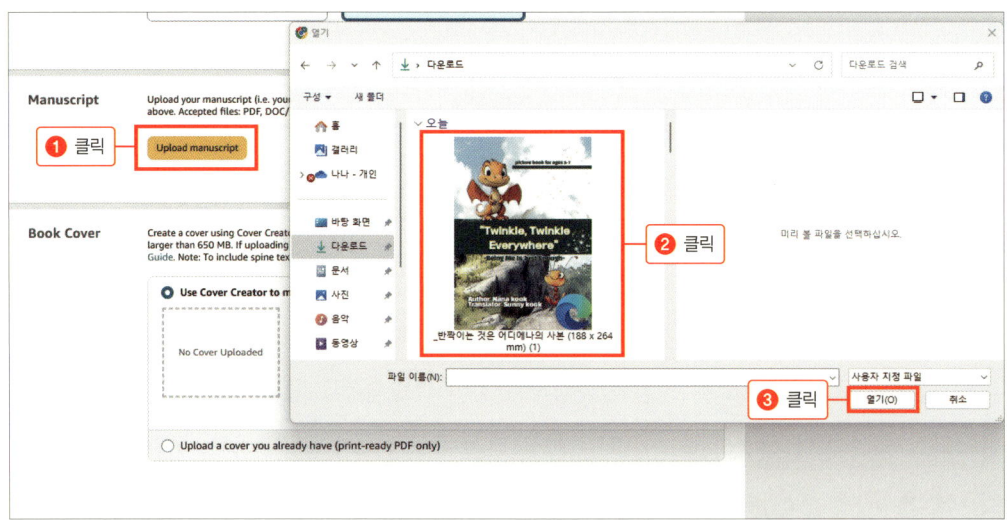

원고(Manuscript) 첨부 화면

> Manuscript
>
> Upload your manuscript (i.e. your book's interior content). Make sure the file matches the trim size and bleed settings you selected above. Accepted files: PDF, DOC/X, HTML, or RTF. Review our manuscript file checklist
>
> **Upload manuscript**
>
> ✓ Manuscript "_반짝이는 것은 어디에나의 사본 (188 x 264 mm) (1).pdf" uploaded successfully!
> Please provide an ISBN so that we may start processing your file.

원고 업로드 화면

❶ Manuscript: 원고

- 원고(즉, 책의 내지 콘텐츠)를 업로드하세요. 파일이 위에서 선택한 재단 크기 및 도련 설정과 일치하는지 확인하세요. 허용되는 파일: PDF, DOC/X, HTML 또는 RTF. 원고 파일 체크리스트를 검토하세요(Upload your manuscript(i.e. your book's interior content). Make sure the file matches the trim size and bleed settings you selected above. Accepted files: PDF, DOC/X, HTML, or RTF. Review our manuscript file checklist).
- 원고 업로드(Upload manuscript)
- Manuscript_반짝이는 것은 어디에나.pdf가 성공적으로 업로드되었습니다(Manuscript_반짝이는 것은 어디에나.pdf uploaded successfully).
- 파일을 처리하는 중입니다(Processing your file…).

❹ 표지 파일 업로드

    표지 파일 업로드는 페이퍼백 출판에서 복잡한 단계 중 하나입니다. KDP에서는 두 가지 옵션을 제공합니다. 커버 크리에이터를 사용하여 직접 만들거나 앞표지, 책등, 뒤표지가 포함된 단일 PDF 파일을 업로드하는 것입니다. 전문적인 품질을 원한다면 직접 제작한 PDF 파일을 업로드하는 것이 좋습니다.

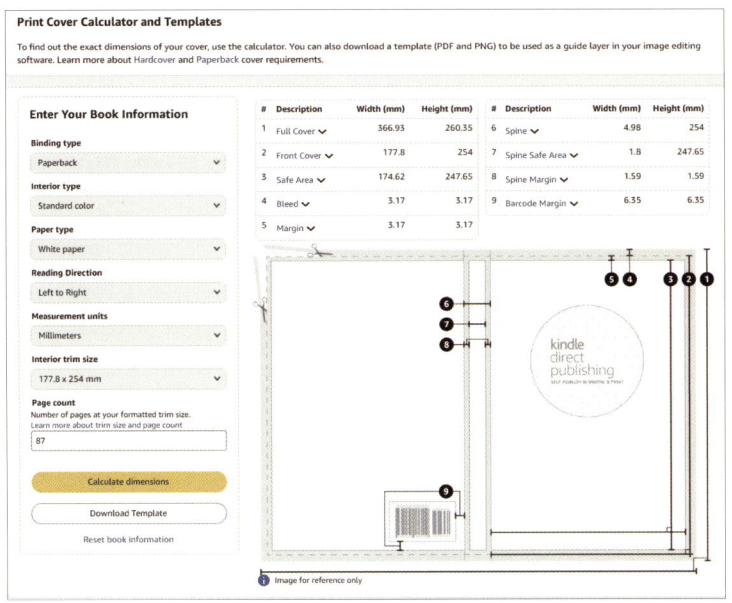

북커버 탬플릿 참조 이미지

　직접 업로드하는 경우, 파일 크기는 650MB 이하여야 하며, 반드시 KDP 표지 계산기를 사용하여 정확한 파일 크기를 확인해야 합니다. 표지 계산기는 책의 페이지 수와 선택한 용지 종류에 따라 책등(Spine, 제본한 책의 옆면으로 책꽂이에 꽂았을 때 보이는 면)의 정확한 너비를 계산해 주므로 이 정보를 바탕으로 표지를 제작해야 합니다. 또한 표지 서식 가이드를 반드시 검토하여 안전 영역, 블리드 영역, 책등 영역 등을 정확히 지켜야 합니다.

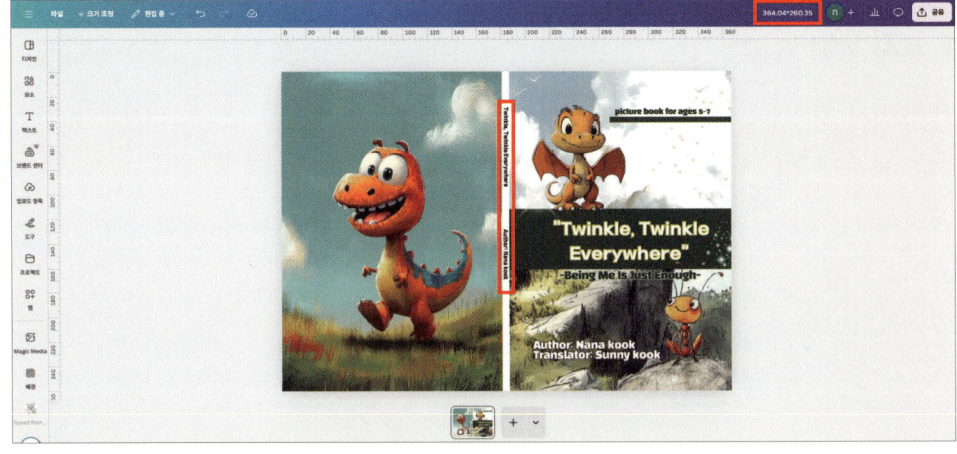

캔바에서 페이퍼백 표지 제작 탬플릿 생성 화면

책의 페이지 수가 79페이지 이상인 경우에만 책등(spine)에 텍스트를 포함할 수 있습니다. 그보다 적은 페이지 수의 책은 책등(spine)이 너무 얇아서 텍스트가 제대로 보이지 않을 수 있습니다. 그림책의 경우 대부분 페이지 수가 적으므로 책등에는 단순한 색상이나 패턴만 사용하는 것이 좋습니다.

바코드 처리에 대해서는 주의가 필요합니다. KDP 무료 ISBN을 사용하는 경우 시스템에서 자동으로 바코드를 생성하여 뒤표지에 배치하므로 표지 파일에 바코드를 포함시킬 필요가 없습니다. 따라서 [Yes, my cover has a barcode] 옵션에 체크하지 않아야 합니다. 만약 이 옵션에 체크하면 바코드가 중복으로 나타나거나 잘못된 위치에 배치될 수 있습니다.

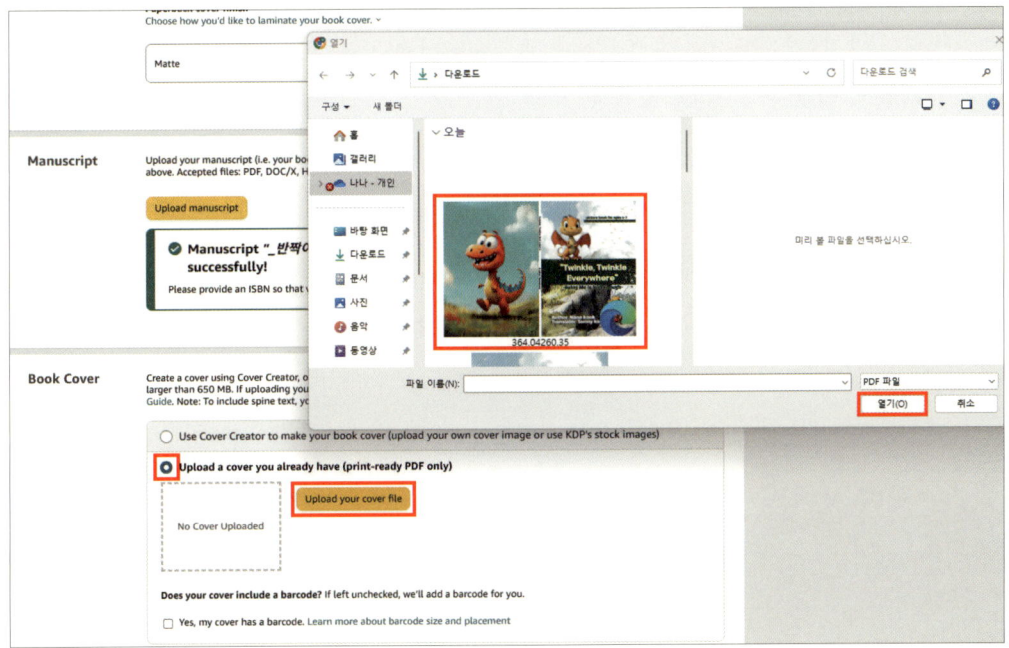

북커버 업로드 화면

❶ Book Cover(책 표지)
- 표지 제작 도구(Cover Creator)를 사용하여 표지를 만들거나 뒷면, 책등, 앞면 표지를 하나의 이미지로 포함하고 650MB를 넘지 않는 단일 PDF를 업로드하세요. 직접 만든 표지를 업로드하는 경우, 표지 계산기를 사용하여 정확한 파일 크기를 확인하고 표지 서식 가이드를

검토하세요. 참고: 책등 텍스트를 포함하려면 책이 최소 79페이지여야 합니다(Create a cover using Cover Creator, or upload a single PDF that includes the back cover, spine, and front cover as one image, no larger than 650 MB. If uploading your own, use our Cover Calculator for exact file dimensions and review our Cover Formatting Guide. Note: To include spine text, your book must have at least 79 pages).

- 표지 제작 도구를 사용하여 책 표지 만들기(자신의 표지 이미지를 업로드하거나 KDP의 스톡 이미지 사용)(Use Cover Creator to make your book cover(upload your own cover image or use KDP's stock images)
- 이미 가지고 있는 표지 업로드(인쇄용 PDF만 가능)(Upload a cover you already have(print-ready PDF only)
- 표지 파일 업로드(Upload your cover file)
- 업로드된 표지 없음(No Cover Uploaded)
- 표지가 성공적으로 업로드되었습니다!(Cover uploaded successfully!)
- 파일을 처리하는 중입니다(Processing your file…)
- 표지에 바코드가 포함되어 있습니까? 선택하지 않으면 저희가 바코드를 추가해드립니다 (Does your cover include a barcode? If left unchecked, we'll add a barcode for you).
- 예, 제 표지에는 바코드가 있습니다. 바코드 크기 및 배치에 대해 자세히 알아보세요(Yes, my cover has a barcode. Learn more about barcode size and placement).

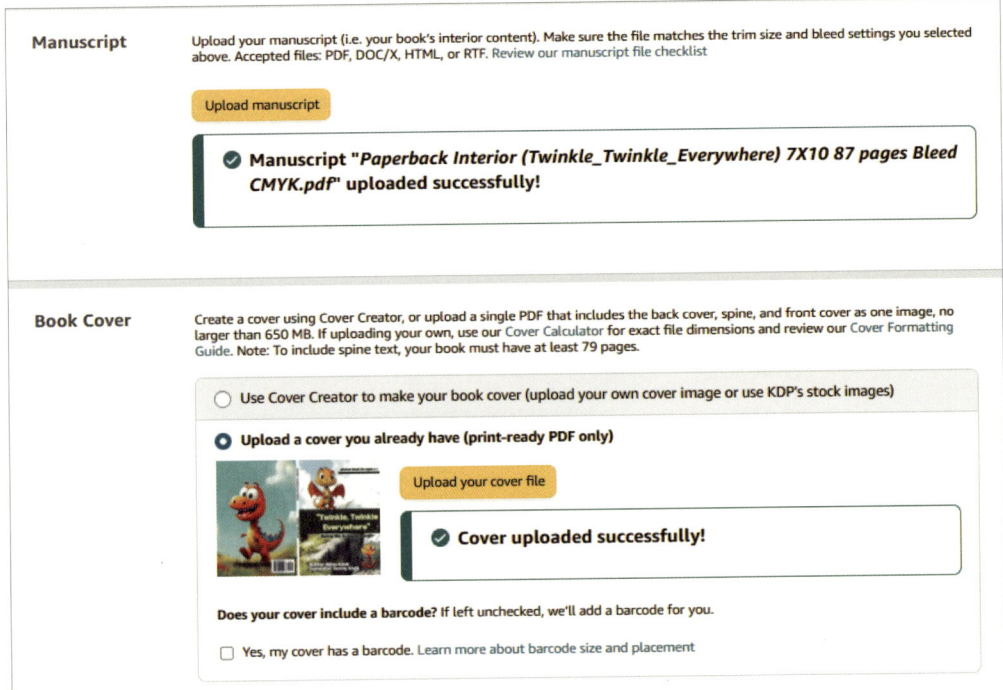

원고, 북커버 업로드 확인 화면

5 AI 생성 콘텐츠 정보 입력

　최근 KDP에서는 AI 도구를 사용하여 제작된 콘텐츠에 대한 정보를 의무적으로 수집하고 있습니다. 이는 투명성과 저작권 보호를 위한 조치로, 텍스트, 이미지, 번역 등에서 AI 도구를 사용한 경우 반드시 정확히 신고해야 합니다. 거짓 정보를 입력하면 나중에 출판 계약이 취소되거나 법적 문제가 발생할 수 있으므로 매우 신중하게 작성해야 합니다.

　AI 생성 콘텐츠 정보 입력 시에는 사용한 AI 도구의 종류와 편집 정도에 따라 구체적으로 선택해야 합니다. 예를 들어, 많은 AI 생성 이미지를 광범위하게 편집한 경우 'Many AI-generated images, with extensive editing'을 선택합니다. 선택 옵션에는 '일부 섹션은 편집을 최소화하거나 편집하지 않음', '광범위한 편집이 가능한 일부 섹션', '편집을 최소화하거나 전혀 하지 않은 전체 작업물', '광범위한 편집이 포함된 전체 작업' 등이 있습니다.

Chapter 2 · 페이퍼백 콘텐츠 등록 실습

이 정보를 정확히 입력하는 것은 단순히 규정 준수를 위한 것이 아니라 독자들에게 투명한 정보를 제공하고 창작 과정의 신뢰성을 보장하기 위한 것입니다. 특히 그림책의 경우 부모들이 자녀를 위해 책을 선택할 때 이런 정보를 중요하게 고려할 수 있으므로 정확하고 솔직한 정보 제공이 장기적으로 작가의 신뢰도를 높이는 데 도움이 됩니다.

❶ AI-Generated Content: AI 생성 콘텐츠

- Amazon은 콘텐츠 제작에 인공지능(AI) 도구를 사용하는 것에 대한 정보를 수집하고 있습니다(Amazon is collecting information about the use of Artificial Intelligence(AI) tools in creating content).
- AI 생성 콘텐츠란 무엇인가요?(What is AI-generated content?)
- 귀하의 책에서 텍스트, 이미지, 및/또는 번역을 생성하는 데 AI 도구를 사용했습니까?(Did you use AI tools in creating texts, images, and/or translations in your book?)
- 예(Yes)
- 텍스트(Texts)
- 선택(Select)
- 이미지(Images)

- 다수의 AI 생성 이미지, 광범위한 편집 포함…(문장이 잘림)(Many AI-generated images, with extensive edi…)
- 귀하의 작업물에서 AI 생성 이미지를 만드는 데 어떤 도구를 사용했습니까?(Which tool(s) did you use to create the AI-generated images in your work?)
- 미드저니(입력된 값)(Midjourny)
- 번역(Translations)
- 선택(Select)
- 아니요(No)

Chapter 3

품질 검사 및 Book Preview 실습

원고와 표지 파일을 모두 업로드한 후 다음 단계가 바로 품질 검사와 Book Preview 과정입니다. 이 단계는 그림책이 실제 독자들에게 전달되기 전 마지막 점검 기회로, KDP의 머신러닝 시스템과 검토 팀이 파일의 기술적 품질을 종합적으로 심사합니다.

Book Preview 기능을 통해 실제 인쇄될 모습을 미리 확인하고, 품질 패널로 맞춤법이나 이미지 문제를 신속하게 발견할 수 있습니다. 검토가 완료되어야만 [Approve] 버튼을 클릭할 수 있으며, 이 승인 과정을 거쳐야 가격 설정 등 다음 출판 단계를 진행할 수 있습니다.

1 KDP 자동 품질 검사 진행

1 머신러닝 기반 자동 품질 검사 시스템 이해

KDP에 파일을 업로드하면 머신러닝 기반의 자동 품질 검사가 시작됩니다. 이 시스템은 수많은 출판 데이터를 학습하여 일반적인 오류 패턴을 자동으로 감지할 수 있습니다. 자동 검사에서는 파일 형식, 해상도, 페이지 크기, 글꼴 포함 여부 등 기본적인 기술 사양을 먼저 확인합니다. 이 과정은 보통 몇 분 내에 완료되며, 심각한 문제가 발견되면 즉시 알림이 표시됩니다.

2 전담 검토 팀의 수동 검사 과정

자동 검사를 통과한 파일은 KDP의 전담 검토 팀이 수동으로 검토합니다. 이들은 자동 시스템이 놓칠 수 있는 세밀한 부분들을 직접 확인합니다. 예를 들어, 텍스트의 가독성, 이미지의 적절성, 레이아웃의 일관성 등을 인간의 눈으로 직접 평가합니다. 이 과정은 몇 시간에서 하루 정도 소요될 수 있으며, 검토 완료 후 결과가 통보됩니다.

3 일반적인 파일 거부 사유 및 예방법

일반적으로 파일이 거부되는 항목은 스페이스 텍스트, 블리드, 여백, 포함된 글꼴 등입니다. 스페이스 텍스트란 의미 없는 공백이나 빈 공간이 과도하게 포함된 경우를 말하며, 블리드는 페이지 가장자리까지 이미지나 색상이 연장되지 않은 경우 문제가 됩니다. 여백은 너무 좁거나 넓으면 안 되며, 글꼴은 반드시 파일에 포함되어 있어야 합니다. 이런 문제들을 예방하려면 업로드 전에 KDP 가이드라인을 철저히 검토해야 합니다.

4 바코드와 투명 코드 확인 사항

바코드가 텍스트와 겹치지 않는지 확인해야 합니다. 또한 아마존에서는 도서 주문에 투명 코드를 포함할 수도 있는데, 이는 QR코드와 유사하며 ISBN 바코드 위에 표시됩니다. 따라서 뒤표지 디자인 시 바코드 영역 주변에 충분한 여백을 확보하고, 중요한 텍스트나 이미지가 이 영역에 배치되지 않도록 주의해야 합니다.

5 품질 검사 결과 해석 및 대응

품질 검사가 완료되면 통과, 조건부 통과, 거부 중 하나의 결과를 받게 됩니다. 통과의 경우 바로 다음 단계로 진행할 수 있고, 조건부 통과는 일부 수정 후 재검토가 필요하며, 거부는 파일을 다시 제작하여 업로드해야 합니다. 각 결과에 대해 구체적인 문제점과 해결 방법이 제시되므로 이를 참고하여 신속하게 대응해야 합니다.

2 Book Preview 미리 보기 검토

1 Book Preview 기능 접근 및 기본 조작

Book Preview 기능은 품질 검사를 통과한 후 활성화되며, 실제 인쇄될 모습을 화면에서 미리 볼 수 있는 도구입니다. 북커버부터 시작하여 모든 페이지를 순차적으로 검토할 수 있으며, 확대/축소 기능을 사용하여 세부적인 부분까지 확인할 수 있습니다. 페이지 이동은 좌우 화살표나 페이지 번호를 직접 클릭하여 할 수 있으며, 특정 페이지에서 문제를 발견하면 메모해 두었다가 나중에 수정할 수 있습니다.

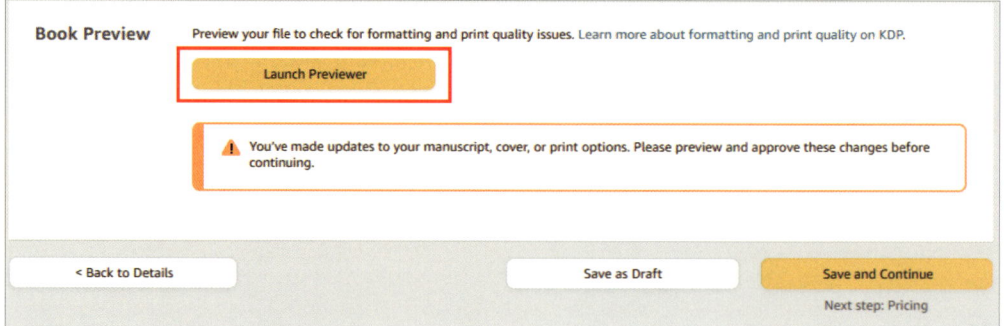

❶ Book Preview: 책 미리 보기

- 파일을 미리 보고 서식 및 인쇄 품질 문제를 확인하세요. KDP의 서식 및 인쇄 품질에 대해 자세히 알아보세요(Preview your file to check for formatting and print quality issues. Learn more about formatting and print quality on KDP).

- 미리 보기 시작(Launch Previewer)
- 원고 또는 책 표지를 변경하신 것 같습니다. 계속 진행하기 전에 이 변경 사항을 미리 보고 승인해 주세요(It looks like you've made some changes to your manuscript or book cover. Please preview and approve these changes before continuing).

2 그림책 특화 검토 포인트

그림책의 경우 일반 도서와 다른 특별한 검토 포인트가 있습니다. 먼저 모든 이미지가 선명하게 표시되는지 확인하고, 색상이 원본과 비교하여 적절하게 재현되는지 점검해야 합니다. 텍스트와 이미지의 균형이 적절한지, 페이지 넘김이 자연스러운지, 전체적인 스토리 흐름이 매끄러운지도 확인해야 합니다. 특히 어린이 독자를 고려하여 글자 크기가 적절한지, 글꼴이 읽기 쉬운지도 중요한 검토 항목입니다.

3 품질 패널 활용법

품질 패널은 맞춤법 및 이미지 문제를 빠르게 확인할 수 있는 도구입니다. 이 패널을 열면 현재 페이지에서 발견된 잠재적 문제들이 목록으로 표시되며, 각 항목을 클릭하면 해당 문제가 있는 위치로 자동으로 이동합니다. 패널은 언제든지 [품질 패널] 버튼을 클릭하여 열거나 닫을 수 있으며, 필요에 따라 미리 보기에서 품질 오류 표시를 숨기거나 보이게 할 수 있습니다.

4 페이지별 상세 검토 방법

각 페이지를 검토할 때는 체계적인 접근이 필요합니다. 먼저 전체적인 레이아웃과 구성을 확인한 후 텍스트의 맞춤법과 문법을 점검합니다. 다음으로 이미지의 해상도와 배치를 확인하고, 여백과 블리드가 적절히 설정되어 있는지 점검합니다. 마지막으로 페이지 번호, 헤더, 푸터 등의 일관성을 확인하여 전체적인 완성도를 높입니다.

5 미리 보기 검토 완료 및 문서화

모든 페이지 검토가 완료되면 발견된 문제점들을 정리하여 문서화해야 합니다. 문제가 있는 페이지 번호와 구체적인 문제 내용, 수정 방향을 명확히 기록해 두면 나중에 파일을 수정할 때 효율적으로 작업할 수 있습니다. 만약 문제가 없다면 바로 승인 단계로 진행할 수 있습니다.

3 : 오류 수정 및 재업로드

1 발견된 오류 분류 및 우선순위 설정

Book Preview에서 발견된 오류들은 심각도에 따라 분류하여 우선순위를 설정해야 합니다. 출판을 막을 수 있는 치명적 오류(ⓓ 바코드 겹침, 블리드 누락)는 최우선으로 수정하고, 품질을 향상시키는 개선 사항(ⓓ 이미지 해상도 향상, 텍스트 간격 조정)은 그 다음 순서로 처리합니다. 이렇게 체계적으로 접근하면 수정 작업을 효율적으로 진행할 수 있습니다.

2 원고 파일 수정 작업

원고 파일에서 문제가 발견된 경우, 원본 작업 파일로 돌아가서 수정해야 합니다. 단순히 PDF에서 수정하는 것이 아니라 원본 디자인 파일(ⓓ InDesign, Illustrator 등)에서 수정한 후 다시 PDF로 내보내야 품질을 보장할 수 있습니다. 수정 시에는 다른 페이지에 영향을 주지 않도록 주의하고, 수정 후 전체 파일의 일관성을 다시 한번 확인해야 합니다.

3 표지 파일 수정 작업

표지 파일 수정은 특히 신중해야 합니다. 앞표지, 책등, 뒤표지가 하나의 파일로 구성되어 있기 때문에 한 부분을 수정할 때 다른 부분에 영향을 주지 않도록 주의해야 합니다. 바코드 영역 문제의 경우 뒤표지 디자인을 조정해야 하며, 책등 텍스트 문제의 경우 페이지 수 계산을 다시 확인해야 할 수도 있습니다.

4 수정된 파일 재업로드 과정

수정이 완료된 파일은 기존 파일을 삭제하고 새로운 파일을 업로드해야 합니다. 이때 파일명을 약간 변경하여 새로운 버전임을 구분할 수 있도록 하는 것이 좋습니다. 재업로드 후에는 다시 품질 검사 과정을 거쳐야 하므로 첫 번째 업로드 때와 동일한 시간이 소요될 수 있음을 염두에 두어야 합니다.

5 재검토 및 반복 수정 관리

재업로드된 파일에 대해서도 동일한 품질 검사와 미리 보기 과정을 거쳐야 합니다. 이전에 발견된 문제가 해결되었는지 확인하고, 새로운 문제가 발생하지 않았는지도 점검해야 합니다. 만약 여전히 문제가 있다면 다시 수정하여 업로드하는 과정을 반복해야 하며, 이런 반복 과정을 효율적으로 관리하기 위해 수정 내역을 체계적으로 기록해 두는 것이 중요합니다.

4 최종 품질 확인

1 전체 파일 통합 검토

모든 개별 오류가 수정된 후에는 전체 파일을 통합적으로 검토해야 합니다. 각 페이지의 수정이 전체적인 일관성에 영향을 주지 않았는지, 스토리의 흐름이 자연스러운지, 시각적 통일성이 유지되고 있는지 확인합니다. 특히 그림책의 경우 페이지 간 색상 톤의 일관성과 캐릭터의 일관성도 중요한 검토 요소입니다.

2 인쇄 품질 최종 점검

Book Preview에서 실제 인쇄될 모습을 최대한 확대하여 인쇄 품질을 최종 점검합니다. 텍스트가 흐리지 않는지, 이미지에 픽셀이 보이지 않는지, 색상 경계가 자연스러운지 등을 세밀하게 확인합니다. 또한 페이지 가장자리의 블리드 처리가 적절한지, 중요한 요소가 안전 영역 내에 위치하는지도 다시 한번 점검합니다.

3 독자 관점에서의 최종 검토

작가의 관점이 아닌 독자의 관점에서 책을 다시 살펴봅니다. 어린이 독자가 이해하기 쉬운지, 부모가 함께 읽기에 적합한지, 교육적 가치가 잘 전달되는지 등을 고려합니다. 또한 책의 전체적인 매력도와 구매 욕구를 자극하는 요소들이 잘 구현되어 있는지도 평가합니다.

4 기술적 사양 최종 확인

KDP의 모든 기술적 요구 사항을 만족하는지 최종 확인합니다. 파일 크기, 해상도, 색상 모드, 글꼴 포함 여부, 페이지 크기, 블리드 설정 등 체크리스트를 활용하여 빠뜨린 항목이 없는지 점검합니다. 이 단계에서 놓친 문제는 출판 후 수정하기 어려우므로 매우 신중하게 검토해야 합니다.

5 최종 승인 준비

모든 검토가 완료되고 문제가 없음을 확인했다면 최종 승인을 위한 준비를 합니다. 필요한 경우 동료나 지인에게 마지막 검토를 요청할 수도 있으며, 모든 것이 완벽하다고 확신할 때만 다음 단계로 진행해야 합니다.

5 [Approve] 버튼 클릭

1 [Approve] 버튼의 의미와 중요성

[Approve] 버튼은 단순한 확인 버튼이 아니라 출판 과정에서 가장 중요한 결정 순간입니다. 이 버튼을 클릭하는 것은 현재 상태의 파일로 최종 출판을 진행하겠다는 의미이며, 클릭 후에는 콘텐츠 수정이 어려워집니다. 따라서 이 버튼을 클릭하기 전에는 모든 것이 완벽한지 마지막으로 한 번 더 확인해야 합니다.

2 승인 전 최종 체크리스트

[Approve] 버튼을 클릭하기 전에 반드시 확인해야 할 최종 체크리스트가 있습니다. 모든 페이지가 올바른 순서로 배치되어 있는지, 표지와 내용이 일치하는지, 저자 정보와 출판 정보가 정확한지, 가격 설정 준비가 되어 있는지 등을 점검합니다. 또한 출간 후 마케팅 계획도 준비되어 있는지 확인하는 것이 좋습니다.

3 [Approve] 버튼 클릭 과정

모든 준비가 완료되었다면 Book Preview 화면에서 [Approve] 버튼을 찾아 클릭합니다. 이 버튼을 클릭하면 확인 메시지가 나타날 수 있으므로 내용을 읽고 최종 확인한 후 승인을 완료합니다. 이 과정에서 시스템이 자동으로 저장하고 다음 단계로 진행할 준비를 완료합니다.

4 승인 완료 후 Summary 페이지 확인

[Approve] 버튼을 클릭하면 Summary 페이지로 이동하며, 여기서 지금까지 설정한 정보를 종합적으로 확인할 수 있습니다. 이 페이지에서는 도서 정보, 콘텐츠 설정, 품질 검사 결과 등이 요약되어 표시되며, 다음 단계인 가격 설정으로 진행할 수 있는 버튼이 활성화됩니다.

5 다음 단계 진행 준비

승인이 완료되면 가격 설정 및 권리 설정 단계로 진행할 수 있습니다. 이 단계에서는 책의 판매 가격을 결정하고, 판매 지역을 설정하며, 인세 비율을 확인하게 됩니다. 따라서 승인 완료 후에는 가격 전략과 마케팅 계획을 구체적으로 준비해야 합니다.

kindle direct publishing: 킨들 다이렉트 퍼블리싱, Print Previewer: 인쇄 미리 보기

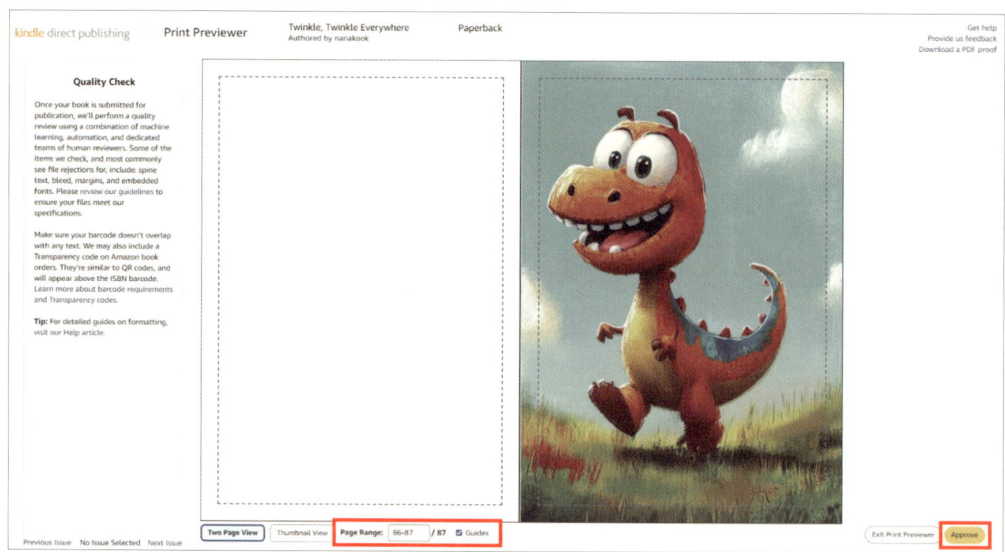

인쇄 미리 보기 후 Approve: 승인

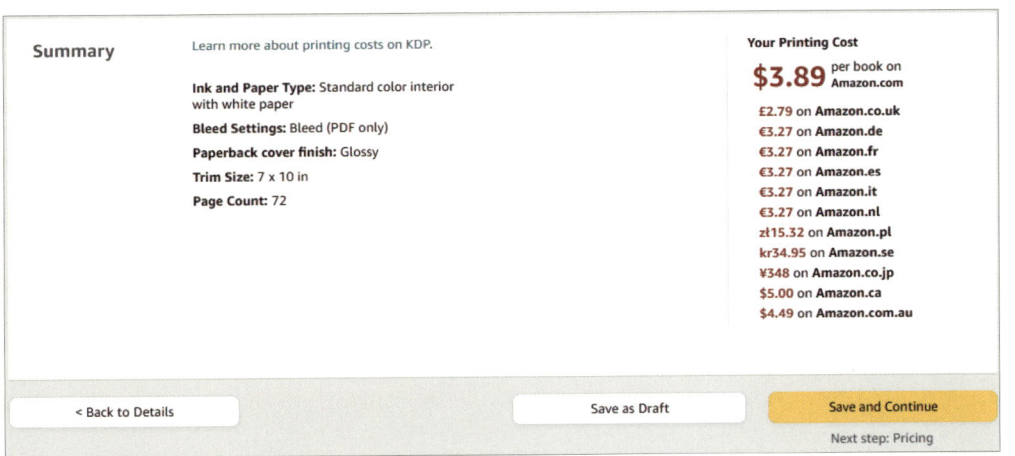

승인 후 인쇄 비용(Your Printing Cost) 화면

Chapter 4

페이퍼백 권리 및 가격 설정 실습

Book Preview를 통한 품질 검사 다음 단계는 페이퍼백의 권리와 가격을 설정하는 과정입니다. 이 단계는 그림책이 전 세계 어느 지역에서 판매될지, 어떤 가격으로 책정될지 그리고 받게 될 인세가 얼마인지를 결정하는 중요한 과정입니다.

가격을 설정할 때는 인세 계산 공식을 이해하고 인쇄 비용을 고려해야 합니다. 특히 그림책의 경우 컬러 인쇄 비용이 높으므로 이를 반영하여 적절한 수익을 확보할 수 있도록 Primary Marketplace 설정과 KDP 이용 약관 동의까지 체계적으로 완료해야 합니다.

1 판매 권역 선택

1 판매 권역의 개념과 중요성

판매 권역(Territories)은 여러분의 그림책을 어느 지역에서 판매할 수 있는 권한을 가지고 있는지를 설정하는 항목입니다. 이 설정에 따라 책이 실제로 판매될 수 있는 아마존 마켓플레이스가 결정되므로 잘못 설정하면 판매 기회를 크게 제한할 수 있습니다. KDP에서는 "이 책을 판매할 수 있는 권한이 있는 지역을 선택합니다"라고 안내하고 있으며, 이는 저작권과 직접적으로 연관된 법적 권한을 의미합니다.

2 전 세계 권리 선택 기준

대부분의 초보 작가들이 만든 그림책은 전 세계 권리를 보유할 가능성이 높습니다. KDP에서는 "책이 독창적인 콘텐츠이고(즉, 다른 저작물에서 복사하거나 파생된 요소가 없는 경우) 처음으로 출판하는 경우(즉, 이전에 다른 사람에게 권리를 부여한 적이 없는 경우) 전 세계 권리를 보유할 가능성이 높습니다."라고 명시하고 있습니다. 따라서 AI 도구를 활용하여 직접 제작한 독창적인 그림책이라면 전 세계 권리를 선택하는 것이 적절합니다.

3 전 세계 권리 선택의 장점

전 세계 권리를 선택하면 고객이 아마존이 지원하는 모든 마켓플레이스에서 여러분의 책을 구매할 수 있게 됩니다. 이는 미국, 영국, 독일, 프랑스, 이탈리아, 스페인, 일본, 캐나다, 오스트레일리아, 인도, 브라질 등 전 세계 주요 아마존 사이트에서 판매된다는 의미입니다. 특히 그림책의 경우 언어 장벽이 상대적으로 낮고 시각적 요소가 중요하므로 다양한 국가의 독자들에게 어필할 수 있는 장점이 있습니다.

4 특정 지역 제한이 필요한 경우

만약 다른 출판사와 계약을 맺었거나 특정 지역에서의 출판 권한을 이미 다른 곳에 양도한 경우라면 해당 지역을 제외해야 합니다. 또한 일부 국가에서는 콘텐츠 규제나 법적 제약이 있을 수 있으므로 이런 경우에는 해당 지역을 판매 권역에서 제외하는 것이 안전합니다. 하지만 대부분의 개인 작가들이 처음 출간하는 그림책의 경우에는 이런 제약이 없으므로 전 세계 권리를 선택하는 것이 일반적입니다.

5 판매 권역 설정 완료 및 확인

판매 권역을 선택한 후에는 설정이 올바르게 적용되었는지 확인해야 합니다. 시스템에서 자동으로 선택 가능한 마켓플레이스 목록을 업데이트하므로 의도한 지역들이 포함되어 있는지 점검해야 합니다. 만약 나중에 판매 권역을 변경하고 싶다면 가능하지만, 이미 판매가 시작된 후에는 절차가 복잡해질 수 있으므로 초기 설정을 신중하게 하는 것이 중요합니다.

마켓플레이스 권리와 가격 화면

2 주요 마켓플레이스 설정

1 주요 마켓플레이스의 역할과 중요성

주요 마켓플레이스(Primary Marketplace)는 가격 설정의 기준이 되는 마켓플레이스를 의미합니다. 이 설정에 따라 기본 통화와 가격 표시 방식이 결정되며, 다른 국가의 가격은 이 기준에 따라 환율을 적용하여 자동으로 계산됩니다. "아래 가격은 세부 정보 탭에서 선택한 기본 마켓플레이스를 기준으로 합니다."라고 안내되어 있으며, 이는 모든 가격 관련 설정의 출발점이 되는 중요한 선택입니다.

2 한국 작가에게 적합한 주요 마켓플레이스

한국 작가의 경우 일반적으로 미국 아마존(amazon.com)을 주요 마켓플레이스로 선택하는 것이 유리합니다. 미국 시장이 가장 크고 활발하며, 달러 기준으로 가격을 설정하면 다른 국가에서의 가격 환산도 안정적입니다. 또한 미국 시장에서의 성공은 다른 영어권 국가로의 확산에도 도움이 됩니다. 그림책의 경우 특히 미국과 영국 시장에서의 수요가 높으므로 이를 고려한 선택이 중요합니다.

3 주요 마켓플레이스 변경 시 주의할 점

주요 마켓플레이스를 변경하려면 세부 정보 탭으로 돌아가서 새로 선택해야 하며, "기본 마켓플레이스를 변경하는 경우 책을 게시하기 전에 정가를 다시 확인하기 바랍니다."라고 명시되어 있습니다. 이는 통화 변경에 따른 가격 오류를 방지하기 위한 중요한 주의 사항입니다. 예를 들어, 달러 기준으로 설정한 가격을 유로 기준으로 변경하면 환율 차이로 인해 의도하지 않은 가격 변동이 발생할 수 있습니다.

4 마켓플레이스별 특성 고려

각 마켓플레이스는 고유한 특성과 소비자 행동 패턴을 가지고 있습니다. 미국 시장은 가격 경쟁이 치열하지만 시장 규모가 크고, 유럽 시장은 상대적으로 프리미엄 가격을 받기 쉽지만 국가별로 세분화되어 있습니다. 일본 시장은 품질에 대한 기준이 높지만 적절한 품질을 만족시키면 좋은 반응을 얻을 수 있습니다. 이런 특성들을 고려하여 주요 마켓플레이스를 선택해야 합니다.

5 주요 마켓플레이스 설정 완료

주요 마켓플레이스를 최종 확정한 후에는 이 기준으로 모든 가격이 계산될 것임을 확인해야 합니다. 또한 향후 마케팅 전략도 이 주요 시장을 중심으로 계획해야 하므로 해당 시장의 소비자 선호도와 경쟁 상황을 미리 조사해 두는 것이 좋습니다.

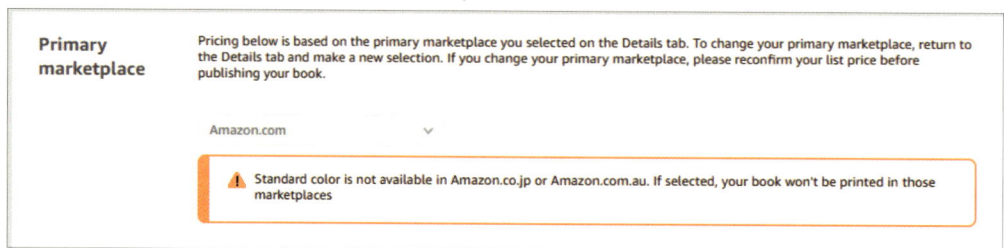

주요 마켓플레이스 화면

3 판매 가격 입력 및 인세 확인

1 가격 입력 인터페이스 이해

가격 설정 섹션에서는 "책을 판매하고자 하는 정가를 입력합니다."라고 안내하고 있으며, 입력한 가격으로 "아래 나열된 마켓플레이스를 통해 구매할 수 있습니다."라고 명시되어 있습니다. 이 인터페이스에서는 주요 마켓플레이스의 통화로 가격을 입력하면, 다른 마켓플레이스의 가격이 자동으로 환율을 적용하여 계산됩니다. 그림책의 경우 일반적으로 10~25달러 범위에서 가격을 책정하는 것이 일반적입니다.

2 인세 계산 공식 이해

인세 계산은 "정가에 인세 요율을 곱합니다. 그런 다음 인쇄 비용을 뺍니다."라는 공식을 따릅니다. 페이퍼백의 경우 인세 비율은 일반적으로 60%이며, 그림책처럼 컬러 인쇄를 하는 경우 인쇄 비용이 상당히 높을 수 있습니다. 예를 들어, 20달러 가격의 32페이지 컬러 그림책의 경우 인쇄 비용이 5~7달러 정도 될 수 있으므로 실제 인세는 (20×0.6) - 6 = 6달러 정도가 됩니다.

3 경쟁력 있는 가격 책정 전략

가격을 책정할 때는 경쟁 도서들의 가격을 참고해야 합니다. 아마존에서 유사한 그림책들의 가격대를 조사하고, 여러분의 책이 제공하는 가치와 비교하여 적절한 가격을 설정해야 합니다. 너무 높으면 구매를 망설이게 하고, 너무 낮으면 품질에 대한 의구심을 불러일으킬 수 있습니다. 특히 그림책의 경우 부모들이 자녀를 위해 구매하는 경우가 많으므로 교육적 가치와 엔터테인먼트 가치를 모두 고려한 적정 가격을 찾아야 합니다.

4 마켓플레이스별 가격 확인

주요 마켓플레이스에서 설정한 가격을 기준으로 다른 마켓플레이스의 가격이 자동 계산되면, 각 지역의 가격이 현지 시장 상황에 적합한지 확인해야 합니다. 환율 변동이나 지역별 구매력 차이로 인해 일부 지역에서는 가격이 너무 높거나 낮게 책정될 수 있습니다. 필요한 경우 개별 마켓플레이스의 가격을 수동으로 조정할 수 있으므로 주요 시장들의 가격을 검토하고 조정하는 것이 좋습니다.

5 인세 시뮬레이션 및 최종 확정

다양한 가격대에서 인세를 계산해 보고 예상 판매량을 고려하여 최적의 가격을 찾아야 합니다. 높은 가격으로 적게 팔 것인지, 낮은 가격으로 많이 팔 것인지는 마케팅 전략과도 연관됩니다. 초보 작가의 경우 처음에는 상대적으로 경쟁력 있는 가격으로 시작하여 리뷰와 판매 실적을 쌓은 후 점진적으로 가격을 조정하는 전략을 고려할 수 있습니다.

Pricing, royalties, and distribution	Enter the list price you'd like to sell your book for. It'll be available for purchase through the marketplaces listed below. To calculate your royalties, multiply your list price by the royalty rate. Then subtract printing costs. How does pricing and royalties work?							
					Amazon		Expanded Distribution	
Marketplace	List Price		List Price + Est. VAT	Printing	Rate	Royalty	Rate	Royalty
Amazon.com	$ 11.99 USD Min. $7.79, Max. $250.00 All marketplaces are based on this price			$3.89	60%	$3.30	☐ 40%	$0.90
The following list prices were converted based on the previous price you entered								
Amazon.co.uk	£ 9.03 GBP Min. £5.59, Max. £250.00 Based on Amazon.com		£9.03 incl. UK VAT	£2.79	60%	£2.62	☐ 40%	£0.82
Amazon.de	€ 10.35 EUR Min. €6.54, Max. €250.00 Based on Amazon.com		€11.07 incl. DE VAT	€3.27	60%	€2.94	Not offered in this marketplace	
Amazon.fr	€ 10.35 EUR Min. €6.54, Max. €250.00 Based on Amazon.com		€10.92 incl. FR VAT	€3.27	60%	€2.94	Not offered in this marketplace	
Amazon.es	€ 10.35 EUR Min. €6.54, Max. €250.00 Based on Amazon.com		€10.76 incl. ES VAT	€3.27	60%	€2.94	Not offered in this marketplace	
Amazon.it	€ 10.35 EUR Min. €6.54, Max. €250.00 Based on Amazon.com		€10.76 incl. IT VAT	€3.27	60%	€2.94	Not offered in this marketplace	

가격, 인세, 그리고 분배 약관 화면

4 KDP 이용 약관 동의

1 이용 약관의 중요성과 내용

KDP 이용 약관은 아마존과 작가 간의 법적 계약서 역할을 하는 문서입니다. "게시를 클릭하면 KDP 이용 약관에 동의하고 이를 준수함을 확인합니다."라고 명시되어 있으며, 이는 법적 구속력을 가지는 동의임을 의미합니다. 약관에는 인세 지급 방식, 저작권 책임, 콘텐츠 가이드라인, 계정 관리 규칙 등이 포함되어 있으므로 동의하기 전에 내용을 숙지해야 합니다.

2 약관 동의 전 확인 사항

약관에 동의하기 전에 몇 가지 사항을 확인해야 합니다.

첫째, 여러분이 업로드한 콘텐츠가 모든 저작권법을 준수하는지 확인해야 합니다.

둘째, AI 생성 콘텐츠 사용 여부를 신고했는지 점검해야 합니다.

셋째, 설정한 가격과 권리 정보가 정확한지 최종 확인해야 합니다.

이런 사항들에 문제가 있으면 나중에 계약 위반으로 간주될 수 있습니다.

3 동의 과정 및 법적 효력

약관 동의는 단순한 체크 박스 클릭이 아니라 법적 서명과 동일한 효력을 가집니다. 동의 후에는 약관에 명시된 모든 조건을 준수해야 하며, 위반 시에는 계정 정지나 수익 지급 중단 등의 제재를 받을 수 있습니다. 따라서 동의하기 전에 약관 내용을 충분히 이해하고, 필요한 경우 법적 자문을 구하는 것도 고려해 볼 수 있습니다.

4 동의 후 변경 및 업데이트

약관에 동의한 후에도 아마존에서 약관을 업데이트할 수 있으며, 이 경우 새로운 약관에 대한 동의를 요구받을 수 있습니다. 정기적으로 KDP 계정에 로그인하여 약관 변경 알림이 있는지 확인하고, 변경된 내용을 숙지하는 것이 중요합니다. 또한 약관 위반을 방지하기 위해 KDP 가이드라인과 정책을 정기적으로 확인하는 습관을 기르는 것이 좋습니다.

5 약관 동의 완료 및 다음 단계

약관에 동의하면 출간 과정이 완료됩니다. 이제 "아마존에서 책을 구매할 수 있게 되려면 최대 72시간이 소요될 수 있습니다."라는 안내에 따라 처리 과정을 기다려야 합니다. 이 기간 동안 아마존에서 최종 검토를 진행하고, 문제가 없으면 실제 판매가 시작됩니다.

5 출간 준비 완료

1 72시간 처리 기간 이해

약관에 동의하고 [게시] 버튼을 클릭한 후에는 최대 72시간의 처리 시간이 소요됩니다. 이 기간 동안 아마존에서는 최종 품질 검토, 메타데이터 확인, 시스템 등록 등의 과정을 진행합니다. 대부분의 경우 24~48시간 내에 완료되지만, 복잡한 경우나 시스템 부하가 높을 때는 72시간까지 걸릴 수 있습니다. 이 기간 동안은 콘텐츠를 수정할 수 없으므로 인내심을 가지고 기다려야 합니다.

2 교정본 주문 옵션

출간 전에 "책을 게시하기 전에 인쇄된 미리 보기를 받아 보세요. 인쇄 오류가 있는지, 모든 것이 올바르게 보이는지 확인합니다."라는 옵션을 선택할 수 있습니다. 이는 실제 인쇄 품질을 사전에 확인할 수 있는 매우 유용한 서비스로, 특히 그림책처럼 시각적 품질이 중요한 경우에는 적극 활용하는 것이 좋습니다. 교정본(Book Proof)은 현재 초안으로 인쇄되므로 최종 검토 기회로 활용할 수 있습니다.

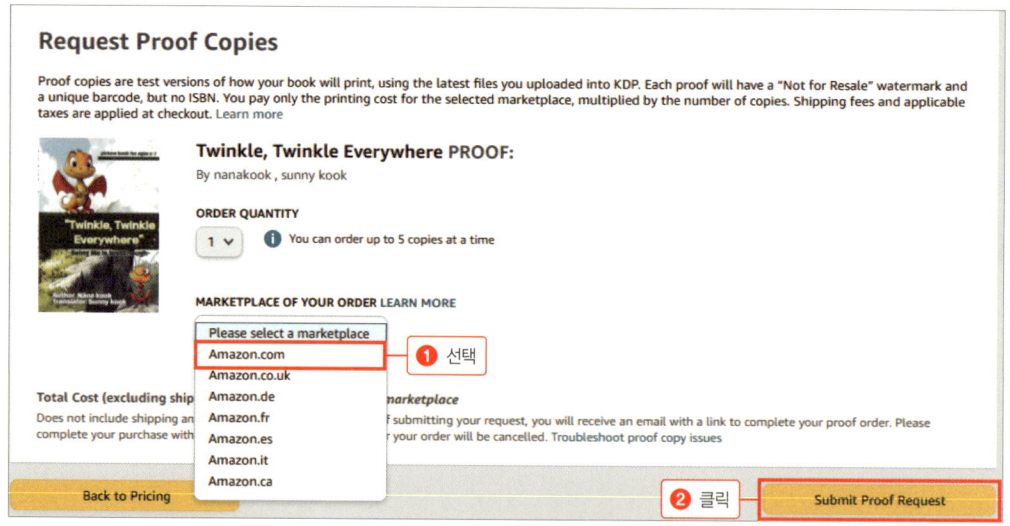

도서 교정본 요청 화면

3 저자 사본 주문 계획

"책이 Amazon에 출시되면 저자 사본을 주문할 수 있습니다."라는 안내에 따라 출간 후 저자 사본 주문을 계획해야 합니다. 저자 사본은 일반 판매가보다 할인된 가격으로 구매할 수 있으며, 홍보용이나 선물용으로 활용할 수 있습니다. 출간 후 마케팅 활동을 위해 필요한 수량을 미리 계획해 두는 것이 좋습니다.

4 출간 상태 모니터링

게시 후에는 KDP 대시보드에서 출간 상태를 정기적으로 확인해야 합니다. "Live" 상태가 되면 실제 판매가 시작된 것이며, 이때부터 아마존 사이트에서 검색하고 구매할 수 있게 됩니다. 만약 72시간이 지나도 상태 변경이 없다면 KDP 고객 서비스에 문의해야 합니다.

5 출간 완료 확인 및 다음 단계

최종적으로 "Your paperback has been submitted" 메시지를 확인하면 모든 출간 과정이 완료됩니다. 이제 실제 판매가 시작되기를 기다리면서 마케팅 계획을 실행하고 독자들의 반응을 모니터링할 준비를 해야 합니다. 첫 판매와 첫 리뷰를 받는 순간은 모든 작가에게 특별한 의미가 있으므로 이 순간을 위해 충분히 준비하고 기대해도 좋습니다.

에필로그

당신이 만들어 낸 작은 기적 그리고 새로운 모험의 시작

정말 믿기지 않습니다! 우리가 해냈습니다!

5일 전만 해도 "AI로 그림책을 만든다고? 정말 가능한 일일까?" 하며 반신반의했던 여러분이 기억납니다. 그런데 지금 보세요! 전 세계 아마존 서점에 여러분이 직접 만든 그림책이 당당히 자리 잡고 있지 않습니까. 이게 바로 기적입니다. 여러분이 만들어 낸 작은 기적말입니다.

처음 1장에서 'ABC 그림책'을 1시간 만에 뚝딱 만들었을 때 느꼈던 "어? 나도 할 수 있네!"라는 그 짜릿한 감정, 아직도 생생합니다. 그 작은 성공이 씨앗이 되어 이제 이렇게 멋진 열매를 맺었습니다.

우리가 함께 걸어온 특별한 5일들

`Day 1`에서 챗GPT와 브레인스토밍하며 창의적인 아이디어들이 샘솟듯 나왔고, `Day 2`에서 미드저니와 달리 3로 상상 속 캐릭터가 눈앞에 나타날 때의 그 감동! `Day 3`에서 캔바로 페이지를 완성해가며 느꼈던 뿌듯함, `Day 4`에서 떨리는 마음으로 [Publish] 버튼을 누른 순간, `Day 5`에서 아마존 플랫폼에 게시되고 진짜 책을 확인했을 때의 그 감동까지!

이제 여러분은 진짜 '작가'입니다

알고 계십니까? 이제 여러분은 진짜 작가입니다. 단순히 책을 한 권 만들었다는 것을 넘어서 아이디어를 구체화하고 창의적으로 표현하며 독자들과 소통할 수 있는 진짜 작가가 된 것입니다.

"아직 많이 부족한데…."라고 생각할 수도 있지만, 그런 겸손한 마음가짐이야말로 진정한 작가의 자질입니다. 중요한 건 완벽함이 아니라 시작하는 용기와 끝까지 해내는 끈기였습니다. 그리고 여러분은 그 두 가지를 모두 보여 주셨습니다.

AI는 여러분의 가장 든든한 창작 파트너입니다

이 과정에서 여러분이 발견한 가장 큰 보물은 AI가 여러분을 대체하는 존재가 아니라 가장 든든한 창작 파트너라는 것입니다. 챗GPT는 브레인스토밍 친구였고, 미드저니와 달리 3는 마법의 붓이었으며, 캔바는 디자인 어시스턴트였습니다.

여러분이 만들어갈 더 아름다운 세상

여러분의 그림책 한 권이 세상을 어떻게 바꿀까요? 어딘가에서 한 아이가 여러분의 책을 보며 처음으로 책을 좋아하게 될 수도 있습니다. 바쁜 부모가 여러분의 책을 읽어 주며 아이와 따뜻한 시간을 보낼 수도 있고요. 여러분이 5일 동안 만든 작은 책 한 권이 이렇게 많은 사람들의 마음을 따뜻하게 해 줄 수 있다니!

마지막으로, 여러분이 정말 자랑스럽습니다

진심으로 말씀드립니다. 여러분이 정말 자랑스럽습니다. 새로운 것에 도전하는 용기, 어려움이 있어도 포기하지 않는 끈기 그리고 독자들을 위해 정성을 다하는 마음까지…. 이 모든 것이 여러분을 진정한 작가로 만들어주었습니다.

5일 전의 여러분과 지금의 여러분을 비교해 보세요. 얼마나 많이 성장했는지 느껴집니다. 그리고 이건 단지 시작일 뿐입니다. 앞으로 여러분이 만들어갈 더 놀라운 이야기들이 기대됩니다!

여러분의 창작 여정에 진심으로 박수를 보냅니다. 그리고 언제나 응원하고 있다는 걸 기억해 주세요!

이제 다음 페이지를 넘길 시간입니다. 여러분만의 새로운 이야기를 계속 써 나가세요. 세상은 여러분의 다음 작품을 기다리고 있습니다!

민에이아이아트 출판사

동화책 출판 지도사 자격증반 소개

어릴 적 한 권의 동화책이 주던 감동을
이제 직접 창작하면서 느껴 보세요.

1 체계적 전문 과정 동화 기획부터 글쓰기, 편집, 출판까지 완전한 로드맵을 제공합니다. 글쓰기 경험이 없어도 처음부터 차근차근 배울 수 있는 단계별 커리큘럼으로 설계되었습니다.

2 실전 중심 훈련 전문가 피드백을 통해 실제 출간 가능한 수준까지 작품을 완성할 수 있습니다. 단순한 글쓰기를 넘어 진짜 동화 작가로 성장하는 과정입니다.

3 출판 연계 보장 수료 후 민에이아이아트 출판사를 통한 전자책·종이책 출간 기회를 제공합니다. 동화 오디오북 제작, 온라인 강의 연계 등 다양한 확장 플랫폼까지 지원받을 수 있습니다.

직장인, 퇴직자, 프리랜서 모두에게 새로운 커리어의 문을 열어 주는 동화책 출판지도사 자격증! 당신의 마음속 이야기가 한 권의 책으로 세상과 만나는 특별한 경험을 시작하세요.

지금 QR코드 스캔하여 저자와의 Q&A 참여하기
나나쿡 채널톡 친구 맺기 http://pf.kakao.com/_tZxbUxj/friend

나나쿡 힐링 연구소

Foreign Copyright:
Joonwon Lee   Mobile: 82-10-4624-6629
Address: 3F, 127, Yanghwa-ro, Mapo-gu, Seoul, Republic of Korea
         3rd Floor
Telephone: 82-2-3142-4151
E-mail: jwlee@cyber.co.kr

기획부터 출판까지 5일 완성
AI로 만드는 나만의 그림책

2025. 9. 24. 1판 1쇄 인쇄
2025. 10. 1. 1판 1쇄 발행

지은이 | 민진홍, 국난아
펴낸이 | 이종춘
펴낸곳 | BM (주)도서출판 **성안당**

주소 | 04032 서울시 마포구 양화로 127 첨단빌딩 3층(출판기획 R&D 센터)
     | 10881 경기도 파주시 문발로 112 파주 출판 문화도시(제작 및 물류)
전화 | 02) 3142-0036
     | 031) 950-6300
팩스 | 031) 955-0510
등록 | 1973. 2. 1. 제406-2005-000046호
출판사 홈페이지 | www.cyber.co.kr
ISBN | 978-89-315-7397-8 (93000)
정가 | 25,000원

이 책을 만든 사람들
책임 | 최옥현
진행 | 조혜란
교정·교열 | 안종군
본문·표지 디자인 | 앤미디어
홍보 | 김계향, 임진성, 김주승, 최정민, 이해솜
국제부 | 이선민, 조혜란
마케팅 | 구본철, 차정욱, 오영일, 나진호, 강호묵
마케팅 지원 | 장상범
제작 | 김유석

이 책의 어느 부분도 저작권자나 BM (주)도서출판 **성안당** 발행인의 승인 문서 없이 일부 또는 전부를 사진 복사나 디스크 복사 및 기타 정보 재생 시스템을 비롯하여 현재 알려지거나 향후 발명될 어떤 전기적, 기계적 또는 다른 수단을 통해 복사하거나 재생하거나 이용할 수 없음.

■ 도서 A/S 안내

성안당에서 발행하는 모든 도서는 저자와 출판사, 그리고 독자가 함께 만들어 나갑니다.
좋은 책을 펴내기 위해 많은 노력을 기울이고 있습니다. 혹시라도 내용상의 오류나 오탈자 등이 발견되면 **"좋은 책은 나라의 보배"**로서 우리 모두가 함께 만들어 간다는 마음으로 연락주시기 바랍니다. 수정 보완하여 더 나은 책이 되도록 최선을 다하겠습니다.
성안당은 늘 독자 여러분들의 소중한 의견을 기다리고 있습니다. 좋은 의견을 보내주시는 분께는 성안당 쇼핑몰의 포인트(3,000포인트)를 적립해 드립니다.
잘못 만들어진 책이나 부록 등이 파손된 경우에는 교환해 드립니다.